Merve Verlag

Abyssus Intellectualis

Spekulativer Horror

Herausgegeben und
mit einer Einleitung versehen von
Armen Avanessian und Björn Quiring

Vignetten von Andreas Töpfer

Merve Verlag Berlin

Originalausgabe.

Diese Publikation wurde von der Deutschen Forschungsgemeinschaft und dem Sonderforschungsbereich »Ästhetische Erfahrung im Zeichen der Entgrenzung der Künste« an der Freien Universität Berlin gefördert.

Redaktorat: Tom Lamberty, Jan Georg Tabor

© 2013 Merve Verlag Berlin
Printed in Germany
Druck- und Bindearbeiten: Dressler, Berlin
Umschlagentwurf: Jochen Stankowski, Dresden
ISBN 978-3-88396-342-6

www.merve.de

INHALT

SPEKULATIONEN ist eine neue Reihe in der Reihe betitelt, die sich mit jenen intellektuellen und theoretischen Strömungen auseinandersetzt, die sich seit einigen Jahren auf sehr heterogene Weise anschicken, neue Modi philosophischen Denkens zu erproben. Gemeinsamer Ansatzpunkt der nicht notwendig miteinander kompatiblen spekulativen Positionen ist die Problematisierung einer spätestens seit Ende des 20. Jahrhunderts erschöpften (post)modernen Kondition. Signum dieser Denkansätze ist ihr positives Verhältnis zur Ontologie und eine erneute Bejahung von Metaphysik. Die Buchreihe macht das neue spekulative Denken mit Erstveröffentlichungen, Aufsatzsammlungen, und Übersetzungen zentraler Texte der bislang vor allem im angloamerikanischen und französischen Sprachraum rezipierten Autoren und Autorinnen einer deutsch-sprachigen Leserschaft zugänglich. Nicht zuletzt geht es darum, den Begriff des Spekulativen von seinen gegenwärtig hauptsächlich negativen Konnotationen zu lösen. Denn Spekulation als haltlos zu begreifen, bedeutet letztlich, sich dem Gegebenen auszuliefern, statt in der Gegenwart neue Möglichkeiten zu entdecken. Dagegen kommt es stets gerade der spekulativen Dimension philosophischen Denkens zu, Neues zu denken oder das Alte neu zu denken. So entdeckt das neue spekulative Denken mit der Notwendigkeit von Kontingenz auch die Kontingenz des (nur scheinbar) Notwendigen. Es zeichnet sich durch die Fähigkeit aus, wissenschaftliche Erkenntnisse als philosophische Ressourcen zu nutzen, durch eine Orientierung am Absoluten und nicht zuletzt durch die Suche nach zeitgemäßen Widerstandsformen, Fluchtwegen oder Freiräumen.

Armen Avanessian

ZUR EINFÜHRUNG

Armen Avanessian

&

Björn Quiring

Was, wenn es den Menschen eines Tages nicht mehr gibt? Wird diese Möglichkeit nicht mit jedem Tag plausibler? Aber wie können wir so etwas denken wie ein endgültiges Ende des Denkens? Welchen Zugang haben wir zu unserem eigenen Nichtsein? Woher wissen wir überhaupt, dass unsere Unterscheidung von Tod und Leben für die Dinge dieser Welt wirklich relevant ist? Vielleicht sind die Personen und Gegenstände, mit denen wir täglich umgehen, viel toter oder lebendiger als wir ahnen? (Was wäre zum Beispiel, wenn dieses Buch begänne, sich durch den Raum zu bewegen, in der Dunkelheit zu leuchten und zu sprechen?)

Seit jeher treiben solche existenziellen Fragen über Selbst und Welt sowohl Philosophie als auch Literatur zu begrifflichen und imaginativen Anstrengungen. Beide produzieren Gedankenexperimente, die einen Abgrund des Denkens umkreisen, dem sie ebenso zu entkommen versuchen, wie sie in wiederkehrender Faszination von ihm angezogen zu werden scheinen. Horror entsteht genau dann, wenn Unterscheidungen, die für unser Weltverhältnis unverzichtbar sind, sich verschieben oder als haltlos erweisen. Und zu den wichtigsten dieser Orientierungsmarken gehört mit Sicherheit die Grenze zwischen Leben und Tod (ganz gleich, ob diese Verschiebungen und Aufhebungen nun andere Menschen, Gegenstände oder ein Absolutes betreffen). Entsprechend eingehend haben sich Philosophie und Literatur auch mit der Frage befasst, ob das Leben nicht bloß ein Traum oder eine Illusion sein könnte, und ob wir unseren eigenen Tod erleben können. Beide beschäftigen sich auch mit dem verborgenen Leben von scheinbar Unbelebtem, spekulieren über ein mögliches Ende des Kosmos, und darüber, was das für unser Denken oder unsere Vorstellungskraft bedeuten würde.

Unter den Philosophen hat das Nachdenken über das Weltall und den Platz des menschlichen Lebens in ihm immer schon Schaudern verbreitet. In der Antike beschrieb Lukrez die Ekstase, die die epikuräische Vision des Kosmos in ihm auslöste, als eine *divina voluptas atque horror*; und im Mittelalter bezeichnete

Johannes Scotus Eriugena das Reich der ersten Ursachen, das die Philosophie erforscht, als *tenebrosa abyssus intellectualis*. Auch die neuzeitliche Philosophie setzt mit dem albtraumhaften Gedanken von Descartes ein, dass ein dämonischer Gott uns unsere Existenz nur vortäuscht – ein Horrorszenario, das noch im zwanzigsten Jahrhundert, z. B. in Hilary Putnams vieldiskutiertem *brain in a vat* nachklingt.[1]

In der Literatur hat sich die *Arbeit am Grauen* auf die Unsicherheit der Grenze zwischen Tod und Leben konzentriert.[2] So kommt die Horrorliteratur einerseits immer wieder auf das Motiv des Untoten zurück (Gespenst, Vampir, künstlicher Mensch, Zombie) und andererseits auf dasjenige eines überwältigenden, nicht zu bändigenden Lebens, das in eine halbtote Kultur einfällt (Werwolf, Tiermensch, Wilder Mann). Diese oft in Szenarien von Schuld und Sühne eingebetteten Transgressionen bleiben dabei temporär und lokalisierbar – man könnte diese Variante (die von der Gothic Novel bis zum Horror-Blockbuster unserer Tage hegemonisch geblieben ist) eine ödipale Phantastik nennen. Eine um 1900 einsetzende Modernisierung des Genres hat dagegen einen umfassenderen *horror metaphysicus* in die phantastische Literatur integriert: Algernon Blackwood, Arthur Machen, William Hope Hodgson und vor allem H. P. Lovecraft sind die wichtigsten Repräsentanten dieser Form des »kosmischen Horrors«.[3] Diese Textgattung, die zurzeit unter dem Schlagwort *New Weird* eine gewisse Renaissance erfährt, eröff-

---

[1] Lukrez, *De rerum natura/Welt aus Atomen*, hg. v. Karl Büchner, Stuttgart 1973, S. 172 [III.28-29]; Johannes Scotus Eriugena, *Periphyseon/Divisione della natura*, hg. v. Nicola Gorlani, Mailand 2013, S. 470 [II.552A]; René Descartes, *Meditationes de prima philosophia*, hg. v. Christian Wohlers, Hamburg 2008, S. 33-46; Hilary Putnam, *Reason, Truth, and History*, Cambridge 1981, S. 1-21.

[2] Hans Blumenberg, *Arbeit am Mythos*, Frankfurt a. M. 1979, S. 9-12.

[3] Siehe Brian Stableford, »Cosmic Horror«, in: *Icons of Horror and the Supernatural. An Encyclopedia of Our Worst Nightmares*, Bd. 1, hg. v. S. T. Joshi, Westport/London 2007, S. 65-96.

net den Raum einer anödipalen Phantastik; sie lässt den ganzen Kosmos furchterregend erscheinen, konfrontiert uns mit einem absoluten Außen, das unter keinen Umständen absorbiert oder integriert werden kann und über das sich keine erbauliche Geschichte mehr erzählen lässt.

Immer wieder kommt es auch zu einer wechselseitigen Anregung oder einem direktem Austausch zwischen philosophischem und literarischem Horror – etwa in der deutschen Romantik (Schelling und Tieck), im Paris der 1960er Jahre (Blanchot, Klossowski) oder heute im Umkreis des ›Spekulativen Realismus‹[4]. So haben alle Philosophen, die seit der namengebenden Konferenz in London 2007 mit dieser Bewegung assoziiert werden, auf die eine oder andere Weise über phantastische Literatur gearbeitet und das Moment des Horrors in ihr Denken einbezogen. Diese Affinität ergibt sich fast zwangsläufig aus einer gemeinsamen theoretischen Stoßrichtung. Denn so unterschiedlich die von den ›Spekulativen Realisten‹ verfolgten Projekte sind, versuchen sie letztlich alle, über die kantische Beobachterabhängigkeit der Wirklichkeit hinauszudenken. Entsprechend kreisen ihre Arbeiten um das Phantasma einer Reflexion ›jenseits des Menschen‹. Um dieses (mal erhabene, mal abjekte) Phantasma herauszuarbeiten, greifen die spekulativen Philosophen häufig auf entsprechende literarische Texte zurück – auf kanonische Klassiker wie Mallarmé ebenso wie auf anspruchsvollere *pulp writers* wie H. P. Lovecraft und Thomas Ligotti. Mitunter überschreiten sie sogar die Grenze zwischen Theorie und phantastischer Erzählung (am prominentesten bisher in Reza Negarestanis Theorie-Fiktion *Cyclonopedia*[5]). Und trotz einer oft überzogenen Absetzungsgeste von Poststrukturalismus und Dekonstruktion sind sich auch die ›Spekulativen

---

[4] Für eine generelle Einleitung in die Philosophie der Spekulativen Realisten vgl. Armen Avanessian (Hg.), *Realismus jetzt*, Berlin 2013, S. 7-22.

[5] Die deutsche Übersetzung erscheint im Merve Verlag.

Realisten‹ der Rhetorizität und Literarizität ihrer theoretischen Texte bewusst – Graham Harman etwa weist in seinem Buch über Lovecraft ausdrücklich darauf hin, dass für ihn Philosophie und Rhetorik ineinandergreifen: »Rhetoric is the art of the background, and if philosophy is not the science of the background, then I do not know what it is.«[6]

Die intensive Beschäftigung mit dem Phantastischen ist Indiz für ein philosophisches Interesse an Fragen oder Gebieten, auf denen seit jeher der religiöse Glaube, aber eben auch postreligiöse Phänomene wie die Horrorliteratur zu Hause sind. In der Tat könnte man viele Motive von Schauergeschichten als *verfallene Theologoumena*, als theologische Topoi im Zustand des Ruins begreifen. Das gilt exemplarisch für den wichtigsten Repräsentanten des Kosmischen Horrors, H. P. Lovecraft (1890-1937). Speziell die verwesenden Monstergottheiten seines Cthulhu-Mythos lassen sich als literarische Überbleibsel überlebter Poly- und Monotheismen auffassen. Das macht Lovecraft noch nicht zum Kryptotheologen: Er war Atheist und Materialist und sah sich zum Schreiben von Schauergeschichten für Groschenhefte vor allem deshalb gezwungen, weil die von ihm ursprünglich anvisierte Karriere als Astronom scheiterte. Nur wird Lovecrafts szientistischer Materialismus in seinen literarischen Texten durch mythische Erhabenheitsfiguren (Manifestationen des Großen Anderen in gigantischen Wüstenstädten, zyklopischen Unterwassertempeln und unterirdischen Universalbibliotheken) bis zur Ekstase affektiv aufgeladen. Sein Pantheon der totalen Fremdartigkeit wimmelt von untoten Figurationen einer dem Menschen feindlich gesinnten oder indifferent gegenüberstehenden, übermächtigen Welt, denen sich der Erzähler zum Ende der Geschichten gewöhnlich mit einer Inbrunst ergibt, für die der italienische Schriftsteller Giorgio

---

[6] Graham Harman, *Weird Realism. Lovecraft and Philosophy*, Winchester/Washington 2012, S. 18.

Manganelli die Wendung »Orgasmus des Grauens«[7] geprägt hat. In konzentrierter Form erscheinen diese Motive in Lovecrafts über Jahre geführtem Notizbuch, das eine Art Katalog der Gemeinplätze des kosmischen Horrors bildet und deshalb unseren Band eröffnet.

Ein weiterer Virtuose der Übersetzung posttheologischen Grauens in die Formen und Konventionen phantastischer Literatur ist Philip K. Dick (1928-1982), dessen normalerweise der Science-Fiction zugerechnetes Werk dem Horror nahe verwandt ist. Kaum weniger einflussreich als Lovecraft, schrieb Dick wie dieser für die *pulps* und widmete sich dabei immer wieder dem Motiv einer irrealen Realität. Dick modernisierte in diesem Zusammenhang gnostische Motive wie das des bösen, narzisstischen Schöpfergottes. Diese Facette seines Werks kam zu voller Entfaltung, nachdem Dick im Februar und März 1974 eine Reihe von Visionen und mystischen Erfahrungen hatte (auf die er in der Folge oft nur mit der Chiffre ›2-3-74‹ referierte). Sein weiteres Leben war vor allem dem Versuch gewidmet, dieses Offenbarungserlebnis zu bewältigen. Die hier vorliegende Auswahl aus seiner »Exegese«, dem sich über 8000 Seiten erstreckenden Versuch, das eigene literarische Werk mit der religiösen und philosophischen Überlieferung abzugleichen, stellt vor allem das gnostische Motiv der verfehlten Schöpfung (die *black iron prison world*) in den Vordergrund.

Die Bedeutung von Dicks Arbeiten geht aber über technognostische Aspekte hinaus. Das demonstriert der französische Philosoph Quentin Meillassoux, dessen Beschäftigung mit Science-Fiction im Dienst der Ausarbeitung einer zeitgemäßen Metaphysik steht. In seinem Aufsatz *Science-Fiction und Fiktion außerhalb der Wissenschaft* geht er zunächst von Isaac Asimovs *The Billiard Ball* (1967) aus; er schreibt aber nicht nur über diese Geschichte zweier Physiker oder über die etablierte

---

[7]   Giorgio Manganelli, »Vorwort«, in: H. P. Lovecraft, *Cthulhu. Geistergeschichten*, Frankfurt a. M. 1972, S. 13.

Gattung der SF, sondern entwirft ein spekulatives Genre namens Extro-Science Fiction (XSF), das die Erfahrung einer absoluten Kontingenz der Naturgesetze vermitteln könnte. Dicks Roman *Ubik* (1969) kommt dieser möglichen Gattung schon sehr nahe. In Abgrenzung zu Humes Skeptizismus und Poppers Wissenschaftstheorie denkt Meillassoux anhand der XSF über eine *hyperchaotische* Welt nach, die keine stabilen Naturgesetze zulässt und einzig in der Kontingenz notwendig ist: Denken und Dinge sind ohne Grund so wie sie sind, und deshalb könnte alles – ganz ohne Grund – in jedem Moment auch ganz anders werden.

Solche spekulativen Gedankengänge machen auch vor traditionellen Vorstellungen von Zeitlichkeit nicht halt: Meillassoux wendet sich gegen den ›Korrelationismus‹ der nachkantischen Philosophie, das heißt gegen den Zwang, alle Objekte ausgehend von einem Subjekt und in Korrespondenz zu dessen stabilen Wahrnehmungs- und Denkstrukturen zu verstehen. Gegen die als überzeitlich definierten Anschauungsformen und Kategorien der *Kritik der reinen Vernunft* entwirft Meillassoux das Konzept einer dem Subjekt absolut fremden Zeit. »Das ist zwar so etwas wie eine Zeit, aber eine für die Physik undenkbare Zeit – da sie imstande ist, ohne Ursache und Grund jedes physikalische Gesetz zu zerstören – wie eine für die Metaphysik undenkbare Zeit – da sie imstande ist, jedes bestimmte Seiende, sei es ein Gott, sei es der Gott, zu vernichten. [...] Eine Zeit, die fähig ist, selbst das Werden zu zerstören und, vielleicht für immer, das Fixe, das Statische, den Tod hervorzubringen.«[8] (Eine ähnliche These mit umgekehrter Zeitrichtung, dass nämlich *die absolute Katastrophe schon geschehen ist*, wird in diesem Band von Ray Brassier vertreten.)

In den post-apokalyptischen Texten von Nick Land – lange Zeit Philosophiedozent an der *University of Warwick* und ein wichtiger Einfluss u. a. auf Brassier und Negarestani – finden

---

[8]   Quentin Meillassoux, *Nach der Endlichkeit*, Zürich/Berlin 2008, S. 92.

wir ebenfalls spekulative Zeitfiguren, nämlich die einer Rückkehr aus der Zukunft und die einer generellen Implosion der Zeit: »Du hattest vergessen, dass du in der Zukunft gewesen bist.« »Zusammensturz ins Jetzt. Null-Zeit.« Bei Land nimmt dabei die »technokapitalistische Singularität« eine Position ein, welche der der Lovecraft'schen Monstergottheiten analog ist. Lands zentrale, in seinen Texten mimetisch ausgearbeitete These lautet: Der sich mit technologischen Mitteln autonom reproduzierende Kapitalismus überschreitet zunehmend die Grenzen des Lebens und der Zeit und verbreitet dadurch Entropie sowie Lust an der Entropie. Land setzt sich bei der Darstellung dieses Szenarios über die Grenze zwischen literarischem und philosophischem Schreiben hinweg. Sein von epischen Einsprengseln durchsetzter Essay *No Future* ist offenbar ebenso an Georges Bataille und Gilles Deleuze orientiert wie an William S. Burroughs und William Gibson.

Lands Diagnose einer katastrophischen »Kernschmelze« der Zeit greift ein verbreitetes Motiv des kosmischen Horrors auf: Wahrer Horror äußert sich nicht als Furcht vor dem, das uns noch bevorsteht. Das Schlimmste, was uns am meisten ängstigt, ist vielmehr schon geschehen! Eine der prägnantesten Manifestationen dieser Ontologisierung des Grauens ist die Vorstellung eines absolut leeren und toten Universums – und zwar wiederum nicht als apokalyptischer Horizont, sondern als grauenhafte Gegenwart.

Besonders eloquent artikuliert sich dieses Thema im Werk des amerikanischen Schriftstellers Thomas Ligotti, der von verschiedenen Connaisseuren des Genres bereits zum legitimen Nachfolger Lovecrafts ausgerufen worden ist. Ligotti nimmt Topoi der klassischen Gruselgeschichte auf und synthetisiert sie zu Allegorien, die seinen Nihilismus in Szene setzen. Eine dunkle, bösartige und beständig mutierende Welt subvertiert alle menschlichen Wünsche, Hoffnungen und entlarvt jeden Anspruch auf Sinn und Kohärenz als lächerliche Travestie. In der Konsequenz erscheint es Ligottis Protagonisten häufig als einzig erstrebenswert, mit einem letzten Rest von Würde mimetisch im Enigma des Anorganischen aufzugehen. Entsprechend distanziert und grotesk wirkt sein bisweilen absichtlich manierierter Stil, als wolle der Erzähler Mimikry an die leere, parodistische Welt betreiben, die er evoziert. In den letzten Jahren haben sich Ligottis Fiktionen zunehmend der Traktatform angenähert, was auch für die hier abgedruckte, bisher unveröffentlichte Kurzgeschichte *Metaphysica Morum* gilt.

Ähnliche Effekte wie Ligotti, wenn auch mit ganz anderen, eher an der Lakonie Kafkas orientierten sprachlichen Mitteln, erzielt Anna Kavan (1901-1968), eine der raren weiblichen Stimmen auf dem Gebiet des *cosmic horror*. Wie Ligotti verwendet sie Topoi der *weird fiction* und der SF als Chiffren für eine abjekte Existenz und einen ebenso gefürchteten wie vage herbeigesehnten Orientierungs- und Selbstverlust. Das Licht eines neuen Sterns am Nachthimmel, dessen Beschreibung Kavan in *Eins der verlorenen Dinge* höhnisch mit weihnachtlicher Rhetorik auflädt, ruft Mutationen hervor, die nicht nur die Grenzen zwischen Tod und Leben, sondern auch diejenigen zwischen den Geschlechtern unterminieren.

Zur Dignität des philosophischen Arguments erhebt diese düstere Weltsicht der in Beirut lehrende Philosoph Ray Brassier. Am einschlägigsten für unser Thema ist sein bisheriges Hauptwerk, dessen Schlusskapitel hier in Auszügen erstmals in deutscher Übersetzung erscheint. Der schon im Titel, *Nihil Unbound. Enlightenment and Extinction* indizierte radikale Nihilismus übernimmt von Lyotard das philosophische Konzept der »Auslöschung« und erhebt es zum Schlüsselbegriff einer schwarzen Metaphysik. Die naturwissenschaftliche Prognose eines Erlöschens der Sonne und einer Auflösung der Materie führt zur metaphysischen Konklusion: *We are dead already.* Das geht weit über das traditionell beliebte Diktum ›Philosophieren heißt sterben lernen‹ hinaus. In ihrer spekulativen Dimension ist Auslöschung ein unübersteigbares Absolutum, das unser Denken und Bewusstsein auf den Status von kontingenten Dingen in der Welt reduziert. Was bleibt, ist eine absolute, durch das Subjekt uneinholbare Fremdheit, ein spekulativer *horror vacui*, der von Brassier nicht nur argumentativ hergeleitet, sondern gelegentlich auch sprachmächtig als letztgültige wissenschaftlich-philosophische Offenbarung beschworen wird. Entsprechend bezeichnet er die Philosophie auch als »Organon der Auslöschung«.

Das Grauen des absoluten Todes ist aber nur der eine Pol des spekulativen Horrors; ein jede Grenze monströs überwucherndes, undifferenziertes Leben wäre der andere. Ein an diesem Extrem orientiertes Phantasma beschreibt der zurzeit in den USA lebende iranische Schriftsteller Reza Negarestani. Seine Ethno-Fiktion *Bolus Barathruma* entfaltet die imaginäre Mythologie einer nahöstlichen Glaubensgemeinschaft, die keine Einzelwesen kennt, sondern nur eine universale »verfluchte Bestie« namens Natur. Der universale Horror unserer Welt resultiert aus nichts anderem als dem Hineinstarren der Natur in sich selbst. ›Trauma‹ bezeichnet hier kein individualpsychologisches Konzept mehr, sondern ist ein kosmologisches Grundprinzip. Die Introspektion der Natur – ihr Emblem sind die obsessiv starrenden Augen eines Würfels mit unendlich vielen Seiten – gebiert Bestien, die sich letztlich nicht durch ihre monströsen Eigenschaften auszeichnen, sondern durch deren völlige Abwesenheit: gesichts- und geschichtslose Ungeheuer einer absoluten taxonomischen Entleerung, der sich auch der hyper-reflexive Erzähler nur asymptotisch annähern kann.

Iain Hamilton Grants Aufsatz analysiert eine idealistische Präfiguration dieser »kosmischen Bestie«. Grant, Philosophieprofessor an der *University of Bristol*, konzentriert seine Forschungen auf die Naturphilosophen und Naturforscher des Deutschen Idealismus (Schelling, Blumenbach, Kielmeyer), unter der Annahme, dass diese philosophische Bewegung in ihren Wendungen gegen Kant das antikorrelationistische Programm des ›Spekulativen Realismus‹ vorweggenommen habe. In seinem Beitrag *Schleim und Sein* befasst er sich mit dem naturphilosophischen Anatom Lorenz Oken (1779-1851) und arbeitet die *weirdness* dessen äußerst umfangreichen Werks heraus, das eine metaphysisch aufgeladene Universalphysiologie mit einer platonischen Ontologie verbindet, in deren Zentrum die Zahl Null steht. Das überraschende Ergebnis dieser Verbindung ist eine Art Naturnihilismus, der die Grenze zwischen Geist und Materie, zwischen Organischem und Anorganischem einebnet, um bei einem omnipräsenten, denkenden und kriegerischen Urschleim als Grund aller Dinge zu enden. Es zeigt sich, dass aus den philosophischen Bedarfslagen des 19. Jahrhunderts zuweilen Phantasmen entstehen, welche den bevorzugten Themen des literarischen *cosmic horror* erstaunlich ähneln.

Während die anderen ›Spekulativen Realisten‹ mit ihren Reflexionen oft das Absolute umkreisen, setzen die Reflexionen von Graham Harman, Philosophieprofessor an der *American Academy* in Kairo, an den Beschränkungen der Subjekt-Objekt-Relation an. Harman hat über die letzten Jahre das Projekt einer objektorientierten Ontologie verfolgt, das heißt einer Ontologie, die ihre Aufgabe darin sieht, der Autonomie des Objekts – und damit auch dessen Fremdheit – gegenüber dem Subjekt zu neuer philosophischer Dignität zu verhelfen. Die besondere Pointe, die Harman in *Über den Horror der Phänomenologie* herausarbeitet, liegt darin, dass Lovecraft nicht so sehr die Seltsamkeit der realen Gegenstände aufzeigt, sondern vor allem die der intentionalen Objekte im Sinne des Begründers der Phänomenologie: Lovecraft wie Husserl bezeugen, dass die Seltsamkeit der Sachen nicht beschränkt ist auf eine noumenale Hinterwelt von Essenzen und Dingen-an-sich. Seltsamkeit zeigt sich vielmehr schon am Phänomen selbst, am Entzug des intentionalen Objekts, das trotzdem konstitutiver Bestandteil der Erfahrung, ja sogar »übermäßig präsent« bleibt.

In dem Maße, in dem unser personales Ich sich im Alltag als Leib manifestiert, wird das Subjekt zum Objekt, also zum bloßen Ding unter anderen Dingen. So ist in der Seltsamkeit des Objekts auch eine Selbstentfremdung angelegt, *a horror concerning myself*, die eine generelle Nähe von Subjektivität und Monstrosität impliziert. Interessant ist vor allem die ethische Dimension dieses Befundes: Kann man diese Seltsamkeit nicht auch bejahen, um ein seltsames und insofern authentischeres Leben zu führen? Der unsere Sammlung abschließende Text deutet an, dass Lovecraft sich gegen Ende seines Lebens in eine ähnliche Richtung bewegt haben könnte: Einen der letzten Briefe vor seinem Tod, in dem sich der »Einsiedler von Providence« als unerwartet charmanter Plauderer über sinistere Dinge erweist, signiert er mit »Opa Cthulhu«. In einer ähnlichen Identifikation mit der »*outsideness*« der Großen Alten besteht auch die Pointe vieler seiner letzten Geschichten: Vor allem in *The Shadow over Innsmouth* und *The Shadow out of Time* erkennt der Erzähler sich letztlich als den Monstern artverwandt – während in den frühen Erzählungen ihre Fremdheit noch ein Gegenstand ungebrochenen Abscheus war. Nicht zufällig ging diese Verschiebung auch mit einer deutlichen Milderung von Lovecrafts reaktionären politischen Ansichten einher.

Einen anderen Weg, die Objektorientierung Lovecrafts weiterzudenken, finden wir bei Michael Cisco, einem jungen New Yorker Autor aus dem Kreis des *New Weird* (zu dem u.a. auch China Miéville und Jeff VanderMeer gehören). Wie seine Vorgänger betreibt er eine Doppel- oder Mehrfachkodierung von Genremotiven der phantastischen Literatur und bedient sich dabei bevorzugt bei poststrukturalistischen Theoremen. In dem Erzählungsfragment *Unsprache* nimmt er den verbreiteten Topos des durch einen Fluch seltsam belebten, parasitischen Gegenstands auf. Bei Cisco wird das Motiv des verworfenen, seine Leser in den Wahnsinn treibenden Buchs mit einem bekannten Theorem speziell Blanchots und Lacans kombiniert, demzufolge die Sprache selbst eine parasitäre Entität ist, die das Leben absorbiert und es gespenstisch werden lässt.[9]

Das Nachdenken von Howard Caygill (Professor für Philosophie am *Kingston College* in London) über Spekulation geht auf sein wohl bekanntestes Buch über Walter Benjamins imma-

---

[9] Vgl. z. B. Maurice Blanchot, »Die Literatur und das Recht auf den Tod«, in: Ders., *Von Kafka zu Kafka*, Frankfurt a. M. 1993, S. 32 ff.

nenten Kritikbegriff zurück.[10] In dem für diesen Band geschriebenen Aufsatz *Der Irrsinn der Spekulation* unternimmt Caygill eine spekulative Kritik an Kants Spekulationskritik, und zwar indem er eine Kontroverse zwischen Kant, dem Psychopathologen der Vernunft, und dem schizophrenen Literaten Artaud inszeniert. Kants Bemühungen, sich mittels Grenzsetzungen der Vernunft gegen den Horror einer prinzipiell unendlichen Spekulation zu schützen, erweisen sich bei dieser Begegnung als zum Scheitern verurteilte Versuche einer Selbst-Immunisierung. Mehr noch, seine transzendentale Ästhetik ist ein zwanghaftes, wenn nicht sogar psychotisches Unternehmen. Gefahren drohen dem Verstand vor allem von außen. Wenn Artaud postuliert, *L'infini, c'est moi*, dann ist diese Anbindung an das Unendliche nicht Ausdruck einer erhabenen Größe, sondern der schmerzhaften Sensibilität für die faszinierende Gefahr eines Außen, dem die Vernunft sich öffnen und das sie nach Caygill als Erbe annehmen muss.

Einen weiteren Schritt in die von Caygill angedeutete Richtung unternimmt Eugene Thacker, Privatdozent an der *New School* in New York, in seinen aphoristischen Reflexionen zum »kosmischen Pessimismus«. Offenbar vom tiefschwarzen Pessimismus eines Cioran beeinflusst – wenngleich mit etwas mehr Humor ausgestattet –, zeigt Thacker (mit Anleihen bei Nietzsches »Geburt der Tragödie«) auf, dass eine solche aporetische und in ihrer letzten Konsequenz antiphilosophische Philosophie wohl am besten als ästhetische Lebenshaltung zu verstehen ist.

Die Künstlerin und Theoretikerin Amanda Beech schließlich, *Dean of Critical Studies* am *California Institute of the Arts*, arbei

---

[10] »In his critique of Kant's concept of experience, Benjamin not only extended the neo-Kantian attempt to dissolve the distinction between intuition and understanding, but went further in seeking a (expressly non-, if not anti-Hegelian) concept of ›speculative experience‹.« Howard Caygill, *Walter Benjamin. The Colour of Experience*, London, New York 1997, S. 2.

tet seit langem eng mit Vertretern des ›Spekulativen Realismus‹ zusammen. Entsprechend fällt auch ihre Definition von Horror als Artikulation eines sich unserem Zugang stets entziehenden Realen aus: Einerseits definiert Beech in ihrem für diesen Band geschriebenen Aufsatz »Explodierender Horror«: »Der Horror ist die Erkenntnis der Grenzen unserer Herrschaft [...]«. Andererseits scheint die Viszeralität des Horrors letztlich doch einen privilegierten Zugang zu diesem ansonsten unzugänglichen Realen in Aussicht zu stellen. Aus (ideologie)kritischer Perspektive zeigt Beech, wie Horror im Neoliberalismus als Machtinstrument funktionalisiert und gewinnbringend eingesetzt wird: Horror erzeugt immer nur das Bedürfnis nach mehr Horror – das zugrundeliegende Bedürfnis nach dem Erleben des Realen bleibt dabei unbefriedigt.

Die hier unter dem Stichwort *Spekulativer Horror* versammelten Beiträge sind nicht auf einen gemeinsamen inhaltlichen Themenkatalog oder gar eine allen gemeinsame These zu reduzieren. Stattdessen stellen die präsentierten Texte eine – auch methodische – Herausforderung für das Nachdenken über und mit Literatur dar. Der ›Spekulative Realismus‹ zieht aus der offenkundig seltsamen Nähe von Realismus und Horror die philosophische Konsequenz, dass unsere Normalität am ehesten noch aus dem Phantastischen und Seltsamen heraus zu verstehen ist. Gravierend sind die Konsequenzen auch für ein spekulativ-poetisches Denken, das die Herausforderung des Horrors anzunehmen versucht: Literarischer Horror ist ein Versuch, den Hyper-Korrelationismus der Ästhetik – und ihrer (un)heiligen Trias von Subjekt, Objekt und ästhetischer Erfahrung – zu sprengen.

Gedankenexperimente über Welten ohne Menschen oder Zeitreisen in eine Zukunft, die sich als Vergangenheit herausstellt, sind nur zwei der spekulativen Figuren, die einen kritischen Kreuzungspunkt von Horror und zeitgenössischer Metaphysik ausmachen. Letztlich erweist gerade die Beschäftigung mit Horror, inwiefern die gegenwärtige Philosophie und Poetik sich in einem gemeinsamen spekulativen Zeitverständnis treffen. In Differenz etwa zur von Dietmar Dath herausgearbeiteten *ästhetischen Drastiksekunde*[11], zur Gegenwartsemphase der aktuellen Hochliteratur und zur Zukunftsvernarrtheit der gängigen Science-Fiction haben wir es im *cosmic horror* mit einer Poiesis unmöglicher Zeit zu tun. Spekulativer Horror zeigt uns, dass, mit Meillassoux gesprochen, auch die *Vergangenheit unvorhersehbar ist*, und er eröffnet auf diese Weise seltsame Perspektiven auf unsere reale Abwesenheit sowie die unvorhergesehene Kontingenz der Welt.

Unser Dank geht an Miguel Abreu, Katrin Freiholz, Patrick Gyger, Michael Lüthy, Robin Mackay, Esther von der Osten, Tom Streidl, die Übersetzer Roland Frommel, Peter Robert, Ulrike Stamm und besonders an Andreas Pöschl und Jan Georg Tabor sowie unseren ständigen *partner in crime* Andreas Töpfer für seine Zeichnungen. Sie alle haben in den wenigen Monaten, die von der Idee zu diesem Band bis zu seinem Erscheinen vergangen sind, auf jeweils ganz unterschiedliche Art und Weise dazu beigetragen, dass die Arbeit nicht nur eigentümlich schnell vonstatten ging, sondern auch stets von den fröhlichsten Affekten begleitet war.

---

[11] »Die Drastiksekunde ist so datenreich [...] dass denen, die sie erleben, alle realen Zeitverhältnisse drüber durcheinander geraten. [...] Drastik als Mimesis an fordernde, anstrengende Erlebnisse sagt also zum erfundenen Ereignis: Verweile doch, du bist so eklig respektive geil.« Dietmar Dath, *Die salzweißen Augen. Vierzehn Briefe über die Drastik*, Frankurt a. M. 2005, S. 72. Zur Ästhetik vgl. Daths zentrale Definition »Was ist Drastik? Der ästhetische Rest der Aufklärung nach ihrer politischen Niederlage« (a.a.O., S.162).

Das Notizbuch

H. P. Lovecraft

Aus dem Englischen
von
Franz Rottensteiner

Demophon erzitterte, als ihn die Sonne beschien (Liebhaber der Finsternis – Unwissen).

Die Bewohner *Zinges*, über denen der Stern Canopus jede Nacht aufgeht, sind immer fröhlich und ohne Sorgen.

Die Küsten Attikas reagieren mit Gesang auf die Wellen der Ägäis.

Gruselgeschichte – ein Mann träumt vom Fallen – wird auf dem Fußboden zerschmettert aufgefunden, als sei er aus ungeheurer Höhe herabgestürzt.

Der Erzähler geht eine Landstraße entlang, die er nicht kennt – gelangt in ein seltsames Gebiet des Unwirklichen.

In Lord Dunsanys »Idle Days on the Yann«: Die Bewohner des altehrwürdigen Astahahn am Yann verrichten alles und jedes anhand eines uralten Zeremoniells. Dort gibt es nie etwas Neues. »Hier haben wir der Zeit Fuß- und Handfesseln angelegt, die sonst die Götter töten würde.«

Horrorgeschichte – die aus Stein gemeißelte Hand – oder eine andere künstliche Hand –, die ihren Schöpfer erwürgt.

Horrorgeschichte – ein Mann verabredet sich mit einem alten Feind. Stirbt – die Leiche hält die Verabredung ein.

Dr. Eben-Spencer-Fabel.

Traum, über eine Stadt zu fliegen. *Celephais*.

Merkwürdige nächtliche Zeremonie. Wilde Tiere tanzen und bewegen sich im Takt der Musik.

Ereignisse in der Zeitspanne zwischen dem Ankündigungsgeräusch und dem Schlagen der Uhr – endet mit – »es waren die Klänge der Uhr, die drei schlug«.

Haus und Garten – alt – Assoziationen. Der Anblick bekommt einen Anstrich des Seltsamen.

Entsetzliches Geräusch in der Dunkelheit.

Brücke und schleimig-schwarze Gewässer. *Fungi – The Canal*.

Die wandelnden Toten – anscheinend lebendig, jedoch –.

Türen, die geheimnisvollerweise mal offen und dann wieder geschlossen vorgefunden werden etc. – erwecken Schauder.

Kalamander-Holz – ein wertvolles Tischlermaterial aus Ceylon und Südindien, das dem Rosenholz ähnelt.

Überarbeite Erzählung aus 1907 – ein Gemälde äußersten Grauens.

Ein Mensch reist in die Vergangenheit – oder ein Phantasieland – und lässt die körperliche Hülle zurück.

Ein uralter Koloss in einer uralten Wüste. Antlitz fehlt – kein Mensch hat es je gesehen.

Sage von der Meerjungfrau – *Ency. Britt.* XVI, 40.

Der Mensch, der nicht schlafen wollte – nicht einzuschlafen wagte –, nimmt Rauschmittel, um sich wach zu halten. Schläft schließlich ein – und es passiert *etwas*. Motto aus Baudelaire, Seite 214. *Hypnos.*

Dunsany – *Go-By Street.* Jemand stößt auf eine Traumwelt – kehrt zur Erde zurück – versucht zurückzukehren – es gelingt ihm, aber er findet die Traumwelt uralt und verfallen vor, als seien Tausende von Jahren verstrichen.

Ein Mann besucht ein Museum der Antike – verlangt, dass dort ein Bas Relief angenommen wird, das er gerade angefertigt hat – der alte und gelehrte Kurator lacht und erklärt, dass er nichts so Modernes akzeptieren kann. Der Mann erklärt, dass »Träume älter sind als das brütend daliegende Ägypten oder die in Nachdenken versunkene Sphinx oder das gartenumgürtete Babylonien«, und dass er die Skulptur im Traum hergestellt habe. Der Kurator fordert ihn auf, sein Werk vorzuzeigen, und als dieser dem Verlangen nachkommt, weicht der Kurator entsetzt zurück und fragt, wer der Mann sein mag. Er nennt einen heutigen Namen. »Nein, *vor diesem*«, sagt der Kurator. Der Mann erinnert sich nicht, außer im Traum. Dann bietet ihm der Kurator einen hohen Preis, aber der Mann hat das Empfinden, dass er die Skulptur zerstören will. Verlangt einen märchenhaften Preis – der Kurator wird beim Direktorium Rückfrage halten.

Füge eine gute Entwicklung hinzu und beschreibe die Natur des Bas-Relief. *Cthulhu.*

Traum von uralten Schlosstreppen – schlafende Wachen, schmales Fenster – Schlacht auf einer Ebene zwischen Engländern und Männern in gelben Wappenröcken mit roten Drachen. Der Anführer der Engländer fordert den Anführer des Feindes zum Zweikampf. Sie kämpfen. Der Feind verliert den Helm, *aber kein Kopf wird sichtbar.* Die ganze Armee des Feindes schwindet im Nebel dahin, und der Beobachter entdeckt, dass er der berittene englische Ritter auf der Ebene ist. Blickt zur Burg hin und erkennt eine eigenartige Zusammenballung phantastischer Wolken über den höchsten Zinnen.

Leben und Tod. Tod – seine Trostlosigkeit und sein Grauen – düstere Räume – Meeresgrund – tote Städte. Das Leben jedoch – das größere Grauen! Ungeheure, unerhörte Reptilien und Leviathane – entsetzliche wilde Tiere des prähistorischen Dschungels – üppige schleimige Vegetation – böse Instinkte der Urmenschen. Das Leben ist entsetzlicher als der Tod.

Die Katze ist die Seele des antiken Ägypten und der Träger von Berichten aus vergessenen (Reichen von) Städten in Meroe und Ophir. Sie ist mit dem Herrn des Dschungels verwandt und Erbe der Geheimnisse des ehrwürdigen Afrika. Die Sphinx ist ihre Base, und sie spricht ihre Sprache; doch ist sie weit älter als die Sphinx und erinnert sich an das, was jene vergessen hat. *Die Katzen von Ulthar.*

Traum von Seekonk – Ebbe – Blitz aus dem Himmel – Exodus aus Providence – Einsturz des Rathauses.

Seltsamer nächtlicher Besuch an einem Ort – Mondschein – Burg von großer Pracht etc. Das Tageslicht zeigt entweder eine verlassene Stelle oder unkenntliche Ruinen – vielleicht von unermesslichem Alter.

Urmensch, erhalten geblieben im sibirischen Eis. (Siehe Winchell – *Walks and Talks in the Geological Field*, S. 156 ff.)

So wie die Dinosaurier einst von den Säugetieren abgelöst wurden, so werden Mensch und Säugetiere von den Insekten oder den Vögeln abgelöst werden. Sturz des Menschen vor der neuen Rasse.

Determinismus und Prophetie.

Fortbewegung von der Erde, schneller als das Licht. Die Vergangenheit wird allmählich enthüllt. Entsetzliche Enthüllungen.

Besondere Wesen mit besonderen Sinnen aus fernen Welten. Sichtbarwerden eines äußeren Universums.

Die Auflösung aller Materie zu Elektronen und schließlich dem leeren Raum ist sicher, ebenso wie bekannt ist, dass die Energie zu Strahlungswärme herabsinkt. Fall von *Beschleunigung* – Mensch geht im Weltraum auf.

Eigenartiger Geruch von Buch aus Kindheit führt zur Wiederholung kindlicher Phantasie.

Gefühl zu ertrinken. Unterseeische Städte, Schiffe, Seelen der Toten. Ertrinken ist ein entsetzlicher Tod.

Klänge, möglicherweise musikalische, werden des Nachts aus anderen Welten oder Seinsbereichen gehört.

Warnung, dass ein bestimmter Boden heilig oder verflucht ist; dass auf ihm kein Haus und keine Stadt errichtet werden dürfen; oder, wenn sie schon gebaut worden sind, aufgegeben oder zerstört werden müssen; sonst droht Katastrophe.

Die Italiener nennen *die Angst La Figlia della Morte* – die Tochter des Todes.

Furcht vor *Spiegeln* – Erinnerung an Traum, in dem sich der Anblick verändert und der dramatische Höhepunkt eine entsetzliche Überraschung bringt, wenn man sich selbst im Wasser oder in einem Spiegel erblickt. Identität? *Der Außenseiter*?

Lebend geborene Ungeheuer – wühlen sich in die Erde und vermehren sich, bilden eine Rasse unvermuteter Dämonen.

Burg am See oder Fluss – Spiegelbild, im Verlauf der Jahrhunderte fixiert. Burg zerstört, Spiegelbild lebt weiter, um sich an den Zerstörern grausig zu rächen.

Rasse unsterblicher Pharaonen, die in ungeheuren unterirdischen Hallen unter den Pyramiden hausen, zu denen schwarze Treppen hinabführen.

Hawthorne – nicht aufgezeichnete Fabel. Besucher aus dem Grab. Ein Fremder bei einer öffentlichen Veranstaltung wird um Mitternacht bis zum Friedhof verfolgt, wo er in die Erde hinuntersteigt.

Aus *Arabien*, Ency. Britt. II, 255. Prähistorische sagenumwitterte Stämme von Ad im Süden, Thamud im Norden und Tasm und Jadis im Inneren der Halbinsel. »Überaus prächtig sind die Schilderungen, die von den Irem, der Stadt der Säulen (wie der Koran sie nennt), gegeben werden, die angeblich von Shedad, dem letzten Tyrannen Ads im Gebiet von Hudramant, errichtet worden ist und die doch, nach der Vernichtung ihrer Bewohner, völlig erhalten ist, behaupten die Araber, gewöhnlichen Augen unsichtbar, aber gelegentlich, und zwar in weiten Abständen, sich einem vom Himmel ausgezeichneten Reisenden enthüllt.« Felsenausgrabungen in N. W. Hejaz, die dem Stamm Thamud zugeschrieben werden.

Städte, ausgelöscht von übernatürlichem Zorn.

AZATHOTH – ein entsetzlicher Name.

Phleg-e-thon – ein Fluss aus flüssigem Feuer im Hades. Zaubergarten, in dem der Mond den Schatten eines Gegenstandes oder Gespenstes wirft, der für das menschliche Auge unsichtbar ist.

Totenbeschwörung – eine Stimme oder ein vertrautes Geräusch im angrenzenden Zimmer.

Die Hand eines Toten schreibt.

Identitätsveränderung.

Mensch wird von unsichtbarem *Wesen* verfolgt.

Buch oder MS, das zu entsetzlich ist, als dass man es lesen könnte – Warnung vor seiner Lektüre. Jemand liest es und wird tot aufgefunden. Haverhill-Unglück.

Segeln oder rudern auf See im Mondenschein – man segelt ins Unsichtbare.

Ein merkwürdiges Dorf, ein Tal, erreichbar durch eine lange Straße und vom Kamm des Berges sichtbar, von dem aus die Straße hinunterführt – oder nahe an einem dichten und uralten Wald.

Man in seltsamer unterirdischer Kammer – bemüht sich, Bronzetür aufzuzwängen – wird von einströmendem Wasser überwältigt.

Fischer wirft bei Mondschein Netz im Meer aus – was er fängt.

Eine entsetzliche Pilgerfahrt zum umnachteten Thron des weit entfernt hausenden Dämonen-Sultans *Azathoth*.

Jemand, der aus Aberglauben lebend in Brücke eingemauert wird – oder schwarze Katze.

Unheimliche Namen – (Kaman-thoh del).

Identität. Rekonstruktion der Persönlichkeit – jemand stellt ein Duplikat von sich her.

Rileys Furcht vor Totengräbern – Tür nach dem Tod von innen verriegelt.

Unter einer Stadt werden Katakomben entdeckt. In Amerika?

Ein Eindruck. Bedrohte Stadt – tote Stadt, Pferdestatue, Mensch in verschlossenem Zimmer, von draußen hört man das Klappern von Hufen. Als er hinausschaut, wird das Wunder sichtbar. *Zwiespältiger* Schluss.

Ein Mord wird entdeckt, die Leiche von einem psychologischen Detektiv gefunden, der behauptet, er habe die Wände des Zimmers durchsichtig gemacht. Rechnet mit der Angst des Mörders.

Mensch mit unnatürlichem Gesicht, seltsame Eigenart beim Sprechen. Stellt sich als *Maske* heraus – Auflösung.

Tonfall extremer Phantastik. Mensch wird in Insel oder Berg verwandelt.

Jemand hat seine Seele dem Teufel verkauft – kehrt von Reise zu seiner Familie zurück. Das Leben nachher – Angst, wachsendes Grauen. Vom Umfang eines Romans.

Vorfall zu Halloween. Spiegel im Keller – darin gesehenes Gesicht – Tod (Klauenabdrücke?).

Ratten vermehren sich und vernichten zuerst eine Stadt und dann die ganze Menschheit. Zunahme an Größe und Intelligenz.

Italienische Rache – tötendes Ich in Zelle, während Feind vor der Burg steht.

Schwarze Messe unter antiker Kirche.

Uralte Kathedrale, entsetzliche Wasserspeier. Jemand versucht einen Einbruch – wird tot aufgefunden, Kiefer des Wasserspeiers blutig.

Unbeschreiblicher Tanz der Wasserspeier; am Morgen wird entdeckt, dass mehrere Wasserspeier auf der alten Kathedrale die Plätze vertauscht haben.

Als er durch ein Labyrinth enger Slumstraßen schlendert, stößt jemand auf ein fernes Licht. Unerhörte Opferhandlungen von Bettlerschwärmen, wie der Hof der Wunder in *Notre Dame de Paris*.

Entsetzliches Geheimnis im Grabgewölbe eines uralten Schlosses – entdeckt von einem Bewohner.

Formloses Lebewesen bildet den Kern eines uralten Gebäudes.

Marmorkopf. Traum – Grabhügel – Abend, Unwirklichkeit. Ein *Fest*?

Macht eines Hexenmeisters, die Träume anderer zu beeinflussen.

[1920]

Zitat: »Ein verreckter Alptraum, der an seiner eigenen Bösartigkeit zugrunde gegangen war. Und seinen schlaffen Leichnam auf der Brust des Gequälten zurückgelassen hatte, damit der da zusehe, wie er sich seiner nach besten Kräften entledige.« Hawthorne.

Entsetzliche abgerissene Bass-Dissonanzen der kaputten Orgel in einem leerstehenden Kloster oder einer Kathedrale. *Red Hook*.

»Denn weist nicht auch die Natur ihre Groteskerien auf – einen auseinanderklaffenden Felsen, das verzerrende Abendlicht auf einsamen Straßen, die unverschleierte Struktur des Menschen im Embryo oder im Skelett?« Pater – *Renaissance* (da Vinci).

Etwas Entsetzliches in einem vielleicht vertrauten Buch zu finden und es dann nicht mehr finden zu können.

(Charles Dexter Ward) *Borrelus* behauptet, »daß die wesentlichen Salze von Tieren so zubereitet und aufbewahrt werden können, daß ein erfindungsreicher Kopf die ganze Arche Noah in seinem Studierzimmer haben und die ganze edle Gestalt eines Tieres nach Belieben aus seiner Asche auferstehen lassen kann; und daß ein Philosoph mittels derselben Methode aus den wesentlichen Salzen des menschlichen Staubes, ohne jede verbrecherische Nekromantie, die Gestalt eines beliebigen toten Vorfahren aus dem Staub heraufbeschwören kann, in den sein Leichnam zerfallen ist.«

Einsamer Philosoph liebt Katze – hypnotisiert sie sozusagen, indem er wiederholt zu ihr spricht und sie ansieht. Nach seinem Tode zeigt die Katze Anzeichen, dass sie seine Persönlichkeit hat. P.S. Er hat eine dressiert und vererbt sie einem Freund mit der Auflage, an ihrer rechten Vorderpfote mit Hilfe einer speziellen Stützapparatur eine Feder anzubringen. Später schreibt sie mit der Handschrift des Verstorbenen.

Einsame Lagunen und Sümpfe in Louisiana – Todesdämon – uralte Häuser und Gärten – moosverwachsene Bäume – Girlanden spanischen Mooses.

[1921]

Anenceophalous oder gehirnloses Ungeheuer, das überlebt und eine gewaltige Größe erreicht.

Verlorener Wintertag – den ganzen Tag verschlafen. Zwanzig Jahre später. Schlaf im Stuhl an Sommerabend. Falscher Sonnenaufgang – alte Szenerie und Empfinden – kalt – alte Leute jetzt tot. Grauen – erfroren?

Der Körper eines Menschen stirbt, aber die Leiche erwacht wieder zum Leben. Schleicht herum – versucht, Verwesungsgeruch zu verbergen – wird irgendwo aufbewahrt. Entsetzlicher Höhepunkt. *Kühle Luft*.

Ein Ort, an dem man gewesen ist (eine schöne Aussicht auf ein Dorf oder ein mit Bauernhäusern gesprenkeltes Tal bei Sonnenuntergang), den man weder wiederfinden noch im Gedächtnis festmachen kann.

Eine Veränderung überkommt die Sonne – zeigt Gegenstände in seltsamer Form, vielleicht durch Wiederherstellung einer vergangenen Landschaft.

Entsetzliches Farmhaus im Kolonialstil und dichter Garten auf Berghang bei Stadt, völlig verwachsen. Gedicht »The House« als Grundlage der Geschichte.

Unbekannte Feuer, die des Nachts in den Bergen erblickt werden.

Blind Furcht vor einem bestimmten Tal in Waldgegend, wo sich unter krummen Wurzeln Bächlein schlängeln und wo sich auf einem vergrabenen Altar entsetzliche Opfer ereignet haben. Leuchten abgestorbener Baumstämme. Vom Boden steigen Blasen auf.

Entsetzliches altes Haus auf einem steilen Berghang in Stadt, Bowen Street, lockt in der Nacht. Schwarze Fenster, namenloses Grauen. Kalte Berührung und Stimme; das Willkommen der Toten.

[1923]

Salem-Geschichte. Hütte einer betagten Hexe, worin man nach ihrem Tod verschiedene entsetzliche Gegenstände findet.

Unterirdisches Gebiet unter geruhsamem Neuengland-Dorf, bewohnt von (lebenden oder ausgestorbenen) Wesen aus prähistorischer Zeit und äußerster Fremdartigkeit.

Entsetzliche Geheimgesellschaft – weit verbreitet – entsetzliche Zeremonien in Höhlen unter vertrauten Anblicken. Der eigene Nachbar gehört vielleicht dazu.

Leiche in Zimmer führt eine Handlung aus, die durch Gespräche in seiner Anwesenheit herausgefordert wird. Zerreißt oder versteckt das Testament usw.

34

Versiegelter Raum, zumindest ist in ihm keine Lampe erlaubt. Schatten an der Wand.

Alte Meerestaverne, jetzt weit im Landesinneren auf Schwemmland. Seltsame Vorfälle – Geräusch von Wellenschlag.

Vampir sucht Menschen an uraltem Wohnsitz der Vorfahren heim; ist der eigene Vater.

Ein *Ding*, das auf der Brust eines Schläfers saß. Am Morgen verschwunden, aber etwas bleibt zurück.

Tapete löst sich in unheimlichen Mustern ab; jemand stirbt, vor Angst. *Die Ratten im Gemäuer.*

Gebildeter Mulatte sucht die Persönlichkeit eines Weißen zu verdrängen und seinen Körper in Besitz zu nehmen.

Uralter Wudu-Negerhexenmeister in Sumpf; bemächtigt sich eines Weißen.

Vorsintflutliche zyklopische Ruinen auf einsamer Pazifikinsel. Zentrum eines die Erde umspannenden unterirdischen Hexenkultes.

Uralte Ruine im Sumpf in Alabama. Wudu.

Jemand wohnt neben Friedhof. Wovon lebt er? Nimmt keine Nahrung zu sich.

Biologische Erberinnerungen an andere Welten und Universen. Butler, *Gods Known and Unknown*, S. 59.

Todeslichter tanzen über Salzsumpf.

Uraltes Schloss, in dessen Inneren der Klang eines unheimlichen Wasserfalls zu vernehmen ist. Das Geräusch hört zeitweilig unter seltsamen Umständen auf.

Nächtliches Herumschleichen um unbeleuchtete Burg inmitten seltsamer Umgebung.

Ein verborgen gehaltenes Lebewesen, das in einem Haus gefüttert wird.

Etwas wird im Erkerfenster eines verbotenen Raumes in einem alten Herrenhaus gesehen.

Kunstkommentar – phantastische Dämonen von Salvator Rosa oder Füssli (Rumpf – Rüssel).

Sprechender Vogel von großer Langlebigkeit. Erzählt lange nachher ein Geheimnis.

Photius berichtet von einem ›verschollenen‹ Schriftsteller namens Damascius, der »Unglaubliche Geschichten«, »Erzählungen von Dämonen« und »Wundersame Geschichten von Totenerscheinungen« schrieb.

Entsetzliche Dinge werden in den Zeilen des Gauthier du Metz, 13. Jahrhundert, »Image du Monde« angedeutet.

Vertrockneter Mensch lebt jahrhundertelang in kataleptischem Zustand in uraltem Grab.

Abscheuliche nächtliche Geheimversammlung in uraltem Gässchen. Einer nach dem anderen entfernt sich verstohlen. Einer wird beobachtet, wie er etwas fallenlässt – eine Menschenhand.

Von Schiff Ausgesetzter – schwimmt im Meer – wird Stunden später aufgefischt und erzählt merkwürdige Geschichte von einem unterseeischen Gebiet, das er besucht hat. Verrückt?

Auf Insel Ausgesetzte essen unbekannte Vegetation und werden seltsam verwandelt.

Uralte und unbekannte Ruinen. Seltsamer, unsterblicher Vogel, der in einer alten Sprache *spricht*, die für die Forscher entsetzlich und aufschlussreich ist.

Individuum wandert durch eine seltsame Entwicklung den Pfad der Evolution zurück und wird zum Amphibium, von dem der *Mensch* abstammt, keinem der Paläontologie bekannten gleicht. Um es zu beweisen, führt er ein seltsames Experiment durch oder erzählt von einem.

Marmorfaun, S. 346: seltsame prähistorische italienische Stadt aus Stein.

N. O. Gebiet namens »Hexenloch« – entlang des Flusslaufes. Gerüchte von Hexensabbats und Indianertrommeln auf einem ausgedehnten Hügel, der sich aus der Ebene erhebt, wo alte Schierlingstannen und Buchen einen dunklen Hain oder dämonischen Tempel bildeten. Schwer erklärliche Legenden. Holmes – *Guardian Angel*.

Leuchten verfaulenden Holzes, in Neuengland »Fuchsfeuer« genannt.

Übergeschnappter Maler in uraltem, unheimlichem Haus zeichnet *Wesen*. Wer stand ihm Modell? Flüchtiger Blick. *Pickmans Modell*.

Ein Mann hat einen gestaltlosen winzigen siamesischen Zwilling – ausgestellt in einem Zirkus. Zwilling wird operativ entfernt – steht mit bösartigem Eigenleben Entsetzliches an. HSW. – *Cassius*

Roman vom Hexenloch? In einer Privatschule angestellter Lehrer verfährt sich beim ersten Mal – trifft auf ein dunkles Tal mit unnatürlich angeschwollenen Bäumen und einer kleinen Hütte (Licht im Fenster?). Erreicht die Schule und hört, dass den Jungen verboten ist, das Tal aufzusuchen. Ein Junge ist seltsam – Lehrer beobachtet ihn, wie er Tal besucht. Seltsame Vorgänge – geheimnisvolles Verschwinden oder entsetzliches Schicksal.

Eine abscheuliche Welt überlagert die sichtbare. Durchgang – eine Macht führt den Erzähler zu einem uralten und verbotenen Buch, das Anweisungen für den Zutritt enthält.

Eine Geheimsprache, die von einigen wenigen alten Menschen in einem wilden Land gesprochen wird, führt zu verborgenen Wundern und grausigen Dingen, die sich erhalten haben.

Ein seltsamer Mensch wird an einer einsamen Bergstelle gesehen, wie er mit einem großen geflügelten Wesen spricht, das fortfliegt, als sich andere nähern.

Jemand oder etwas weint beim Anblick des aufgehenden Mondes vor Furcht, als handele es sich um eine merkwürdige Sache.

DELRIO stellt die Frage: »*An Sint unquam daemones incubi et succubae et an ex tali congressu proles nasci queat?*« *Red Hook.*

Ein Forscher kommt in ein seltsames Land, wo eine atmosphärische Besonderheit den Himmel buchstäblich bis zur Schwärze verdunkelt – was es dort an Wunden gibt.

[1926]

Anmerkung von Haggard oder Lang in »The World's Desire«: »Die geheimnisvollen und unentzifferbaren Bücher, die man im alten Ägypten gelegentlich ausgrub, waren möglicherweise in der toten Sprache eines weitaus älteren und nunmehr vergessenen Volkes abgefaßt. Das war der Fall mit dem in Coptos im dortigen Heiligtum von dem Priester der Göttin entdeckten Buch. ›Die ganze Erde war von Dunkelheit bedeckt, aber rings um das Buch schien der Mond.‹ Mit diesen Worten erwähnt ein Schreiber aus der Zeit der Ramesiden ein anderes Buch in der unentzifferbaren uralten Schrift. ›Ihr erklärt mir, Ihr verstündet kein Wörtchen davon, weder ein gutes noch ein schlechtes. Es ist sozusagen von einem Wall umgeben, den niemand überklettern kann. Ihr werdet belehrt, aber Ihr wisset es nicht, und das versetzt mich in Angst und Schrecken.‹ *Birch Zeitschrift* 1871, S. 61-64, *Papyrus Anastisi* I, Roll X, I, 8, Rolle X, 1-4. Maspero, *Hist. Anc.* S. 66-67.«

Mitglieder eines Hexenkults wurden mit dem Gesicht nach unten begraben. Jemand stellt über einen Vorfahren im Familiengrab Nachforschungen an und findet einen beunruhigenden Zustand vor.

Seltsamer Brunnen im Bezirk Arkham – das Grundwasser ist versiegt (oder wurde nie erreicht – seit der Ausschachtung blieb das Loch fest mit einem Stein verschlossen) – bodenlos –

gemieden und gefürchtet – was lag darunter (entweder ein unheiliger Tempel oder etwas anderes sehr Altes oder eine große Höhlenwelt). *Fungi – The Well.*

Entsetzliches Buch wird flüchtig in uraltem Laden erblickt – dann nie mehr gesehen.

Schreckliches Wohnheim – geschlossene Tür wird nie geöffnet.

In Grab wird antike Lampe gefunden – mit Öl gefüllt und entzündet zeigt ihr Schein eine seltsame Welt. *Fungi.*

Jeder beliebige uralte, unbekannte oder prähistorische Gegenstand – seine Macht der Beeinflussung – verbotene Erinnerungen.

Vampirischer *Hund.*

Böses Gässchen oder umschlossener Hof in uralter Stadt – Union oder Wilson Street. *Fungi.*

Besuch bei jemandem in einem wildromantischen, weit entfernt liegenden Haus – Fahrt von der Station durch die Nacht – in die Berge, in denen es spukt. Haus an Waldrand oder am Wasser – dort leben entsetzliche Wesen.

Jemand sieht sich gezwungen, in einem seltsamen Haus Zuflucht zu suchen. Gastgeber trägt dicken Bart und dunkle Brillen. Zieht sich zurück. In der Nacht steht der Gast auf und sieht die Kleider des Gastgebers herumliegen, auch eine Maske, die das angebliche Gesicht des Gastgebers war, *was immer* dieser war. Flucht.

Das autonome Nervensystem und das Unterbewusstsein haben ihren Sitz nicht im Kopf. Ein verrückter Arzt köpft einen Menschen, hält ihn jedoch unter unbewusster Kontrolle am Leben. Man achte darauf, nicht bloß die Geschichte W. C. Morrows nachzuahmen.

[1928]

Schwarze Katze auf einem Berg in der Nähe einer dunklen Spalte im Hof eines alten Gasthauses. Miaut heiser – lockt

Künstler in die dunklen Geheimnisse von drüben. Stirbt schließlich in hohem Alter. Spukt in den Träumen des Künstlers herum – lockt ihn, ihr zu folgen. Seltsames Ergebnis (erwacht nie? Oder macht die bizarre Entdeckung einer alten Welt außerhalb des dreidimensionalen Raums?).

Trophonious – Höhle von. Siehe Class. Dict. und Artikel im Atlantic.

Stadt mit Walmdächern, die man im Sonnenuntergang von Weitem sieht – bleibt in der Nacht unbeleuchtet. Man sah ein Segel, das aufs Meer hinausfuhr. *Fungi*.

Abenteuer eines körperlosen Geistes – in düsteren, halbvertrauten Städten und über seltsamen Mooren; durch Raum und Zeit – schließlich andere Planeten und Universen.

Verschwommene Lichter, geometrische Figuren etc., die bei geschlossenen Augen auf der Retina zu sehen sind. Ausgelöst von Strahlen aus *anderen Dimensionen*, die auf den Sehnerv einwirken? Von *anderen Planeten*! Verknüpft mit einem Leben oder einer Daseinsstufe, in denen ein Mensch leben könnte, wüsste er nur, wie dorthin zu gelangen? Jemand fürchtet sich, die Augen zu schließen – er war irgendwo auf einer entsetzlichen Pilgerfahrt, und dieses angsteinflößende Sehvermögen ist ihm geblieben.

Jemand hat einen entsetzlichen Hexenmeister zum Freund, der Einfluss auf ihn gewinnt. Er tötet ihn in Verteidigung einer Seele; mauert die Leiche in einem alten Keller ein – JEDOCH – der tote Hexenmeister (der Seltsames über die länger im Körper verweilende Seele gesagt hat) *tauscht mit ihm den Körper* ... er bleibt als denkender Leichnam im Keller zurück. *Das Ding auf der Schwelle*.

Gewisse Arten von tiefer, feierlicher Musik aus den siebziger und achtziger Jahren des 19. Jahrhunderts rufen bestimmte Visionen dieser Zeit in Erinnerung – gasbeleuchtete Salons der Toten, Mondenschein auf alten Fußböden, verfallende Geschäftsstraßen mit Gaslampen etc. – unter entsetzlichen Umständen.

Buch, das beim Lesen einschläfernd wirkt – man kann es nicht lesen. Ein Entschlossener liest es – wird verrückt. Von betagtem Eingeweihten werden Vorsichtsmaßnahmen getroffen, der als Autor und Übersetzer weiß, wie er sich durch Beschwörung schützt.

Zeit und Raum. Vergangenes Ereignis, vor 150 Jahren, ungeklärt. Heutige Zeit. Jemand, der sich intensiv nach der Vergangenheit sehnt, sagt oder tut etwas, das körperlich in der Zeit zurückwirkt und das vergangene Ereignis *tatsächlich herbeiführt.*

Krone des Grauens. Großvater kehrt von seltsamer Reise zurück ... Geheimnis im Haus ... Wind und Dunkelheit ... Großvater und Mutter verschlungen ... verbotene Fragen ... Schlaflosigkeit ... Untersuchung ... Katastrophe ... Schreie von oben ...

Jemand, der seinen Reichtum auf *dunkle Weise* erwarb, verliert ihn. Erklärt seiner Familie, er müsse den ORT erneut aufsuchen (entsetzlich und unheimlich und außerdimensional), wo er zu seinem Gold kam. Andeutungen von möglichen Verfolgern oder der möglichen Nicht-Rückkehr. Er bricht auf. Aufzeichnungen, was mit ihm passiert: oder was in seinem Haus passiert, wenn er zurückkehrt. Vielleicht mit vorhergehendem Thema verbunden. Behandelt auf phantastische, an Dunsany erinnernde Weise.

Jemand wird an einem öffentlichen Ort mit den Zügen oder dem Ring oder dem Schmuck eines Mannes gesehen, der schon lange, vielleicht seit Generationen im Grab liegt.

Entsetzliche Reise zu einem uralten und vergessenen Grab.

Abscheuliche Familie lebt im Schatten einer uralten Burg am Rand eines Waldes nächst schwarzen Klippen und einem ungeheuren Wasserfall.

Ein Junge wächst in einer Atmosphäre dräuenden Geheimnisses auf. Hält seinen Vater für tot. Plötzlich erfährt er, dass sein Vater bald zurückkehren wird. Absonderliche Vorbereitungen – Folgen.

Einsame, düstere Inseln vor der Küste Neuenglands. Das Grauen, sie beherbergen – Vorposten kosmischer Einflüsse.

Was aus einem Urei ausschlüpft.

Ein seltsamer Kauz im verschatteten Bezirk einer uralten Stadt besitzt ein bestimmtes unvordenkliches archaisches Grauen.

[1930]

Abscheuliches altes Buch wird entdeckt – Anweisungen für schockierende Beschwörungen.

In der Wüste findet man ein vormenschliches Götzenbild.

Götzenbild in Museum *bewegt* sich auf bestimmte Weise.

Zug der Lemminge – Atlantis.

Kleine, grüne keltische Statuen, die in einem alten irischen Moor ausgegraben werden.

Jemandem werden die Augen verbunden, und er wird in einem verschlossenen Taxi oder Wagen an einen uralten und geheimen Ort gebracht.

Die *Träume* eines Menschen *schaffen* tatsächlich eine halbverrückte Welt gleichsam materieller Substanz in einer anderen Dimension. Ein *anderer Mann*, ebenfalls ein Träumer, gerät im Traum zufällig in diese Welt. Was er dort findet. Nachrichten von den Bewohnern. Ihre Abhängigkeit vom ersten Träumer. Was bei seinem Tod passiert.

Ein uraltes Grabmal im tiefen Wald nächst einer Stelle, wo sich ein Landhaus aus dem siebzehnten Jahrhundert befand. Das unverweste, angeschwollene Wesen, das darin vorgefunden wurde.

Erscheinen eines uralten Gottes an einer einsamen und archaischen Stelle – möglicherweise eine Tempelruine. Die Atmosphäre der Schönheit und nicht des Grauens. Raffinierte Darstellung – Abwesenheit wird durch ein schwaches Geräusch oder einen Schatten enthüllt. Die Landschaft verändert sich? Aus der Sicht eines Kindes? Unmöglich, den Ort je wieder zu erreichen oder zu identifizieren?

Ein gewöhnliches Haus des Grauens... namenloses Verbrechen... Geräusche... spätere Bewohner (Flammarion) ein Roman?

Bewohner einer anderen Welt – Gesicht maskiert, vielleicht mit Menschenhaut oder operativ an die menschliche Gestalt angepasst, Körper unter der Kleidung außerirdisch. Nach der Ankunft auf der Erde versucht er, sich unter die Menschen zu mischen. Entsetzliche Aufklärung. *Von Clark Ashton Smith vorgeschlagen.*

In einer uralten versunkenen Stadt findet jemand ein zerfallenes prähistorisches Dokument in *englischer Sprache und in seiner eigenen Handschrift*, das eine unglaubliche Geschichte berichtet. Angedeutet wird eine Reise von der Gegenwart in die Vergangenheit. Mögliche Aktualisierung dieses Einfalls. *1935 verwendet.*

Anspielungen in einem ägyptischen Papyrus auf ein Geheimnis oder Geheimnisse unter dem Grab des Hohepriesters Ka-Nefer. Das Grab wird schließlich gefunden und identifiziert – Falltür in Steinboden – Treppen und die bodenlose schwarze Tiefe.

In der Antarktis oder an einem anderen unheimlichen Ort verirrte Expedition. Skelette und Gebrauchsgegenstände werden Jahre danach gefunden. Filme verbraucht, aber nicht entwickelt. Die Finder entwickeln sie – und entdecken ein seltsames Grauen.

Anblick städtischen Grauens – Sous le Cap oder Champlain Street, Quebec – zerklüftete Felsenklippe – Moos, Schimmel, Feuchtigkeit – ein Haus, halb in die Klippe hineingebaut.

[1931]

Wesen aus dem Meer – in einem dunklen Haus entdeckt jemand, dass die Türklinken usw. *feucht* sind, etwa so, als wären sie von *etwas* berührt worden. Er war Hochseekapitän und fand einmal einen merkwürdigen Tempel auf einer Insel, die vulkanisch aus dem Meer aufgetaucht war.

Traum, in einer ungeheuren Halle seltsamer Architektur zu erwachen, wo unter Tüchern Gestalten auf Steinplatten liegen, eine Lage, die der eignen gleicht. Andeutungen von verstörend nicht-menschlichen Umrissen unter dem Laken. Eines der Objekte bewegt sich und wirft das Laken ab – ein außerirdisches Wesen zeigt sich. Andeutung, dass man selbst solch ein Wesen ist – der Geist ist in einem Körper auf einem anderen Planeten versetzt worden.

Felsenwüste – prähistorische Tür in Klippe, in dem Tal ringsum liegen die Gebeine von ungezählten Milliarden von Tieren, sowohl aus der heutigen Zeit wie aus der Vorgeschichte, einige von ihnen bedenklich angenagt.

[1932]

Uralte Nekropole; eine Bronzetür, die aufgeht, als der Mondenschein darauf fällt. Gebündelt von einer uralten Linse in der gegenüberstehenden Säule?

Vorzeitliche Mumie im Museum ... erwacht und tauscht mit dem Besucher Platz.

[1933]

Auf der Hand eines Mannes zeigt sich plötzlich eine merkwürdige Wunde, urplötzlich und scheinbar ohne Ursache. Breitet sich aus. Folgen.

Tibetanischer ROLANG-Zauberer (oder NGAGSPA) ruft eine Leiche ins Leben zurück, indem er sie in einem dunklen Raum aufbewahrt, sie von Mund zu Mund beatmet und eine Zauberformel wiederholt, ohne an etwas anderes zu denken. Die Leiche erwacht langsam zum Leben und erhebt sich. Versucht zu entkommen; zuckt, ruckt und kämpft; der Hexenmeister hält sie jedoch fest. Fährt mit seiner Zauberformel fort. Die Leiche streckt die Zunge heraus, und der Hexenmeister beißt sie ab. Dann sinkt der Leichnam in sich zusammen. Die Zunge dient als wertvoller magischer Talisman. Entkommt die Leiche – entsetzliche Folge und Tod für den Hexenmeister.

Seltsames Buch des Grauens wird in alter Bibliothek entdeckt. Abschnitte von entsetzlicher Bedeutung werden abgeschrieben. Später unmöglich, Buch zu finden und Text zu verifizieren. Vielleicht entdeckt man einen Körper oder ein Bild oder ein Zaubermittel unter dem Boden, in einem Geheimfach oder sonst wo. Einfall, dass das Buch lediglich eine hypnotische Täuschung war, herbeigeführt durch totes Gehirn oder uralten Zauber.

Jemand betritt in pechschwarzer Dunkelheit Gebäude, das er für sein eigenes Haus hält. Tastet sich in sein Zimmer vor und schließt hinter sich die Tür. Seltsames Grauen... oder dreht Licht an und findet einen fremdartigen Ort oder ein fremdartiges Wesen. Oder findet die wiederhergestellte Vergangenheit oder eine angedeutete Zukunft.

Merkwürdig aussehende Glasscheibe aus verfallenem Kloster, das im Ruf steht, in seinen Mauern Teufelsanbeter beherbergt zu haben, wird in einem heutigen Haus am Rand einer wildromantischen Landschaft eingesetzt. Durch sie sieht die Landschaft auf unbestimmte und nicht genau definierbare Weise *falsch* aus. Sie hat eine unbekannte, die Zeit verzerrende *Kultur*. Schließlich sieht man durch sie abscheuliche Wesen aus einer anderen Welt.

Wenn Dämonen zu bösen Zwecken Menschengestalt annehmen wollen, übernehmen sie die Körper Gehenkter.

[1934]

Verlust der Erinnerung und Eintritt in eine bewölkte Welt seltsamer Anblicke und Erlebnisse nach einem Schock, Unfall, der Lektüre eines merkwürdigen Buches, der Teilnahme an einer merkwürdigen Zeremonie, dem Trinken eines seltsamen Gebräus usw. Das Gesehene wirkt auf vage und beunruhigende Weise vertraut. Auftauchen. Unfähigkeit, den Weg zurück zu verfolgen.

Ein ferner Turm ist von einem Fenster am Berghang aus sichtbar. Des Nachts scharen sich die Fledermäuse in dichten Scharen um ihn. Beobachter ist fasziniert. Eines Nachts erwacht er und findet sich auf einer unbekannten schwarzen Wendeltreppe. Im Turm? Entsetzliches Ziel.

Schwarze geflügelte Wesen fliegen des Nachts in das Haus. Sie sind nicht aufzufinden oder zuzuordnen, aber daraus ergeben sich raffinierte Entwicklungen.

Jemand spürt ein unsichtbares Wesen – oder sieht es, wie es Fußabdrücke hinterlässt – auf einem Berggipfel oder an einem anderen, unzugänglichen Ort.

Planeten, die aus unsichtbarer Materie bestehen.

Aus einen späteren Notizbuch

Ein ungeheuerliches Wrack – gefunden und bestiegen von einem überlebenden Ausgesetzten oder Schiffbrüchigen.

Eine Rückkehr an einen Ort unter traumähnlichen, entsetzlichen und nur dunkel begriffenen Umständen. Tod und Verfall regieren. In Stadt flammen am Abend keine Lichter auf – Enthüllung.

Verstörende Überzeugung, dass jedwedes Leben nur ein täuschender Traum ist, hinter dem sich ein grässliches oder unheimliches Grauen verbirgt.

Jemand blickt aus dem Fenster und entdeckt, dass die Stadt und die Welt draußen finster und tot (oder merkwürdig verändert) sind.

Ein Versuch, die fernen Anblicke festzumachen und aufzusuchen, die man vom Fenster aus sieht – bizarre Folgen.

Etwas wird einem in der Nacht entrissen – an einem einsamen, uralten und allgemein gemiedenen Ort.

(Traum von) einem Fahrzeug – einem Eisenbahnwaggon, einer Kutsche etc. – die man betäubt oder im Fieber besteigt, und die ein Bruchstück einer vergangenen oder außerdimensionalen Welt sind – die den Reisenden aus der Wirklichkeit in verschwommene, vom Alter niedergedrückte Gebiete oder unglaubliche Abgründe des Wunders entführt.

Sondermeldung der *N.Y. Times*, 3. März 1935: »Halifax, N.S. – tief eingeätzt in die Umrisse einer Insel, die vor der Südküste Nova Scotias, zwanzig Meilen von Halifax entfernt, aus der Atlantikbrandung aufragt, befindet sich die seltsamste Gesteinsformation, deren sich Kanada rühmen kann. Stürme, Meer und Frost haben in die feste Klippe der sogenannten Virgin's Island die nahezu vollkommenen Umrisse der Madonna mit dem Christuskind auf dem Arm eingegraben.

Die Insel weist steil abfallende und umbrandete Küsten auf, bildet eine Gefahr für die Schifffahrt und ist völlig unbewohnt. *Soviel bekannt ist, hat kein Mensch je den Fuß auf ihre Küsten gesetzt.*«

Ein altes Haus mit geschwärzten Gemälden an den Wänden – so verdunkelt, dass man ihr Sujet nicht mehr enträtseln kann. Restaurierung und eine Enthüllung. Vgl. Hawthorne – Edw. Rand. Port.

Beginne die Geschichte mit der Anwesenheit des Erzählers – ihm selbst unerklärlich – in völlig fremdartiger und furchteinflößender Umgebung.

Merkwürdiger Mensch oder merkwürdige Menschen leben in einem uralten Haus oder in Ruinen, weit von allen bevölkerten Gebieten entfernt – entweder in Neuengland oder in einem fernen exotischen Land. Verdacht, gestützt auf Aussehen und Gewohnheiten, dass sie nicht *ganz* menschlich sind.

Alte Wälder im Winter… Moos – … große Baumstämme… verkrüppelte Zweige… dunkel… gerippte Wurzeln… es tropft immer…

Sprechendes Gestein aus Afrika – unvorstellbar alter Felskreis in verfallenen Dschungelruinen, der mit äonenalter Stimme *spricht*.

Jemand mit Gedächtnisverlust in einer seltsamen, nur teilweise verstandenen Umwelt. Angst, die Erinnerung wiederzuerlangen... ein flüchtiger Blick...

Jemand formt träge ein merkwürdiges Abbild – eine Macht zwingt ihn dazu, es merkwürdiger zu machen, als er es tun könnte. Wirft es voll Abscheu fort, jedoch – etwas geht in der Nacht um.

Uralte (römische? prähistorische) Steinbrücke, die von einem (plötzlichen und unerklärlichen?) Sturm hinweggeschwemmt wird. Etwas wird freigesetzt, das vor Tausenden von Jahren im Mauerwerk eingemauert worden war. Es passiert einiges.

Spiegelbild in der Zeit – das Abbild einer längst vergangenen vormenschlichen Stadt.

Nebel oder Rauch – nimmt unter Beschwörungen Form an.

Glocke einer alten Kirche oder eines Schlosses wird von unbekannter Hand geläutet – einem Wesen... oder einer unsichtbaren Präsenz.

Insekten oder andere Wesen aus dem Weltraum stürzen sich auf den Kopf eines Menschen und dringen in ihn ein, was dazu führt, dass er sich an fremdartige und exotische Dinge erinnert – mögliche Persönlichkeitsverdrängung.

SOLARE KATASTROPHE:
DIE WAHRHEIT DER AUSLÖSCHUNG

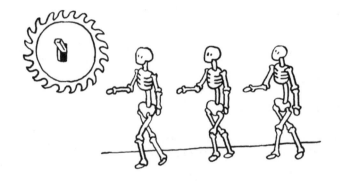

Ray Brassier

Aus dem Englischen
von
Andreas Pöschl

In irgend einem abgelegenen Winkel des in zahllosen Son-
nensystemen flimmernd ausgegossenen Weltalls gab es einmal ein Gestirn, auf dem kluge Thiere das Erkennen erfan-
den. Es war die hochmüthigste und verlogenste Minute der
»Weltgeschichte«: aber doch nur eine Minute. Nach wenigen
Athemzügen der Natur erstarrte das Gestirn, und die klugen
Thiere mussten sterben. – So könnte Jemand eine Fabel
erfinden und würde doch nicht genügend illustriert haben, wie
kläglich, wie schattenhaft und flüchtig, wie zwecklos und beliebig sich der menschliche Intellekt innerhalb der Natur ausnimmt; es gab Ewigkeiten, in denen er nicht war; wenn es
wieder mit ihm vorbei ist, wird sich nichts begeben haben.[12]

Hüten wir uns, zu sagen, dass Tod dem Leben entgegenge-
setzt sei. Das Lebende ist nur eine Art des Todten, und eine
sehr seltene Art.[13]

Nietzsches Fabel

Nichts wird sich begeben haben: Nietzsches »Fabel« fasst die
ungeheuerlichste Behauptung des Nihilismus perfekt zusammen: dass sich in dem Zeitraum, der mit der Entstehung der
ersten bewusstseinsfähigen Lebewesen beginnt und mit der
völligen Auslöschung des menschlichen Intellekts endet, letztlich »nichts begeben haben« wird. Weder Erkennen noch Fühlen, weder Leben noch Sterben laufen auf einen Unterschied
hinaus, der einen Unterschied macht – »und nun begreift man,

---

[12] Friedrich Nietzsche, »Ueber Wahrheit und Lüge im aussermorali-
schen Sinne«, in: Ders., *Kritische Studienausgabe*, hg. v. Giorgio
Colli und Mazzino Montinari, (im Folgenden: *KS*) Bd. 1, München
2007, S. 875.

[13] Friedrich Nietzsche, »Die fröhliche Wissenschaft«, in: *KS*, Bd. 3,
München 2008, S. 468.

daß mit dem Werden *nichts* erzielt, *nichts* erreicht wird«.[14] Jedoch strebt Nietzsches gesamte Philosophie danach, diese nihilistische Mutmaßung zu überwinden. Es ist der Nihilismus im Sinne eines Triumphs der unbestimmten Negation, einer Behauptung der Indifferenz oder Austauschbarkeit von Sein und Werden, Wahrheit und Lüge, Wirklichkeit und Erscheinung, den Nietzsche bezwingen will, indem er die Koinzidenz von Sein (Identität) und Werden (Differenz) in einer Weise affirmiert, die gleichzeitig ihre metaphysische Unterscheidung und ihre nihilistische Nichtunterscheidung kollabieren lässt. Das Mittel für diesen Umsturz und den Fokus für diese Affirmation bildet die Hypothese der ewigen Wiederkunft, Nietzsches ›Gedanke der Gedanken‹, der sich an jenem Punkt in der »Mitte«[15] der (abendländischen) Geschichte erhebt, der nicht nur den Höhepunkt des europäischen Nihilismus markiert, sondern auch die Möglichkeit seiner Überwindung.

Der Gedanke der Wiederkunft ist sowohl die ultimative nihilistische Mutmaßung – »das Dasein, so wie es ist, ohne Sinn und Ziel, aber unvermeidlich wiederkehrend, ohne ein Finale ins Nichts«[16] – wie das, was den Nihilismus überwindet, indem es die Vergänglichkeit des Augenblicks in einen Gegenstand bedingungsloser Affirmation verwandelt und ihm dadurch einen absoluten Wert zuordnet: »[D]as Werden soll erklärt werden, ohne zu […] finalen Absichten Zuflucht zu nehmen: das Werden muß gerechtfertigt erscheinen in jedem Augenblick (oder *unabwertbar:* was auf eins hinausläuft); es darf absolut nicht das Gegenwärtige um eines Zukünftigen wegen oder das Vergangene um des Gegenwärtigen willen gerechtfertigt werden. […] Das Werden ist wertgleich in jedem Augenblick: die Summe sei-

---

[14] Friedrich Nietzsche, *Der Wille zur Macht*, hg. v. Peter Gast und Elisabeth Förster-Nietzsche, Stuttgart 1964, §12, S. 13.

[15] Friedrich Nietzsche, *Der Wille zur Macht*, a.a.O., §1057, S. 690. [Hervorhebung gelöscht, A.d.Ü.]

[16] Ebd. , §55, S. 44; vgl. §708 und § 1062.

nes Wertes bleibt sich gleich: *anders ausgedrückt: es hat gar keinen Wert*, denn es fehlt etwas, woran es zu messen wäre und in bezug worauf das Wort ›Wert‹ Sinn hätte. *Der Gesamtwert der Welt ist unabwertbar«.*[17] Demzufolge fällt die Affirmation der Wiederkunft mit der *Umwertung* aller bestehenden Werte zusammen. Wie Deleuze in seiner geistreichen (wenn auch kontroversen) Abhandlung *Nietzsche und die Philosophie*[18] aufzeigt, deutet die Umwertung auf einen fundamentalen *qualitativen* Wandel im Willen zur Macht hin – auf das »differentielle genealogische Element«, das die Werte hervorbringt. Da alle bekannten (und wissbaren) Werte, die von der jüdisch-christlichen Kultur in Ehren gehalten werden, eine Funktion jener reaktiven Kräfte sind, die der negative Wille zum Nichts anregt, dessen Bewertungen sich an der Norm der Wahrheit orientieren, ist die Affirmation der ewigen Wiederkunft zugleich die Vernichtung aller bekannten Werte und die Erschaffung unbekannter Werte. Sie zerstört alle bekannten Werte, weil sie die absolute, ewige Indifferenz behauptet und dabei nicht einmal ein »Finale ins Nichts« zulässt, das die Abfolge unterbrechen oder einen Unterschied zwischen Anfang und Ende setzen wür-

---

[17] Ebd., §708, S. 479-480.

[18] Gilles Deleuze, *Nietzsche und die Philosophie*, München 1976. Deleuzes berühmte (um nicht zu sagen, berüchtigte) Interpretation der ewigen Wiederkunft in diesem Buch besteht darauf, dass es nicht die Identität ist – eine ins eiserne Korsett der Repräsentation gezwängte Welt –, die wiederkehrt, sondern vielmehr die Differenz – die Welt als ein dynamischer Strom prä-individueller Singularitäten und unpersönlicher Individuationen. Problematisch an dieser kühnen These ist, dass sie Nietzsches eigenes Verständnis der Natur der ewigen Wiederkunft mit Füßen tritt. Nietzsche besteht darauf, dass es gerade der Moment ist, wie er aus der Perspektive des individuierten Selbst aufgefasst wird, der ewig wiederholt wird; nicht die Welt, wie sie von Deleuzes anonymem, intensivem Individuum erfahren wird, das sich nicht auf die Form des Ich oder die Materie des Selbst beschränken lässt.

de. In dieser Hinsicht ist die ewige Wiederkunft eine »dämonische« Hypothese, gerade insofern sie die Verflüchtigung jeglichen Sinns und Zwecks aus der Existenz und damit die Einsicht in deren Unschätzbarkeit zur Folge hat.[19] Doch markiert sie gleichzeitig auch die Entdeckung eines bislang undenkbaren Werts, weil sie den absoluten, unschätzbaren Wert eines jeden Moments der Existenz als solcher behauptet – es ist fortan nicht mehr möglich, einen Moment von dem anderen zu unterscheiden oder den Wert der flüchtigen Gegenwart dem einer verklärten Vergangenheit oder einer ersehnten Zukunft unterzuordnen.

Der Wille, der die Wiederkunft eines jeden Moments will, will die Wiederkunft von allem, aber indem er die Wiederkunft von allem will, will der Wille sich schlichtweg selbst: »was will nicht Lust? sie ist durstiger, herzlicher, hungriger, schrecklicher, heimlicher als alles Weh, sie will sich, sie beisst in sich, des Ringes Wille ringt in ihr«.[20] Wenn Nietzsche also behauptet, dass »Erkenntnis an sich im Werden unmöglich«[21] ist, dann ist der Wille, der das Werden anhand des Konzepts der ewigen Wiederkunft bewertet und interpretiert, nicht mehr ein Wille, der unter der Ägide von Wahrheit und Erkenntnis bewertet und interpretiert, sondern er affirmiert den sich von vornherein verbergenden Charakter seiner eigenen *ratio essendi* – die Tatsache, dass der Wille kein erkennbares Wesen besitzt – und erschafft sich dabei selbst, indem er seinen eigenen Willen zum Wissen überwindet. Dabei wird die Qualität des Willens einem Wandel vom Negativen zum Affirmativen unterzogen – indem

---

[19] Das ist zweifellos der Grund, warum es sich um einen Dämon handelt, der die Idee unter der Überschrift »Das grösste Schwergewicht« in der *Fröhlichen Wissenschaft* als Erster aufgreift. Friedrich Nietzsche, »Die fröhliche Wissenschaft«, in: *KS*, Bd. 3, München 2008, §341, S. 570.

[20] Friedrich Nietzsche, *Also sprach Zarathustra*, in: *KS*, Bd. 4, München 2011, S. 403.

[21] Friedrich Nietzsche, *Der Wille zur Macht*, a.a.O., §617, S. 419.

der Wille das Werden als schöpferische Kraft will, will er sich selbst und wird dadurch positiv. Er bemächtigt sich der Wahrheit und wird autonom oder eine *causa sui*. Somit existiert der Wille (das Werden) einzig und allein unter dem Aspekt der Affirmation. Deleuzes Nietzsche geht es folglich nicht mehr darum, das Bestehende zu affirmieren (wie dies Zarathustras schreiender Esel tut), sondern darum, das Affirmierte zu erschaffen. Oder in Deleuzes Worten, es ist nicht das Sein, das mittels der ewigen Wiederkunft affirmiert wird, sondern es liegt an der Affirmation der ewigen Wiederkunft, das Sein zu konstituieren.[22]

Der Wendepunkt

Für Nietzsche wird der Nihilismus, gemeinsam mit jeglichem negativen Urteil über das Leben, überwunden, wenn die Affirmation des Lebens zur *causa sui* wird: Der negative Wille zum Wissen, der zur Abwertung des Lebens führte, wendet sich letztlich gegen sich selbst und wird in einen affirmativen Willen verwandelt, der sich selbst hervorbringt, indem er die Wertlosigkeit des sinnlosen Lebens als Selbstzweck affirmiert. Deshalb ist das Leben, das das Sein affirmiert, zugleich der Ort des Seins, und die Affirmation des sich selbst differenzierenden Lebens (des Willens zur Macht) vertreibt all das, was das Leben einschränkte (Reaktivität, Ressentiment, schlechtes Gewissen), durch einen Vorgang, den man als eine Autokatalyse vitaler Differenz bezeichnen könnte.[23] Jedoch wird der Nihilismus, wie Nietzsche erkannte, gerade darin als lähmend empfunden, dass er jene Unterscheidungen und Kategorien zum Einsturz zu bringen droht, durch die wir unserer Existenz einen Sinn verleihen; nicht nur die Differenz zwischen Sinn und Sinnlosigkeit, sondern auch (und mit womöglich noch bedrohlicheren Auswirkun-

---

[22] Vgl. Gilles Deleuze, *Nietzsche und die Philosophie*, a.a.O., S. 201.

[23] Vgl. ebd., S. 185-209.

gen) die Differenz zwischen Leben und Tod. Im Gegensatz zu jenen Konservativen, die sich dazu versteigen, den Nihilismus im Namen vermeintlich unbestreitbarer Werte von außen scharf zu kritisieren, besteht Nietzsches kühner Schachzug in der Annahme, dass das Gift zugleich das Heilmittel ist, dass ungehinderte Negativität den Samen ihrer eigenen Verwandlung in eine ungeahnte Kraft der Affirmation und Kreativität in sich birgt: Wenn sie bis zum äußersten Extrem getrieben wird, wendet sich die Zerstörung des Unterschieds, die der Wille zum Nichts entfesselt, gegen sich selbst und erzeugt eine bislang unvorstellbare Vielfalt an Differenz. Demnach ist für Nietzsches angebliche »Überwindung« des Nihilismus seine Behauptung von entscheidender Bedeutung, der zufolge er diese Logik der Nichtunterscheidung von innen erschöpft und in eine produktive Logik verwandelt hat, die nicht irgendeine von der Tradition geadelte (oder ›metaphysische‹) Differenz rehabilitiert. Die Frage lautet dann, ob die Macht der schöpferischen Affirmation, die Nietzsche (ebenso wie Deleuze, sein wohl einflussreichster philosophischer Schüler) zelebriert, tatsächlich eine neue Variante von Differenz ist oder bloß eine alte Sorte in neuem Gewand. In welchem präzisen Sinn läuft Nietzsches affirmative Befürwortung der Sinnlosigkeit des Werdens auf einen Unterschied hinaus, der einen Unterschied macht?

Im Zentrum von Nietzsches Erzählung über die Überwindung des Nihilismus steht die Behauptung, dass dieser Moment der Affirmation einen entscheidenden Punkt markiert, der »die Geschichte der Menschheit in zwei Stücke«[24] bricht. Deshalb schreibt ihm Nietzsche die Macht zu, die Vergangenheit zu *erlösen*, denn indem er die Wiederkunft von allem will, was ist und was sein wird, will der Wille auch die Wiederkunft von allem, was gewesen ist, und damit die gesamte zeitliche Abfolge, die diesen Moment der Affirmation bedingte. Dabei will er gewisser-

---

[24] Friedrich Nietzsche, »Ecce homo«, in: *KS*, Bd. 6, München 2008, S. 373.

maßen rückwärts [*wills backward*] und verwandelt das Ressentiment gegenüber dem »*es war*« der Vergangenheit in ein positives »*So wollte ich es*«. Demzufolge wird die Erlösung nicht mehr länger in die Zukunft verlegt, sondern vielmehr in die Vergangenheit *zurückprojiziert*: Sie ist die Auflösung der Rachsucht des Willens gegenüber dem unauslöschlichen Fortdauern dessen, was *gewesen ist*.[25] Wir können nicht darauf hoffen, die Vergangenheit rückgängig zu machen; wir können sie nur befürworten. Indem die Gegenwart die Vergangenheit durch diese Befürwortung erlöst, hat sie sich aber zugleich schon selbst ebenso wie ihre Zukunft erlöst. Deshalb ist die Erlösung eine Funktion der Macht bedingungsloser Affirmation. Solange die Affirmation an Bedingungen geknüpft bleibt – ›Ich will die Wiederkunft, wenn…‹ –, wird der Wille weiterhin vom Geist der Rache angetrieben. Wenn die ewige Wiederkunft in Aussicht steht, ist es der negative Wille, der Lust statt Leid, das Gute statt des Bösen zu affirmieren sucht – er affirmiert selektiv und trennt dabei das Gute vom Bösen, Lust vom Leid. Er maßt sich an, das Werden in Gut und Böse unterteilen zu können. Jedoch scheitert er an dieser Prüfung, weil er sich als unfähig erweist, das Werden *bedingungslos* oder als untrennbares Ganzes zu affirmieren. Dagegen trennt der affirmative Wille erfolgreich aktive von reaktiven Kräften, indem er bedingungslos *alles* Werden affirmiert.

Jedoch ist der Versuch, der Affirmation der Wiederkunft diese zentrale *erlösende* Funktion zuzuschreiben, mit einer grundlegenden Schwierigkeit verbunden. Denn wenn jene den Brennpunkt des Werdens markiert, den Moment, in dem die Aktivität aus der Reaktivität befreit und die Affirmation von der Negativität entbunden wird, dann stellt sich die Frage, wie wir diese axiale Rolle, die einem bestimmten Moment des Werdens zugeteilt

---

[25] »Die Vergangnen zu erlösen und alles ›Es war‹ umzuschaffen in ein ›So wollte ich es !‹ – das hiesse mir erst Erlösung!«, Friedrich Nietzsche, *Also sprach Zarathustra*, a.a.O., S.179.

wird, mit der Behauptung vereinbaren sollen, dass dies auch der Moment ist, der der Geschichte ihren Sinn, ihr Telos und ihre Richtung entzieht. Wie kann die Affirmation, die zwischen allen Momenten des Werdens eine absolute Gleichwertigkeit herstellen soll, zugleich über jene erlösende Macht verfügen, die in der Lage ist, die Geschichte in zwei Teile zu spalten und die Relation zwischen allen vergangenen und zukünftigen Momenten zu verändern? Die Affirmation der Wiederkunft soll der Blitzableiter des affirmativen Willens sein, durch den alle anderen Momente erlöst werden, und wie wir oben gesehen haben, ist nur der Wille selbst in der Lage, das Werden bedingungslos zu affirmieren. Da Nietzsche jedoch die Hypothese vom *an sich* eliminiert hat, bleibt der Begriff ›Wille selbst‹ leer, genauso wie die Idee eines ›Werdens in sich selbst‹ solange nichts besagt, bis die *ratio essendi* des Willens durch den Akt, der diese affirmiert, verwirklicht wird. Denn der ›Wille selbst‹ ist nicht unabhängig von seiner Verwirklichung in diesem affirmativen Akt. Die Tatsache, dass der Wille zur Macht ein Synonym für Werden ist, impliziert jedoch, dass das Werden (in seiner *ratio essendi*) nur insofern *ist*, als es durch diesen Akt in sich selbst *hineingespiegelt* wird – eine Behauptung, die auf unheimliche Weise an die Hegel'sche These erinnert, der zufolge das *wesentliche* Sein sich mit dem Akt seines eigenen reflexiven Selbst-Setzens deckt.[26] Wenn jedoch das Werden nur insofern *ist*, als es in diesem Akt gesetzt wird, dann wird alles Werden in diesem affirmativen Moment verdichtet – das ist in der Tat genau der Grund, warum dieser Akt das Werden *verewigt*. Demzufolge ist es die Zeit als Ganzes oder die Ewigkeit als solche, die durch diesen affirmativen Moment in sich selbst *hineingespiegelt* wird. Wenn aber die Ewigkeit in verdichteter Form vorliegt und ihr Sein erst in und durch diese Affirmation zum

---

[26] Vgl. Georg Wilhelm Friedrich Hegel, *Wissenschaft der Logik II*, in: Ders., *Werke*, Bd. 6, hg. v. Eva Moldenhauer und Karl Markus Michel, Frankfurt a. M. 1986, S. 17-35.

Ausdruck gelangt, dann heißt das, dass alles Werden vom Denken erlöst wird. Obwohl Nietzsche eingeräumt hat, »wie zwecklos und beliebig sich der menschliche Intellekt innerhalb der Natur ausnimmt«, macht er das Sein des Werdens im Grunde von der Existenz von Kreaturen abhängig, die es zu bewerten vermögen. Das Sein im Sinne einer Funktion der Affirmation statt als Gegenstand der Repräsentation auszulegen, ist jedoch nur eine weitere Methode, die Welt vom Denken abhängig zu machen. Da Nietzsche die Realität des Werdens an sich nicht anerkennen kann, lässt er das Werden um die Affirmation, das heißt die Bewertung kreisen.

Nietzsche stößt mit seinem Versuch, die Affirmation der Wiederkunft als Brennpunkt des Werdens zu charakterisieren, auf unüberwindbare Schwierigkeiten. Erstens droht Nietzsches irrealistische Auffassung des Werdens, die ewige Wiederkunft, verstanden als Wiederholung des Gleichen, auf die Wiederholung der Gegenwart zu beschränken, denn wenn das Sein des Werdens um seine Affirmation kreist, ergibt es keinen Sinn, eine vergangene oder zukünftige Dimension des Werdens heraufzubeschwören, die an sich, unabhängig vom Moment ihrer Affirmation existiert. Die Vergangenheit und die Zukunft kehren allein in dem Sinn wieder, dass sie unveränderliche Korrelate des *nunc stans*, des ewigen Jetzt, der Affirmation sind. Folglich würde die Affirmation der Wiederkunft nur insofern zwischen allen Momenten des Werdens eine Gleichwertigkeit herstellen, als sie jene auf *diesen* ewig währenden Moment der Affirmation reduzieren würde. Zweitens impliziert der Gedanke der ewigen Wiederkunft, dass das Werden niemals begonnen oder aufgehört hat; es wiederholt sich immer selbst als etwas, das schon unendlich viele Male wiedergekehrt ist. Wie kann jedoch die Geschichte dann noch die Möglichkeit eines entscheidenden Wendepunkts in sich bergen, der das ›davor‹ von dem ›danach‹ trennt, wenn jeder Moment und mithin *dieser* Moment, an dem es uns frei steht, die gesamte Abfolge an Momenten zu affirmieren, schon wiedergekehrt ist, und er sich bereits wiederholt, und zwar unendlich oft? Wie kann die Affirmation überhaupt noch einen Unterschied machen, wenn sie schon endlos viele Male wiedergekehrt ist? Diese und andere Schwierigkeiten, die mit der Interpretation der Wiederkunft als Wiederholung des Gleichen einhergehen, sprechen zweifellos für die Deleuze'sche Interpretation des Theorems als Wiederholung von Differenz. Jedoch krankt Deleuzes Interpretation, abgesehen von der Tatsache, dass es in Nietzsches eigenen Texten kaum Belege für sie zu geben scheint, selber an konzeptuellen Unstimmigkeiten – Unstimmigkeiten, die nicht nur für Deleuzes Nietzsche gelten, sondern jeder Philosophie innewohnen, die das Werden über die Stasis und die schöpferische Affirmation über die Repräsentation stellt. Drittens und letztens muss das Sein sich also selbst differenzieren, wenn die Wiederkunft im Sinn einer Wiederholung von Differenz ausgelegt wird. Wenn das Sein jedoch im Wesentlichen aktiv, affirmativ, schöpferisch und produktiv ist, warum sollte es sich dann jemals dahingehend entwickeln, dass es in der Reaktivität, Negation, Sterilität und Repräsentation von sich selbst entfremdet ist? Von der Geschichte des Nihilismus zu behaupten, sie würde sich darum derhen, dass die Wahrheit sich gegen sich selbst wendet, lädt zu einer offensichtlichen Erwiderung ein: Warum sollte der affirmative Wille zur Illusion darauf angewiesen sein, dass der negative Wille zur Wahrheit voll zur Geltung kommt und seine maximale Wirkungsmacht erlangt? Mehr noch, warum muss die Affirmation zwischen Identität und Differenz einen Unterschied machen, wenn das Sein als solches nichts anderes als Differenzierung ist? Die Antwort auf beide Fragen ist eine unmittelbare logische Konsequenz von Nietzsches Irrealismus: Das Werden erfordert die Affirmation, weil es solange nicht ist, bis es durch die Vermittlung eines affirmativen Akts in sich selbst zurückgespiegelt wird. In dieser Hinsicht kommt Deleuzes Darstellung von Nietzsches Überwindung des Nihilismus einem umgekehrten Hegelianismus gleich, der die Macht des Positiven gegen die Arbeit des Negativen ausspielt, nur um die Differenz *an sich* in eine Differenz *für sich* zu verwandeln. Gleichwohl bleibt eine grundlegende Schwierigkeit bestehen, denn obwohl die Affirmation sich selbst von der Negation sowie die Differenz sich von der Indifferenz unterscheidet, war es die *Hybridisierung* von Aktivität und Reaktivität, die die Voraussetzung für die Notwendigkeit dieser Unterscheidung schuf. Doch sobald die Affirmation sich selbst erfolgreich von der Negation getrennt hat, sowie die Aktivität sich gleichfalls von der Reaktivität, wird es nicht nur unmöglich, der Notwendigkeit ihrer Verflechtung Rechnung zu tragen, vielmehr annulliert diese Trennung ihre eigene Voraussetzung, da genau die Differenz, durch die die ewige Wiederkunft die Einheit des Werdens affirmiert, die Wiederkunft eben dieser Einheit zunichtemacht. Somit negiert die Affirmation der Wiederkunft rückwirkend die Unteilbarkeit des Werdens, die ihr den nötigen Antrieb verschaffen sollte. Denn es war gerade die Prämisse der Unteilbarkeit von Gut und Böse, dem Vornehmen und Gemeinem, der Aktivität und Reaktivität, die die Voraussetzung für die affirmative Erlösung des Werdens schuf.

Letztlich wirft die Behauptung, dass die Affirmation der Wiederkunft den Wendepunkt in der Geschichte des Nihilismus markiert, mehr Schwierigkeiten auf, als sie beheben kann. Der Schluss, den es hier zu ziehen gilt, ist, dass das Sein für die Affirmation nicht empfänglicher ist als für die Negation: Es gibt keinen Grund, warum man sich eher für ihre Differenzierung durch die Affirmation als für ihre Identifikation durch die Negation entscheiden sollte. Das Sein an sich kann nicht im Sinne eines Gegenstands der Repräsentation ausgelegt werden, aber das ist kein Grund, warum man es stattdessen als Macht der Affirmation auslegen sollte. Sobald wir Nietzsches irrealistisches Postulat verwerfen, dass das Sein das Korrelat eines affirmativen Aktes sein kann, wird offensichtlich, dass das Werden, mit dem »*nichts* erzielt, *nichts* erreicht wird«, auf die Affirmation genauso wenig Rücksicht nimmt wie auf die Negation. Es zeigt sich, dass gerade die realistische Verpflichtung auf die Wahrheit des An-sich die Legitimität des axiologischen Registers widerruft, mit dem Nietzsche den Willen zum Nichts entwaffnen möchte. In dieser Hinsicht unterschätzt Nietzsches

Behauptung, dass das Leben nur über das Wissen gestellt werden kann, da es dessen Voraussetzung bleibt, den Schweregrad der Herausforderung, vor die der Willen zum Wissen das Leben stellt. Denn wie Nietzsche selber erkannte, gehört der vermeintlich absolute Unterschied zwischen Leben und Tod zu den metaphysischen Absolutheiten, die durch den ungehinderten Willen zur Wahrheit erschüttert werden. Dennoch schlägt sich Nietzsche auf die Seite des Vitalismus, indem er den Tod ins Leben zu integrieren versucht und dabei sogar so weit geht, Leben und Sein miteinander zu identifizieren: »Das Sein – wir haben keine andere Vorstellung davon als ›leben‹. – Wie kann also etwas Totes ›sein‹?«[27]

Doch wenn das Wissen die Differenz zwischen Leben und Tod untergräbt, dann nicht indem es jenes auf diesen reduziert oder indem es die Entropie über die Negentropie stellt – eine metaphysische Geste, die so willkürlich wie ihre vitalistische Antithese ist –, sondern indem es Differenz und Indifferenz, Leben und Tod miteinander identifiziert, ohne sie auf ontologische Weise zu synthetisieren, wie dies Heidegger und Deleuze durch die endliche Transzendenz bzw. die psychische Individuation tun. Das Wissen, das durch sein Objekt bestimmt wird, kann als eine Struktur der *Adäquation ohne Korrespondenz* beschrieben werden; eines, das nicht versucht, innerhalb des Werdens einen Unterschied zu machen, wie dies Nietzsche mittels der Affirmation beabsichtigte, sondern stattdessen die objektive Matrix von Ordnung und Unordnung identifizieren will, während es die ontologischen Synthesen auflöst, die letztere auf Korrelate des Denkens reduzieren würde. Deshalb gibt es ein Wissen des Realen (*genitivus objectivus*), das die Unterordnung des Wissens unter vitale und/oder organische Interessen verwirft, aber genauso das Bedürfnis, die Realität zu erlösen oder anderweitig zu *rechtfertigen*, um sie mit den vermeintlichen

---

[27] Friedrich Nietzsche, *Der Wille zur Macht*, a.a.O., §582, S. 396. [Hervorhebung gelöscht, A.d.Ü.]

Interessen der Vernunft zu vereinbaren – oder der ›Rationalität‹, wie sie innerhalb der Grenzen des manifesten Bildes ausgelegt wird.

Der Vitalismus – besonders Deleuzes Vitalismus – beschreibt die Relation zwischen Tod und Zeit als einen Ort zur Produktion zeitlicher Differenz: Der Tod ist nicht die Annullierung vitaler Differenz, sondern vielmehr ihre expressive Intensivierung. Für Deleuze ist der intensive Tod ein Tor zu einem virtuellen Bereich schöpferischer Individuation, der von prä-individuellen Singularitäten durchsetzt ist. Letztlich spielt der Vitalismus dann die unauslöschbare Differenz schöpferischer Zeit gegen die physische Auslöschung des vernichtenden Raums aus, der als eine Bedrohung für das Leben des Geistes wahrgenommen wird. In dieser Hinsicht geht die Bevorzugung der Zeit vor dem Raum Hand in Hand mit der Spiritualisierung des Todes als einer exklusiveren Form des Lebens. Gegen diese vitalistische Aufhebung des physikalischen Todes gilt es, unbedingt auf der Unteilbarkeit von Raum und Zeit und der Unauslöschlichkeit physischer Zerstörung zu bestehen. Diese bilden die spekulativen Markierungen für eine Objektivation des Denkens, die mit einer Figur des Todes identifiziert werden kann, die nicht die Annullierung der Differenz ist, sondern vielmehr die undialektische Identität von Differenz und Indifferenz, Negentropie und Entropie. Letztere beginnen wir zu adressieren, indem wir Fragen stellen, wie zum Beispiel: *Wie denkt das Denken eine Welt ohne Denken?* Oder noch dringender: *Wie denkt das Denken den Tod des Denkens?*

Solare Katastrophe: Lyotard

Diese Frage steht im Zentrum von Jean-François Lyotards »Ob man ohne Körper denken kann«, dem ersten Kapitel seiner

1991 erschienen Aufsatzsammlung *Das Inhumane*.[28] Lyotard lädt uns dazu ein, über die Beziehung der Philosophie zum terrestrischen Horizont nachzudenken, dem nach dem Zusammenbruch des metaphysischen Horizonts namens ›Gott‹ – dessen Auflösung Nietzsche zu seiner Aufforderung »*[B]leibt der Erde treu*«[29] bewegte – ein quasi-transzendentaler Status verliehen worden ist, sei es nun als »Ur-Arche« (Husserl)[30], »Sich-Verschließendes« (Heidegger)[31] oder »das Deterritorialisierte« (Deleuze)[32]. Wie Lyotard jedoch aufzeigt, wird auch dieser terrestrische Horizont weggefegt, wenn in ungefähr 4,5 Milliarden Jahren die Sonne ausgelöscht und damit die »Ur-Arche« eingeäschert, das »Sich-Verschließende« ausradiert und »das Deterritorialisierte« verdampft sein werden. Die Auslöschung der Sonne ist eine Katastrophe, eine zum Niedergang führende oder überwältigende Wendung (*kata-strophé*), weil sie den terrestrischen Horizont jeder zukünftigen Möglichkeit ausradiert, in Bezug auf die sich die menschliche Existenz und mithin das philosophische Fragen orientiert haben. Oder in Lyotards eigenen Worten: »[A]ll das wird schon gestorben sein, wenn jener Vorrat an Unendlichkeit, aus dem die Menschen gegenwärtig Kraft schöpfen, Antworten aufzuschieben, wenn – allgemeiner gesagt – das Denken als Suche mit dem Tod der Sonne beendet sein wird.«[33] *Alles ist schon tot.* Der solare Tod ist katastrophal, weil er die ontologische Zeitlichkeit als etwas zunichte-

---

[28] Jean-François Lyotard, *Das Inhumane*, Wien 2006.

[29] Friedrich Nietzsche, *Also sprach Zarathustra*, a.a.O., S. 15.

[30] Edmund Husserl, »Grundlegende Untersuchungen zum phänomenologischen Ursprung der Räumlichkeit der Natur. Die Ur-Arche Erde bewegt sich nicht«, in: Marvin Farber (Hg.), *Philosophical Essays in Memory of Edmund Husserl*, Cambridge 1940, S. 307-325.

[31] Martin Heidegger, »Der Ursprung des Kunstwerkes«, in: Ders. *Holzwege*, hg. v. Friedrich Wilhelm von Herrmann, Frankfurt a. M. 2003.

[32] Gilles Deleuze und Félix Guattari, *Tausend Plateaus*, Berlin 2010.

[33] Jean-François Lyotard, *Das Inhumane*, a.a.O., S. 20.

macht, das im Sinne einer für das philosophische Fragen konstitutiven horizontartigen Beziehung zur Zukunft ausgelegt wird. Jedoch wartet die solare Katastrophe bei Weitem nicht in der fernen Zukunft, auf der anderen Seite des terrestrischen Horizonts auf uns, sondern muss als etwas begriffen werden, das *schon passiert ist*; als das ursprüngliche Trauma, das die Geschichte des terrestrischen Lebens antreibt, die vom stellaren Tod aus einen als raffinierten Zirkel konstruierten Umweg nimmt. Die terrestrische Geschichte ereignet sich zwischen den gleichzeitigen Strophen eines Todes, der zugleich *früher* als die Geburt des ersten einzelligen Organismus und *später* als die Auslöschung des letzten vielzelligen Tieres stattfindet. Eine Bemerkung Freuds aus »Jenseits des Lustprinzips« paraphrasierend, könnten wir sagen: »[I]m letzten Grunde müßte es die Entwicklungsgeschichte unserer Erde und ihres Verhältnisses zur Sonne sein, die uns in der Entwicklung der Organismen ihren Abdruck hinterlassen hat.«[34] Dieser Abdruck, den das Denken von seinem Verhältnis zur Sonne erhält, ist die Spur des stellaren Todes, der dem Tod und dem Leben als Größen, mit denen Philosophen rechnen, vorangeht und nachfolgt, sie anstößt und beendet.

Lyotard vergleicht zwei antithetische Perspektiven auf das Verhältnis zwischen dem Denken und dessen Verkörperung, die beide von der Antizipation der Auslöschung der Sonne eröffnet werden: eine, die es wegen der *Untrennbarkeit* des Denkens und seines materiellen Substrats für notwendig hält, das Denken von seiner Verwurzelung im organischen Leben im Allgemeinen und dem menschlichen Organismus im Besonderen *zu trennen*; eine andere, der zufolge es die irreduzible *Trennung* der Geschlechter ist, die das Denken *untrennbar* mit seiner organischen Verkörperung und insbesondere seiner

---

[34] Sigmund Freud, »Jenseits des Lustprinzips«, in: Ders., *Studienausgabe*, Bd. 3, hg. v. Alexander Mitscherlich, Angela Richards und James Strachey, Frankfurt a. M. 2000.

menschlichen Verkörperung verbindet. In gewissem Sinne ist die Aussicht auf den solaren Tod zwar wenig mehr als ein Vorwand für Lyotards geniale Dramatisierung des *différend* zwischen dem extropischen Funktionalismus, den die erste Perspektive unterstützt, und dem phänomenologischen Feminismus, für den die zweite Perspektive eintritt – ein *différend*, über den Lyotard sich jeglichen Urteils enthält –, dennoch ist erstere für unsere Zwecke außerordentlich bedeutsam, denn sie legt nahe, dass die Auslöschung der Sonne die vorherrschende philosophische Auffassung, die wir vom Tod haben, infrage stellt – insbesondere macht sie die existenzielle Konzeption des Todes zunichte, die Heidegger in seiner phänomenologischen Analyse des ›Sterbens‹ festsetzte, sodass letzteres nicht mehr als etwas aufrecht erhalten werden kann, das die menschliche Existenz insofern auszeichnet, als es dieser eine privilegierte Beziehung zur Zukunft zugesteht. Wenn die Auslöschung der Sonne keineswegs im Sinne einer existenziellen Möglichkeit ausgelegt werden kann, die mit der menschlichen Beziehung zum Tod zusammenhängt, dann liegt das nicht so sehr daran, dass die Sonne nicht die Art von Entität ist, die stirbt, sodass es einen illegitimen Anthropomorphismus darstellen würde, wenn man von ihrem ›Tod‹ sprechen würde. Es liegt vielmehr daran, dass Menschen nicht länger als die Art von Entitäten beschrieben werden können, die durch ihre Beziehung zu ihrer eigenen Inexistenz privilegiert sind: Die Sonne ist in genau demselben Ausmaß dem *Tod* nahe wie die menschliche Existenz der eigenen Auslöschung. Mit Auslöschung ist hier nicht die Ausrottung einer biologischen Art gemeint, sondern vielmehr das, was die Transzendenz einebnet, die dem Menschen zugeschrieben wird – sei es nun jene des Bewusstseins oder die des *Daseins* – und dadurch letzterem sein Privileg als Ort der Korrelation entzieht. Wenn die Auslöschung der Sonne also katastrophal ist, dann deshalb, weil sie die Korrelation desartikuliert. Anders als die Konzeption des Todes, die, zumindest seit Hegel, die Funktion eines Motors für die philosophische Spekulation erfüllte, konstituiert sie keine interne Grenze des

Denkens, die dem Denken den nötigen Antrieb verschafft, um seine eigenen Grenzen zu überschreiten und sich dadurch das einzuverleiben, was angeblich außerhalb von ihm liegt. Das Denken ist ohne weiteres in der Lage, seine selbstgesetzten Grenzen zu transzendieren. Aber die Auslöschung der Sonne ist keine Grenze *vom* oder *für* das Denken. In dieser Hinsicht annulliert sie die Beziehung zum Tod, von der das philosophische Denken zehrte. Oder in Lyotards Worten: »Wenn die Erde verschwindet, wird das Denken aufhören, und dieses Verschwinden wird absolut ungedacht bleiben. Der Horizont selbst wird verlöschen – und das, was ihr [die phänomenologische] ›Transzendenz in der Immanenz‹ nennt. Als Grenze ist der Tod – so deutlich wie kaum etwas anderes – das, was zugleich sich zeigt und sich entzieht, und deshalb ist es eben der Tod – genau das ist der konstitutive Gegenstand des Denkens – nichts anderes als das Leben des Geistes. Der Tod der Sonne hingegen ist der Tod des Geistes, weil er der Tod jenes Todes ist, der das Leben des Geistes bedeutet.«[35]

Der Vitalismus möchte dem Willen zum Nichts ein Ende setzen, doch glaubt er, dies tun zu können, indem er seine Hoffnung auf die schöpferische Evolution setzt, und indem er darauf besteht, dass die Auslöschung der Sonne bloß ein lokaler und temporärer Rückschlag ist, den das Leben überwinden wird, indem es seine Bedingungen für die Verkörperung verändert, sei es nun durch einen Wechsel von einem kohlenstoffbasierten Substrat zu einem Substrat auf Silikonbasis oder mittels irgendeiner anderen noch zu entwickelnden Strategie. Aber dadurch wird der Tag der Abrechnung nur hinausgezögert, weil sowohl das Leben als auch der Geist früher oder später mit der Desintegration des ultimativen Horizonts rechnen müssen, wenn in ungefähr einer Billion mal Billionen mal Billionen (10^{1728}) Jahren, die zunehmende Expansion des Universums den Stoff der Materie selbst aufgelöst und damit der Möglichkeit von Verkörpe-

---

[35] Jean-François Lyotard, *Das Inhumane*, a.a.O., S. 21.

rung ein definitives Ende gesetzt haben wird. Jeder Stern im Universum wird ausgebrannt sein, was den Kosmos in einen Zustand absoluter Finsternis versetzen und nichts als verbrauchte Hüllen kollabierter Materie hinterlassen wird. Die gesamte freie Materie, sei es auf den Oberflächen von Planeten oder im interstellaren Raum, wird sich zersetzt haben, was jegliche Überbleibsel eines auf Protonen und Chemie basierenden Lebens beseitigen und jeden Rest von Bewusstsein auslöschen wird – was immer seine physische Basis gewesen sein mag. Wenn ein Zustand erreicht ist, den Kosmologen ›Asymptopia‹ nennen, werden die über das Universum verstreuten stellaren Leichen sich schließlich in einen kurzen Sturm von Elementarteilchen auflösen. Die Atome selbst werden an diesem Punkt aufhören zu existieren. Nur die unerbittliche Ausdehnung des kosmischen Gravitationsfeldes wird sich fortsetzen, angetrieben von der bislang unerklärlichen Kraft namens ›dunkle Energie‹, die das ausgestorbene Universum tiefer und tiefer in eine ewige und unermessliche Schwärze sinken lassen wird.[36]

Da die Auslöschung des Kosmos für die Philosophie ein genauso unantastbares Faktum wie der biologische Tod ist – obwohl Philosophen merkwürdigerweise anzunehmen scheinen, dass dieser irgendwie bedeutsamer als jene ist, als ob Vertrautheit ein Kriterium für philosophische Relevanz sei –, wird jede Reserve an Horizont, auf die sich ein verkörpertes Denken bezieht, um seiner Suche Nahrung zu geben, zwangsläufig endlich sein. Warum sollte das Denken dann weiterhin auf ein Konto einzahlen, dessen schwindende Reserven durch die zeitlichen Paramater der Verkörperung beschränkt werden? Warum auf Zeit spielen? Eine Veränderung des Körpers ist bloß eine Methode, das unvermeidbare Zusammenstoßen des Den-

---

[36] Vgl. Sten F. Odenwald, *Patterns in the Void. Why Nothing is Important*, Colorado 2002, S. 163; sowie Lawrence M. Krauss und Glenn D. Starkman, »Life, The Universe, and Nothing. Life and Death in an Ever Expanding Universe«, in: *The Astrophysical Journal* (März 2000), S. 22-30.

kens mit dem Tod hinauszuzögern, der es in Form des Willens zum Wissen antreibt. Und ein Wechsel des Horizonts ist nur ein Mittel, um die *transzendentale* Dimension der Auslöschung zu begrenzen, eben weil sie den Unterschied zwischen Leben und Tod, Zeit und Raum einebnet und dadurch die ontologische Wirkmächtigkeit für ungültig erklärt, die dem verzeitlichenden, angeblich gegenüber dem physikalischen Tod unverwundbaren Denken zugeschrieben wird.

Die Auslöschung weist auf eine physische Vernichtung hin, die den Unterschied zwischen Geist und Welt negiert, aber die nicht länger im Sinne einer Grenze ausgelegt werden kann, die der Transzendenz des Geistes inhäriert – ein internalisiertes Außen, wie es der Tod für den Geist oder das Dasein ist –, weil sie ein Außen impliziert, das die Internalisierung des Außen *entfaltet* oder *externalisiert*, welche mit dem Bewusstsein und seinen Surrogaten, sei es der Geist, sei es das Dasein, einhergeht. Die Auslöschung wendet das Denken von innen nach außen und objektiviert es dadurch als etwas, das wie jeder Gegenstand in der Welt vergänglich (und nicht mehr die unvergängliche Bedingung der Vergänglichkeit) ist. Es handelt sich dabei um eine Externalisierung, die das Denken sich nicht aneignen kann – nicht weil sie eine Art von Transzendenz in sich birgt, die sich einem rationalen Verständnis widersetzt, sondern vielmehr, weil sie auf die Autonomie des Objekts als etwas hinweist, das dieses in die Lage versetzt, das Denken selbst in ein Ding zu verwandeln. In dieser Hinsicht ist die Auslöschung ein Symptom der *Posteriorität*. Die *Posteriorität* der Auslöschung zeigt eine physische Vernichtung an, die kein noch so ausgiebiges chronologisches Tüfteln in ein Korrelat *für uns* verwandeln kann, weil sie unabhängig von der Nähe oder Ferne ihrer Position, die ihr in der Raum-Zeit zugeordnet wird, die Eigenständigkeit der Korrelation *schon* aufgehoben hat. Was sich der Korrelation widersetzt, ist der Gedanke, dass es »nach dem Tod der Sonne [...] kein Denken mehr geben [wird], welches wissen könnte, daß das der Tod war.«[37] Somit löst der Gedanke der Auslöschung die Korrelation auf, während er jeglichen Rückgriff auf die intellektuelle Anschauung vermeidet, weil er die Abwesenheit der Korrelation in einen Gegenstand des Denkens verwandelt; allerdings einen solchen, der das Denken selbst in einen Gegenstand verwandelt. Von der Anteriorität gibt es keine intellektuelle Anschauung, da die Auslöschung keine spätere Realität anzeigt. Stattdessen zeigt die Auslöschung den Gedanken der Abwesenheit des Denkens an. Somit repräsentiert sie eine Objektivation des Denkens, allerdings eine, innerhalb deren der Gedanke an das Objekt durch das Objekt selbst umgekehrt wird statt durch den Gedanken an das Objekt. Denn die Differenz zwischen dem Gedanken an das Objekt und dem Objekt selbst ist nicht mehr eine Funktion des Denkens, das heißt, der Transzendenz, sondern eine des Objekts, verstanden als immanente *Identität*. Somit ist die Differenz des Objekts vom Begriff in einer Weise (›ohne Gegebenheit‹, das heißt, ohne Korrelation) gegeben, die das Bedürfnis nach einer Beschreibung entweder des Wesens oder der Genese dieser Differenz nicht aufkommen lässt – was weder dem Intuitionismus noch dem Repräsentationalismus gelingt, ohne diese Differenz in eine Funktion des Denkens zu verwandeln. Folglich besteht innerhalb der Relation eine grundsätzliche Asymmetrie zwischen der Anteriorität und der Posteriorität: Es herrscht eine absolute Disjunktion zwischen der korrelationalen Zeit und der Zeit der Auslöschung, gerade insofern letztere nicht einfach ein lokalisierbares raumzeitliches Vorkommnis ist und damit etwas, das in seiner Chronologie manipuliert werden könnte (obwohl es mit Sicherheit *auch* das ist), sondern es sich vielmehr um die Auslöschung der Raum-Zeit handelt. Wir reden hier also nicht so sehr von dem Fall, dass die Auslöschung der Korrelation ein Ende setzen *wird*, sondern vielmehr davon, dass sie ihr *schon* rückwirkend ein Ende gesetzt *hat*. Die Auslöschung nimmt die

---

[37] Jean-François Lyotard, *Das Inhumane*, a.a.O., S. 20.

Gegenwart der Korrelation in die doppelte Zange einer Zukunft, die *immer schon gewesen ist*, und einer Vergangenheit, die *für immer im Entstehen begriffen ist*. Demzufolge gibt es kein ›nach‹ der Auslöschung, da sie schon die Wirksamkeit der Projektion untergräbt, durch die die korrelationale Synthese ihre Realität der eines Phänomens angleichen würde, das von Manifestationsbedingungen abhängig wäre. Die Auslöschung besitzt gerade insofern eine transzendentale Wirksamkeit, als sie auf eine Vernichtung verweist, die weder eine Möglichkeit ist, auf die sich die tatsächliche Existenz hin orientieren könnte, noch ein gegebenes Datum, von dem eine zukünftige Existenz ihren Ausgang nehmen könnte. Es deaktiviert rückwirkend die Projektion, genauso wie es vorgreifend die Retention vernichtet. In dieser Hinsicht entfaltet sich die Auslöschung in einer ›vorhergehenden Posteriorität‹, die sich der ›zukünftigen Anteriorität‹ der menschlichen Existenz bemächtigt.

Das Trauma des Lebens: Freud

Das Phänomen, das Freud zu seinen Untersuchungen in *Jenseits des Lustprinzips* anregte, ist das der traumatischen Neurose. Letztere äußert sich in einem »Wiederholungszwang«, durch den der Leidende das traumatische Ereignis zwanghaft in seinen Träumen wieder erlebt. Doch wenn die Funktion von Träumen hauptsächlich in der Wunscherfüllung besteht, und zwar gemäß dem Lustprinzip, das danach strebt, Lust zu maximieren – wobei Lust als Verringerung von Erregung definiert wird – und Unlust zu minimieren – wobei Unlust als eine Steigerung von Erregung definiert wird –, dann stellt die traumatische Neurose die Psychoanalyse vor ein Problem, weil sie sich einer Erklärung durch das Lustprinzip widersetzt: Warum ist der Patient gezwungen, eine auf erschütternde Weise unlustvolle Erfahrung wieder zu erleben? Freuds Antwort lautet, dass die Psyche durch diese Wiederholung versucht, die notwendige Angst für eine erfolgreiche Besetzung der überschüssigen Erregung aufzubringen, die durch das traumatische Durchbrechen ihrer Abwehr freigesetzt wurde. Es ist diese Besetzung, die ›jenseits des Lustprinzips‹ liegt. Durch den Wiederholungszwang versucht das Unbewusste, das traumatische Ereignis in einem Zustand der ängstlichen Erwartung wieder zu erleben, der ihm erlauben wird, den Schock zu absorbieren und dadurch den lähmenden Schrecken aufzuheben, der den Organismus ausschaltete, sowie den übermäßigen Zufluss von Erregungen zu hemmen, die durch eine massive psychische Wunde verursacht wurde.

Mehr noch, sofern die Manifestationen des Wiederholungszwangs einen »dämonischen Charakter«[38] besitzen, dann tun sie dies wegen ihres inhärent triebhaften Charakters. In dieser Hinsicht, so Freud, liegt im Wiederholungszwang der Schlüssel, um die Natur des Triebs als solchem zu verstehen: »Ein Trieb wäre also ein dem belebten Organischen innewohnender Drang zur Wiederherstellung eines früheren Zustandes, welchen dies Belebte unter dem Einflusse äußerer Störungskräfte aufgeben mußte, eine Art von organischer Elastizität, oder wenn man will, die Äußerung der Trägheit im organischen Leben. [...] Auch dieses Endziel alles organischen Strebens ließe sich angeben. Der konservativen Natur der Triebe widerspräche es, wenn das Ziel des Lebens ein noch nie zuvor erreichter Zustand wäre. Es muß vielmehr ein alter, ein Ausgangszustand sein, den das Lebende einmal verlassen hat und zu dem es über alle Umwege der Entwicklung zurückstrebt. Wenn wir es als ausnahmslose Erfahrung annehmen dürfen, daß alles Lebende aus *inneren* Gründen stirbt, ins Anorganische zurückkehrt, so können wir nur sagen: *Das Ziel alles Lebens ist der Tod*, und zurückgreifend: *Das Leblose war früher da als das Lebende.*«[39] Die grundsätzliche Tendenz des Triebs besteht also in einem immer schon wirksamen Zug zurück zum Anorganischen. Obwohl das

---

[38] Sigmund Freud, »Jenseits des Lustprinzips«, a.a.O., S. 245.
[39] Ebd., S. 246 und 248.

Leben vom Anorganischen auf immer größeren Umwegen abweicht, sind diese nichts weiter als temporäre Ausdehnungen des letzteren, die sich schließlich wieder auf das Maß ihres ursprünglichen anorganischen Zustands zusammenziehen werden, verstanden als Null-Grad der Kontraktion oder *Dekontraktion*. Wenn der Tod aber das »Ziel alles Lebens« darstellt, ein Ziel, das Freud zufolge lebenden Organismen in gewissem Sinne »innewohnt«, dann kann damit nicht einfach ein aristotelisches Telos, also ein intrinsischer Zweck gemeint sein, der die Entwicklung der Entität von innen her ausrichten würde. Ein Telos besitzt unabhängig von den Entitäten, dessen Existenz es bestimmt, keine Wirklichkeit; wenn das Anorganische also bloß das Telos des Organischen in diesem konventionellen Sinn wäre, könnte es gar nicht vor ihm existiert haben. Freud vertritt jedoch die realistische These, der zufolge »das Leblose [...] *früher* da [war] als das Lebende« [meine Hervorhebung], und verwendet sie, um die Realität des Todestriebs hervorzuheben. Folglich kann das Anorganische als »Ausgangszustand« und »Ziel« des Lebens nicht einfach als ein Zustand verstanden werden, der der Entwicklung des Lebens innewohnt, sei es nun als das Wesen, aus dem das Leben hervorgegangen ist, oder das *Telos*, das es sein wird. Genauso, wie die Realität des Anorganischen nicht bloß eine Funktion der Existenz des Organischen ist, ist die Realität des Todes nicht bloß eine Funktion der Vergangenheit oder der Zukunft des Lebens. Der Tod, verstanden als das Prinzip der Dekontraktion, das die Kontraktionen des organischen Lebens antreibt, ist nicht ein vergangener oder zukünftiger Zustand, zu dem das Leben tendiert, sondern vielmehr die ursprüngliche *Zwecklosigkeit*, die jegliche Zweckmäßigkeit zwingend herbeiführt, sei sie nun eine organische oder psychologische.

Mit der These, das Ziel alles Lebens sei der Tod, entschärft Freud Nietzsches Metaphysik des Willens: Das Leben, das Macht will, ist bloß eine Kontraktion des Todes, der nichts will. Der Wille zum Nichts ist kein Stellvertreter des Willens zur Macht; vielmehr ist der Wille zur Macht bloß eine Maske des

Willens zum Nichts. Aber dieses »Nichts« kann nicht in die Vergangenheit zurückverlagert oder in die Zukunft projiziert werden; die einzige ihm entsprechende Zeitlichkeit ist jene der ›vorhergehenden Posteriorität‹, die dem physikalischen Tod als dasjenige zu eigen ist, was die organische Zeitlichkeit an sich reißt, aber nicht von ihr vereinnahmt werden kann. Deshalb wiederholt die Wiederholung, die vom Tod angetrieben wird, letzteren nicht, als ob er ein früherer Tatbestand wäre, der vom Leben oder Bewusstsein erfahren worden ist, denn das Trauma, das die Wiederholung antreibt, ist gerade das, was nicht gelebt oder bewusst aufgefasst werden kann. Obwohl das Trauma real ist, kann seine Realität nicht durch das Leben des Organismus auf ein normales Maß gebracht werden, genauso wenig, wie es sich mit den Ressourcen des Bewusstseins vereinbaren lässt. Es kann nur als eine Dysfunktion des Organismus oder als eine Unterbrechung des Bewusstseins registriert werden, und es sind diese Dysfunktionen und Unterbrechungen, die wiederholt werden. Demzufolge liegt es daran, dass das ›ursprüngliche‹ traumatische Ereignis allenfalls im Bewusstsein registriert statt erlebt wurde, dass der Zwang auftritt, es (wieder) zu erleben. Jedoch kann es nur als etwas wiedererlebt werden, das weder erlebt noch erfahren wurde, da das Trauma die Auslöschung des Lebens und der Erfahrung markiert. Dennoch deutet die Tatsache, dass die Erfahrung nicht sich selbst auslöschen kann, auf die Realität des Traumas hin, die nicht einfach im Sinne einer Funktion der Erfahrung ausgelegt werden kann.

Die Realität des Traumas wird als eine unbewusste Wunde registriert, die in der psychischen Ökonomie weiterhin als eine nicht aufgelöste Störung nachhallt; ein nicht eingedämmter Überfluss von Erregung. Und weil sie einen Zufluss von Erregung anzeigt, der die Bindungsfähigkeiten dessen, was Freud »Wahrnehmungs-Bewusstseinssystem« nennt, bei weitem übersteigt, hinterlässt das Trauma einen permanenten Abdruck im Unbewussten, da das Bewusstsein immer *anstelle* einer

Erinnerungsspur entsteht.[40] Deshalb ist es nicht die traumatische Erfahrung (die niemals stattgefunden hat), sondern vielmehr diese unbewusste Spur, die den Wiederholungszwang entstehen lässt, indem sie danach verlangt, neu verhandelt zu werden. Das Trauma ist auf konstitutive Weise unbewusst: Es existiert nur als eine Spur. Doch bleibt diese traumatische Spur als ein permanenter und unauslöschlicher Abdruck im Unbewussten bestehen, weil sie von etwas zeugt, das der Filterapparat des Wahrnehmungs-Bewusstseinssystems nicht bewältigen kann: eine innere Blutung der Psyche.

Freud stellt daraufhin eine bemerkenswerte spekulative Hypothese auf, die die Ursprünge dieses Filterapparats mit der Genese organischer Individuation verbindet. Ein primitives organisches Bläschen (das heißt, eine Zelle oder Hohlform) erlangt die Fähigkeit, den kontinuierlichen und potenziell tödlichen Strom äußerer Stimuli zu filtern, indem es einen Teil von sich opfert, um einen Schutzschild gegen übermäßige Zuflüsse von Erregung zu errichten. Dadurch führt es eine unwiderrufliche Trennung zwischen dem organischen Inneren und dem anorganischen Äußeren herbei: Das Bläschen bekommt seinen Reizschutz dadurch, »daß seine äußerste Oberfläche die dem Lebenden zukommende Struktur aufgibt, gewissermaßen anorganisch wird und nun als eine besondere Hülle oder Membran reizabhaltend wirkt, das heißt veranlaßt, daß die Energien der Außenwelt sich nun mit einem Bruchteil der ihrer Intensität auf die nächsten, lebend gebliebenen Schichten fortsetzen können. [...] Die Außenschicht hat aber durch ihr Absterben alle tieferen vor dem gleichen Schicksal bewahrt, wenigstens so lange, bis nicht Reize von solcher Stärke herankommen, daß sie den Reizschutz durchbrechen. Für den lebenden Organismus ist der Reizschutz eine beinahe wichtigere Aufgabe als die Reizaufnahme. [...] Bei den hochentwickelten Organismen hat sich die

---

[40] Vgl. ebd., S. 235; sowie Sigmund Freud, »Der Wunderblock«, in: Ders., *Studienausgabe*, Bd. 3, a.a.O., S. 366.

reizaufnehmende Rindenschicht des einstigen Bläschens längst in die Tiefe des Körperinnern zurückgezogen, aber Anteile von ihr sind an der Oberfläche unmittelbar unter dem allgemeinen Reizschutz zurückgelassen.«[41] Demzufolge wird die Trennung zwischen dem organischen Inneren und dem anorganischen Äußeren damit erkauft, dass ein Teil des primitiven Organismus selbst stirbt, und es ist dieser Tod, der den Schutzschild entstehen lässt, der die potenziell tödlichen Zuflüsse äußerer Energie herausfiltert. Somit wird das individuierte organische Leben um den Preis dieses ursprünglichen Todes erkauft, was den Organismus zum ersten Mal in die Lage versetzt, sich selbst vom anorganischen Außen zu trennen. Dieser Tod, der die organische Individuation hervorbringt, bedingt damit die Möglichkeit organischer Phylogenese und sexueller Reproduktion. Folglich geht dieser Tod nicht nur dem Organismus voraus, sondern er ist die Bedingung für die Fähigkeit des Organismus, sich zu reproduzieren und zu sterben. Wenn der Todestrieb *qua* Wiederholungszwang die ursprüngliche bewegende Kraft ist, die das organische Leben antreibt, dann ist sie das deshalb, weil der Motor der Wiederholung – die wiederholende Instanz – in dieser Spur des ursprünglichen Traumas organischer Individuation besteht. Der Todestrieb, verstanden als Wiederholung des Anorganischen ist die Wiederholung des Todes, der den Organismus hervorbrachte – eines Todes, der nicht in einer zufriedenstellenden Weise wiederholt werden kann, nicht nur weil der Organismus, der seine Spur trägt, noch nicht existierte und ihn deshalb nicht erleben konnte, sondern auch weil jene Spur der Abdruck eines exorbitanten Todes ist, den der Organismus selbst im Sterben nicht erfolgreich wiederholen kann. Deshalb enthält die Spur des ursprünglichen Todes eine unmögliche Forderung an das organische Leben: Sie ist die Spur eines Traumas, das verlangt, in die psychische Ökonomie integriert zu werden, dies aber nicht zulässt, weil es die ursprüngliche

---

[41] Sigmund Freud, »Jenseits des Lustprinzips«, a.a.O., S. 237.

traumatische Trennung zwischen dem Organischen und dem Anorganischen ausdrückt. Der Organismus kann den Tod nicht erleben, der die Differenz zwischen Leben und Tod hervorbringt. Der Todestrieb ist die Spur dieser Trennung: einer Trennung, die niemals erfolgreich *gebunden* wird, weil sie der *nicht zu bindende* Exzess bleibt, der die Bindung ermöglicht. Insofern er Träger dieser Trennung und dieses Exzesses ist, kann der physische Tod weder am Ursprung noch am Ende des Lebens verortet werden. Die Dekontraktion ist nicht ein negentropischer Startpunkt, an den man zurückkehren könnte, oder ein entropischer Endpunkt, auf den man zustreben könnte. Ihre Realität ist die eines ›Nichts-Seins‹, dessen vorangehende Posteriorität die Identität von entropischer Indifferenz und negentropischer Differenz ausdrückt; eine Identität, die dem Denken als die objektive Realität gegeben wird, durch die es schon determiniert ist. Diese Determinierung vollzieht sich durch die philosophische Bindung des Traumas der Auslöschung, das als eine un-bewusste und un-gebunde Störung des phänomenalen Bewusstseins fortbesteht und dabei den Willen zum Wissen befeuert.

Die Bindung der Auslöschung

Die Auslöschung ist real, aber nicht empirisch, da sie nicht der Ordnung der Erfahrung angehört. Sie ist transzendental, aber nicht ideal, da sie mit der äußeren Objektivation des Denkens zusammenfällt, die sich an einem bestimmten historischen Scheidepunkt entfaltet, wenn die Ressourcen des Verstehens und damit auch das Lexikon der Idealität neu verhandelt werden. In dieser Hinsicht ist es gerade die Auslöschung von Sinn, die den Weg für ein Verständnis der Auslöschung freimacht. Sinnlosigkeit und Zwecklosigkeit bilden nicht bloß einen Mangel; sie repräsentieren einen Zuwachs an Verstehen. Die Auslöschung von Sinn, Zweck und Möglichkeit markiert den Punkt, an dem der ›Horror‹, der mit der Unmöglichkeit einhergeht, entweder zu sein oder nicht zu sein, verständlich wird. Wenn also alles schon tot ist, dann nicht nur deshalb, weil die Auslöschung jene Möglichkeiten zunichtemacht, die als konstitutiv für das Leben und die Existenz erachtet wurden, sondern auch deshalb, weil der Wille zum Wissen von der traumatischen Realität angetrieben wird und danach strebt, dem Trauma des *An-sich* gleich zu werden, dessen Spur er trägt. Indem sie ihm gleich wird, gelingt der Philosophie eine Bindung der Auslöschung, durch die der Wille zum Wissen schließlich mit dem *An-sich* vereinbar wird. Diese Bindung fällt mit der Objektivierung des Denkens zusammen, verstanden als die *Adäquation ohne Korrespondenz* zwischen der objektiven Realität der Auslöschung und dem subjektiven Wissen von dem Trauma, das jene entstehen lässt. Es ist diese Adäquation, die die Wahrheit der Auslöschung konstituiert. Aber um diese Wahrheit anzuerkennen, muss das Subjekt der Philosophie auch erkennen, dass es schon tot ist, und dass die Philosophie weder ein Medium der Affirmation noch eine Quelle der Rechtfertigung ist, sondern vielmehr das *Organon* der Auslöschung.

Auszüge aus der ›Großen Exegese‹

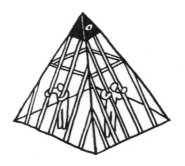

Philip K. Dick

Aus dem Englischen
von
Ulrike Stamm

Das grundlegende Thema in *Stigmata*, *Ubik* und *Maze* – die angenehme, illusionäre Hülle, die eine schreckliche Realität verdeckt – entstammt meiner frühen Reaktion auf zwei Geschichten, die ich gelesen hatte, eine über die sterbende Fliege, die vor ihm hin- und herläuft, die andere über die verborgene, unterirdische, schreiende Stadt. Dies ist die grundlegende, unveränderte Idee *aller* meiner Texte, verbunden mit dem Thema: Ich bin nicht oder er ist nicht, was ich denke zu sein bzw. was er denkt zu sein – und besonders: Meine (seine) wahre Identität wird durch falsche Erinnerungen verdeckt. (1) Realität ist nicht, was sie zu sein scheint, und (2) ich bin nicht, wer und was ich denke zu sein. Wenn man dies zusammensetzt, kommt Folgendes heraus: Sowohl die innere als auch die äußere Realität sind nicht, was sie scheinen. In dem Moment, als ich die beiden oben erwähnten Geschichten las, fühlte ich: »Genau so ist es; es ist so.« Schon damals. Bevor ich selber je etwas schrieb, fühlte ich instinktiv, dass diese Einsicht richtig war. So ist meine Vision von 3-74, dass wir in Wirklichkeit in einer schwarzen eisernen Gefängniswelt stecken, und dass die nette Welt, die wir sehen, nur eine Täuschung ist – diese Vision ist mit meinem ganzen intellektuellen Leben verknüpft. Und meine Entdeckung von 3-74, dass ich nicht der bin, welcher bzw. was ich zu sein glaube, ist zentral für meine Weltwahrnehmung, und die ganze Sammlung meiner Schriften ist Ergebnis und Ausdruck dessen. So liegt für mich, was die Geschichte meiner Weltwahrnehmung angeht, eine Apotheose meiner sämtlichen lebenslangen Ahnungen in der Vision des äußeren schwarzen Eisengefängnisses und zugleich in der inneren Transformation meiner selbst von der begrenzten, falschen Ich-Identität zu dem unsterblichen Besucher (der sich daran erinnert, gerade in der schwarzen Eisengefängniswelt gewesen zu sein) – und nicht nur eine Apotheose, sondern auch eine Vollendung, die die intuitive Vermutung in eine unmittelbare Erfahrung verwandelt hat – um nicht zu sagen: in die schockierende und unerwartete Bestätigung beider Themen.

[14:2]

Hyperuniversum I	Hyperuniversum II
Menge	Masse
Farbe, Licht, lebendig, Empfindung, Ordnung	Schwarz, Dunkel, tot, Zwecklosigkeit, Chaos

[14:6]

Aber das Hyperuniversum II könnte tot sein – oder eher ist seine Seele tot; das Soma ist tot und nur das »biologische« (oder subkortikale) Leben geht weiter, eine kontinuierliche reflexive Kapitulation. Ja – das Soma von II ist noch bei uns, aber seine Seele ist tot. Als eine Entelechie muss es wiederbelebt werden, oder das Soma wird zerstört. I versus II ist so wie das authentisch Humane versus der Android oder die Reflexmaschine. Da es ohne eigene Seele ist, bringt es die authentischen Seelen jener Kreaturen um, die in es eingeschlossen sind, und ersetzt sie durch eine nachgemachte Mikroform seiner eigenen toten Seele.

[14:12]

Ich habe Realität für Jamis einmal definiert als »das, was nicht verschwindet, wenn du ihm die Zustimmung entziehst.« In 2-74 entzog ich dem Kalifornien von 1974 für eine kurze Zeit meine Zustimmung – und es verschwand (einen Monat später).

[2:5]

In meinem Traum in Kanada sagte Kathy: »Eines Tages werden die Masken abfallen und du wirst alles verstehen.« Das geschah – und *ich* war eine der Masken, sehr zu meiner Überraschung – und meine ganze Welt ebenfalls.

[81:K-353]

Traum: Wir sind eine Gruppe. Wir stellen fest, dass die Realität – das Universum – in Wirklichkeit Information ist. Eine von uns (ein Mädchen) erkennt in der Information ihren eigenen früheren Gedanken. Stöhnend wird mir bewusst, dass dies bedeutet, dass das Universum auf unseren früheren Gedanken gründet. Wir sind vergessliche Kosmokraten, gefangen in einem selbstgeschaffenen Universum, ohne es zu wissen. Und ich denke: »Ich werde das nicht glauben, wenn ich aufwache, denn die Implikationen daraus sind zu deprimierend und radikal.« Es ist wie in *Maze*. Die Spur, die ich in meiner Exegese unermüdlich verfolge, besteht aus Wegen, die – Überraschung! – zu mir selbst zurückführen. Indem ich die Gesetze Gottes entdecke, tue ich nichts anderes, als meine ureigene Natur zu entdecken, so wie in Φιλανθρωπία. Die »große Illusion« ist in der Tat die große Tautologie. Schließlich entziffere ich die Schrift (Information, Nachrichten als Basis der Realität) und entdecke, daß ich sie selbst geschrieben habe: gefangen in meinem eigenen Geist, mit meinen immer weiter zirkulierenden Gedanken, so wie in »Frozen Journey« – Solipsismus. So ist kein neues Wissen möglich, das heißt synthetische Propositionen, nur analytische. Ich dachte »Prajapati«: Der »ganz Andere« ist durchaus nicht »anders«. Die Stimmung des Traums nach dieser Entdeckung war trostlos.

ÜBER DEN HORROR DER PHÄNOMENOLOGIE: LOVECRAFT UND HUSSERL

Graham Harman

Aus dem Englischen
von
Andreas Pöschl

In einer abfälligen Rezension einer unlängst erschienen Anthologie über Schelling wirft Andrew Bowie zwei Autoren einen Schreibstil vor, der auf ihn »zunehmend« wie »kontinentale Science-Fiction«[42] wirkt. Aus Bowies Einschätzung lassen sich noch weitreichendere Schlüsse ziehen. Indem er nahelegt, dass Science-Fiction nur etwas für Teenager und Verwirrte ist, nötigt Bowie dem Gedankenexperiment eine traurige Beschränkung auf. Denn abgesehen von der Wissenschaft selbst hat nichts mehr Ähnlichkeit mit Science-Fiction als die Philosophie. Seit ihrem Aufkommen im antiken Griechenland hat die Philosophie merkwürdigen Vorstellungen stets Zuflucht geboten: einer kosmischen Gerechtigkeit, die die Gegensätze zu einem Ganzen zusammenfügt; einer Serie von Emanationen, die Fixsterne, den Mond sowie Propheten umfasst; göttlichen Eingriffen in die Bewegungen menschlicher Hände und Beine; Bäumen und Diamanten mit unendlich vielen vergleichbaren Attributen, von denen nur zwei bekannt sind; abgeschotteten Monaden, die wie Spiegel glänzen und an winzigen Körpern haften, die aus Ketten anderer Monaden bestehen; und der ewigen Wiederkehr auch nur des geringsten Ereignisses. Während der trostlose Konsens, dass derartige Spekulationen der Vergangenheit angehören, von einigen Philosophen, denen es an Vorstellungsvermögen mangelt, gestützt wird, findet er keinen Zuspruch unter aktiven Wissenschaftlern, die in ihren Visionen zunehmend wilder werden. Schon ein flüchtiger Blick in die Literatur der Physik offenbart, dass diese Disziplin beherrscht wird von seltsamen Attraktoren, degenerierten Topologien, schwarzen Löchern voller alternativer Welten, holografischen Illusionen einer dritten Dimension sowie einer Materie, die sich aus vibrierenden zehndimensionalen Strings zusammensetzt. Die Mathematik, die

---

[42] Andrew Bowie, »Something old, something new …«, in: *Radical Philosophy*, Nr. 128 (2004), S. 46. Die Rezension bezieht sich auf J. Norman und A. Welchman (Hg.), *The New Schelling*, London 2004. Bowies Unmut richtet sich gegen Iain Hamilton Grant und Alberto Toscano.

keiner Einschränkung durch empirische Daten unterliegt, stellt schon lange noch viel gewagtere Spekulationen an. Ebenso wenig lässt sich behaupten, dass Science-Fiction ein Randphänomen innerhalb der Literatur sei. Lange vor den mächtigen Krabben und Tintenfischen Lovecrafts und den Tribunalen Kafkas gab es Shakespeares Hexen und Geister, den Läuterungsberg im Pazifik, die Zyklopen im Mittelmeer und die Sphinx, die den Norden Griechenlands tyrannisierte.

Gegen ein Modell von Philosophie als Amtssiegel für gesunden Menschenverstand und archivarische Nüchternheit würde ich vorschlagen, dass der einzige Auftrag und Inhalt der Philosophie *Seltsamer Realismus* sein sollte. Philosophie muss realistisch sein, weil ihr Mandat darin besteht, die Struktur der Welt an sich aufzuschließen; sie muss seltsam sein, weil die Realität seltsam ist. ›Kontinentale Science-Fiction‹ und ›kontinentaler Horror‹ dürfen keine Beleidigungen mehr sein, sondern müssen in ein Forschungsprogramm verwandelt werden. Um dieses Programm anzustoßen, scheint es fruchtbringend, Edmund Husserl und H. P. Lovecraft gemeinsam zu behandeln – ein ungleiches Paar, das ich versuchen werde, harmonischer wirken zu lassen. Das kontinentale Denken des 20. Jahrhunderts beruft sich überwiegend auf die Phänomenologie Husserls, dessen trockene Werke über den bizarren Charakter seiner Philosophie hinwegtäuschen. Beinahe zur selben Zeit, als Husserl diese Werke schrieb, verfasste Lovecraft seine richtungsweisenden Schauergeschichten, die die renommierte *Library of America*[43] jüngst aus dem Dunstkreis der Trivialliteratur befreit und zu kanonischen Klassikern erhoben hat. Die kontinentale Science-Fiction bedarf einer lovecraftianischen Lektüre der Phänomenologie Diese Bemerkung ist durchaus ernst gemeint. Genauso, wie Lovecraft die prosaischen Dörfer Neuenglands in ein Schlachtfeld verwandelt, auf dem sich böse Geister aus anderen Dimensionen tummeln, verwandelt Husserls Phänome-

---

[43] H. P. Lovecraft, *Tales*, New York 2005.

nologie einfache Stühle und Briefkästen in schwer fassbare Einheiten, die nur partielle und verzerrte Oberflächen preisgeben. Die unterbrochene Verbindung zwischen Objekten und deren manifestem Äußeren offenbart bei beiden Autoren »so erschreckende Aspekte der Wirklichkeit [...], daß wir durch diese Enthüllung entweder dem Wahnsinn verfallen oder aus dem tödlichen Licht in den Frieden und die Sicherheit eines neuen, dunklen Zeitalters fliehen werden«[44] – oder, noch besser, ein metaphysisches Spekulieren wiederbeleben werden, das die permanente Merkwürdigkeit von Gegenständen begrüßt. Wenn Philosophie seltsamer Realismus ist, dann sollte eine Philosophie danach beurteilt werden, was sie uns über Lovecraft sagen kann. Symbolisch gesprochen, sollte der Große Cthulhu Minerva als Schutzheilige der Philosophen ablösen, und der Miskatonic sollte den Rhein und Ister als unsere bevorzugten Flüsse in den Hintergrund drängen. Da Heideggers Beschäftigung mit Hölderlin in überwiegend fromme, eintönige Lektüren mündete, braucht die Philosophie einen neuen literarischen Helden.

Die Seltsamkeit von Gegenständen

Der Literaturwissenschaftler Harold Bloom erzählt folgende Anekdote:

> Vor einigen Jahren, in einer stürmischen Nacht in New Haven, beschloss ich, ein weiteres Mal, John Miltons *Verlorenes Paradies* zu lesen. [...] Ich wollte noch einmal ganz von vorne anfangen: das Gedicht so lesen, als hätte ich es noch nie gelesen, ja, ich wollte so tun, als hätte es noch niemand vor mir je gelesen. [...] Und wäh-

---

[44] H. P. Lovecraft, *Horror-Stories*, Frankfurt a. M. 2008, S. 15. Das Zitat stammt aus dem berühmten ersten Absatz von »Cthulhus Ruf«.

rend ich so lange las, bis ich mitten in der Nacht ein-
schlief, schwand meine ursprüngliche Vertrautheit mit
dem Gedicht. [...] Obwohl das Gedicht ein biblisches
Epos ist, erweckte es in mir einen sonderbaren Eindruck, den ich im Allgemeinen literarischer Fantasy oder
Science-Fiction zuschreibe, nicht einem heroischen
Epos. *Seltsamkeit* war sein überwältigender Effekt.[45]

Science-Fiction kommt nicht nur innerhalb des Genres »Science-Fiction« vor, sondern in jeglicher Form großer Literatur.
Allgemeiner gesprochen, behauptet Bloom, dass »ein Anzeichen von Originalität, die einem literarischen Werk kanonischen
Status sichern kann, eine bestimmte Art von Merkwürdigkeit ist,
die sich uns niemals völlig erschließt, oder die etwas so Selbstverständliches wird, das wir für ihre Idiosynkrasien blind werden.«[46] Obwohl Bloom sich nicht lange mit Philosophie aufhält,
die seiner Ansicht nach kognitiv weniger Originalität zu bieten
hat als die Literatur, scheint sein Standard für kanonische
Errungenschaften genauso für philosophische Werke zu gelten.
Wenn es ein Merkmal gibt, das die großen Werke der Philosophie gemeinsam haben, dann ist es mit Sicherheit die Unmöglichkeit, dass sie sich uns vollständig erschließen, oder aber
ihre Tendenz, etwas so Selbstverständliches zu werden, dass
wir für ihre Seltsamkeit blind geworden sind. Zwar können Platon und Kant als restriktive Gründungsfiguren angesehen werden, doch sind ihre Werke von sonderbaren Bildern und beinahe fantastischen Konzepten durchzogen; sie übersteigen
jede mögliche Interpretation, widersetzen sich allen Versuchen,
sie zusammenzufassen, und sprechen Leser jeglicher Nationali-
tät oder politischen Orientierung an. Die Ausbildung von jungen
Philosophen baut auf diese Werke wie auf Felsengrund. Und

---

[45] Harold Bloom, *The Western Canon*, New York 2004, S. 24-25.
     [Meine Hervorhebung.]
[46] Ebd., S. 4.

sie werden nur dann lebendig, wenn ein begabter Interpret ihre Seltsamkeit wiederentdeckt.

Verfolgt man diesen Gedanken weiter, scheint es ebenfalls evident, dass die Merkwürdigkeit der Werke weniger von den Werken insgesamt ausgeht als von der Seltsamkeit der sie bewohnenden Charaktere, sei es nun in der Literatur, Philosophie oder Wissenschaft. Zwar erscheinen Don Quijote und Lears Narr ausschließlich in literarischen Werken, doch sind sie ebenso wenig auf die Handlungen reduzierbar, durch die wir sie kennenlernen, als unsere Freunde sich durch die Erfahrungen, die wir mit ihnen machen, erschöpfend erfassen lassen. Charaktere sind im weitesten Sinne *Objekte*. Zwar lernen wir sie nur durch bestimmte literarische Ereignisse kennen, doch sind diese Ereignisse nichts anderes als Verweise auf das turbulente Innenleben eines Charakters – das weitgehend außerhalb des Werks liegt, das dieser bewohnt, und das für Fortsetzungen vollständig zur Verfügung steht, die der Autor nie hervorgebracht hat. Wenn eine verschollene Tragödie Shakespeares entdeckt würde, die von dem vermutlichen Selbstmord des Narren handelte (der aus dem vorliegenden Text von *König Lear* ohne Erklärung verschwindet), würde derselbe Narr im neuen Werk präsent sein, wie unerwartet seine Reden auch immer sein würden. Dasselbe gilt für philosophische Konzepte, die ebenfalls als Charaktere oder Gegenstände angesehen werden müssen. Während die Philosophie seit Neuerem auf präzisen Definitionen aller Begriffe insistiert, entzieht sich ein echtes philosophisches Konzept immer einer solchen Präzision. Wir könnten die bekannten Merkmale von Leibniz' Monaden auf einer Lehrtafel auflisten, doch würde die Liste Widersprüche enthalten und uns mit Sicherheit nach mehr verlangen lassen. Dasselbe gilt für Argon in der Chemie oder dem String in der Physik. Ein Ding kann nicht auf die dafür existierenden Definitionen reduziert werden, weil sich das Ding dann mit jeder winzigen Veränderung seiner bekannten Eigenschaften verändern würde, wie Kripke kritisch angemerkt hat.[47] Eine gute Faustregel ist die folgende: *Wenn* ein Charakter *nicht* Anlass zu unterschiedlichen Interpretationen gibt, *wenn* eine wissenschaftliche Entität *nicht* wechselnde Vorstellungen von ihren Eigenschaften überdauert, *wenn* ein Philosoph sich *nicht* in widersprüchliche Aussagen über ein und dasselbe Konzept verfängt, *wenn* die Partei eines Politikers eines Tages *nicht* von ihm enttäuscht sein wird, wenn ein Freund *nicht* Überraschungen hervorruft und selber erfährt, dann haben wir es nicht mit etwas ausgesprochen Realem zu tun. Wir würden es mit nützlichen Eigenschaften von Oberflächen zu tun haben, aber nicht mit Objekten. Lassen wir ›Objekt‹ auf jede Realität mit einem Eigenleben verweisen, das tiefer ist als seine Eigenschaften und tiefer als seine Beziehungen zu anderen Objekten. In diesem Sinne erinnert ein Objekt an eine aristotelische erste Substanz, die unterschiedliche Eigenschaften zu unterschiedlichen Zeiten unterstützt. Sokrates kann zu verschieden Zeitpunkten lachen, schlafen oder weinen und dabei immer noch Sokrates bleiben – was zur Folge hat, dass er niemals erschöpfend beschrieben oder definiert werden kann.

Meine These lautet, dass Objekte und Seltsamkeit Hand in Hand gehen. Ein Objekt entzieht sich vermittels seiner Qualitäten stets seiner vollständigen Durchdringung, indem es unsere Versuche abwehrt und unterläuft, es mit einer bestimmten Oberfläche zu identifizieren. Es ist das, was alle Qualitäten, Akzidenzien oder Relationen übersteigt, die ihm zugeschrieben werden können: ein ›Ich-weiß-nicht-was‹, aber in einem positiven Sinn. Wenn Objekte oft als Fantasien abgetan werden, die Menschen aus einer vorgegebenen Oberfläche von Erfahrungsinhalten zusammensetzen, so wende ich dagegen ein, dass die Realität objektorientiert ist. Die Realität besteht aus nichts anderem als Substanzen – und dabei handelt sich um *seltsame* Substanzen, die für uns etwas Unheimliches haben, statt um feste Blöcke aus simpler physischer Materie. In Kontakt mit der

---

[47] Saul Kripke, *Name und Notwendigkeit*, Frankfurt a. M. 1993.

Realität treten wir dann, wenn wir ein Ding nicht mehr auf seine Eigenschaften oder Wirkungen auf andere Dinge reduzieren. Der Unterschied zwischen Objekten und ihren peripheren Merkmalen (Qualitäten, Akzidenzien, Relationen) ist absolut. Diese These mag in einem tiefen Sinne klassisch sein, doch ist sie nicht annähernd ›reaktionär‹, da ich von Objekten spreche, die sich jeder Reduktion auf ein Dogma widersetzen, und sie tatsächlich die einzigen Kräfte in der Welt sind, die diese Fähigkeit haben.

Intentionale Objekte

Wenige werden leugnen, dass sich Lovecrafts Ansichten mit dem Begriff ›seltsamer Realismus‹ zutreffend beschreiben lassen. *Weird Tales* nannte sich die Zeitschrift, die seine Kariere in Gang setzte, und ›weird fiction‹ ist der Begriff, der im Zusammenhang mit seinen Schriften am häufigsten fällt. Lovecraft lehnte einen literarischen Realismus à la James oder Zola ab und damit auch deren minutiöse Beschreibungen, die sich auf die Feinheiten des menschlichen Lebens beschränkten. Doch wirkt er wie ein Realist im philosophischen Sinne, wenn er dunkle Mächte und bösartige Geometrien heraufbeschwört, die weit jenseits dessen existieren, was menschliches Leben zu fassen vermag. Edmund Husserl mutet dagegen weder seltsam noch wie ein Verfechter realistischer Positionen an, sondern scheint vielmehr das Gegenteil zu sein: ein ›nicht-seltsamer Antirealist‹. Kein Leser, wie psychisch labil er auch immer sein mag, wird von Husserls Werken in Furcht und Schrecken versetzt. Selbst in Husserls Lebensgeschichte ist sein offenkundiges Leiden auf persönliche und politische Belastungen zurückführbar, nicht auf eine familiäre Prädisposition zum Wahnsinn, die den jungen Lovecraft paralysierte und seine Eltern zugrunde richtete. Mehr noch, wenn die Phänomenologie kritisiert oder verworfen wird, dann geschieht dies in der Regel wegen ihres rückhaltlosen Idealismus. Phänomenologie resultiert immer aus einer Entscheidung, die Welt ›einzuklammern‹ und dabei die

Reflexion über reale Wellen, Gene und Chemikalien zugunsten dessen aufzuheben, was vollständig innerhalb des menschlichen Bewusstseins liegt.

Husserls Motto lautet bekanntlich ›zu den Sachen selbst‹. Auch wenn diese Worte manchmal in die Irre führen, sollten sie von jenen Realisten ernster genommen werden, die seinem Denken wenig abgewinnen können. Der erste Schritt besteht darin, sich ins Gedächtnis zu rufen, dass Husserl den Ausdruck ›zu den Sachen selbst‹ offensichtlich nicht in einem kantischen Sinne gebraucht. Seine Einklammerung der Natur lässt ihn mit einer immanenten Welt reiner Erfahrung zurück. Die Beschreibung (nicht die *Erklärung* wie bei den Realisten) wird zur einzigen philosophischen Methode erhoben. Darüber hinaus lässt Husserl keinen Raum für Interpretationen, denen zufolge reale Dinge außerhalb der Parameter menschlichen Zugangs zur Welt liegen und allenfalls von Gott unmittelbar wahrgenommen werden können. All dies mag den Anschein einer bloßen Herabstufung des Noumenalen zu einem besonderen Fall des Phänomenalen erwecken, wie man sie bei Fichte und seinen Nachfolgern findet. Mit seiner Ontologie würde Husserl dann in die Nähe des Deutschen Idealismus rücken; sein eigener Schüler Heidegger behauptet dies gelegentlich und stellt vage Vermutungen darüber an, dass die Husserl'sche Phänomenologie letztlich auf dasselbe Projekt wie Hegels *Wissenschaft der Logik* hinausläuft. Manche Beobachter könnten zu einer solchen Auffassung allein schon durch die Wiederkehr des Begriffs ›Phänomenologie‹ in den Werken beider Autoren verleitet werden.

Trotz seiner Fixierung auf die immanente Welt der Erscheinungen injiziert Husserl jedoch eine Dosis widerständiger Realität in die Immanenz. Dies folgt aus seinem Begriff des intentionalen Objekts. Das Prinzip der Intentionalität ist wohlbekannt: Jeder mentale Akt hat ein Objekt, unabhängig davon, ob es sich um Denken, Verweisen, Wünschen, Urteilen oder Hassen handelt. Dieses Prinzip ist nicht richtig verstanden worden. Damit ist nicht gemeint, dass Husserl dem Idealismus auf irgendeine

Weise entgeht: Seine intentionalen Objekte bleiben rein immanent und dürfen nicht mit Kräften verwechselt werden, die sich in der Welt entfalten. Die Bäume, die ich wahrnehme, das Essen, das ich genieße, oder die Betrüger, die ich verabscheue, bleiben phänomenale Entitäten. Ihre reale Existenz wird letztlich eingeklammert, sodass unsere Beschreibungen nicht berücksichtigen, ob sie wirklich existieren. Intentionalität bleibt phänomenal. Jedoch unterscheidet sich Husserl darin grundsätzlich von den Idealisten, dass die intentionale Realität für ihn aus *Objekten* besteht, während diese bei Fichte oder Hegel überhaupt keine Rolle spielen. Man sagt, Husserl habe mit seinen Studenten peinlich genaue Beschreibungen eines Briefkastens angefertigt; an anderen Tagen waren es vielleicht Laternenpfosten, Tintenfässer, Katzen, Ringe oder Vasen. Der Sinn und Zweck solcher Beschreibungen bestand in der ›eidetischen Variation‹, das heißt der Betrachtung der Objekte aus zahlreichen Blickwinkeln, um durch all ihre flüchtigen Manifestationen hindurch zu ihrer Essenz vorzudringen. Die bloße Tatsache, dass intentionale Objekte eine Essenz haben, sollte uns davor bewahren, in Husserl einen kompromisslosen Idealisten zu sehen, da ›Essenz‹ normalerweise ein realistischer Terminus ist, mit dem wir die inhärenten Merkmale einer Substanz verbinden, die unabhängig von jeglichem Zugriff auf sie existiert. Es ist undenkbar, dass Fichte oder Hegel mit ihren Studenten minutiöse Beschreibungen eines bestimmten festen Objekts angefertigt hätten, da in ihrer Denktradition Objekte keine eigene persistente Essenz haben. ›Essenz‹ ist für Hegel in der höheren Einheit des Begriffs aufgehoben, und Hegelianer tendieren sogar dazu, späteren kontinentalen Denkern ihre Fixierung auf Essenzen vorzuwerfen. Dagegen mag Husserl zwar die Welt einklammern, um sich auf ein immanentes Bewusstseinsfeld zu konzentrieren, doch bringt das Ego diesen immanenten Bereich niemals vollständig unter Kontrolle. Katzen und Laternenpfosten widersetzen sich einer ersten Annäherung und erfordern geduldige Arbeit, wenn man ihrer Essenz allmählich näher kommen will. Während für Heidegger die dunklen Schemen unterhalb der Wahrnehmungsschwelle liegen, lassen Husserls Mysterien das Wahrnehmungsfeld selbst zu einem Rätsel werden. Doch gestehen beide Denker zu, dass alle Dinge im Kern ein Geheimnis bergen, und genau das unterscheidet sie von den Idealisten. Trotz ihrer bedauerlichen Fokussierung auf die menschliche Realität sind Husserl und Heidegger objektorientierte Philosophen.

In gewissem Sinne ist Husserls ausgewiesener Rivale der Psychologismus, für den logische Gesetze nur psychologische Gültigkeit haben. Husserl attackiert diese Position in seinem umfangreichen Vorwort zu den *Logischen Untersuchungen* und kommt dabei zu dem Schluss, dass die Logik wegen ihrer idealen Gültigkeit innerhalb des phänomenalen Bereichs objektiv ist. Ein ebenso wichtiger Rivale ist jedoch der Britische Empirismus. Der zweite Band der *Logischen Untersuchungen* kritisiert ausführlich die Positionen Lockes, Berkeleys und Humes. Bei allen Unterschieden zwischen diesen drei klassischen Figuren steht außer Frage, dass sie als Verbündete im Kampf gegen intentionale Objekte aufgefasst werden können. Was für Empiristen an erster Stelle steht, sind isolierte *Qualitäten*, die gelegentlich ›Sinneseindrücke‹ genannt werden. Dagegen setzt die Tradition der Phänomenologie nicht bei den Qualitäten an, sondern bei phänomenalen *Objekten*. Während Objekte für die britische Schule ein Bündel von Sinneseindrücken sind, das aus der Gewohnheit entsteht, verschiedene Qualitäten miteinander zu verbinden (Hume), oder das in der Vorstellung gründet, dass den wahrgenommenen Qualitäten verborgene Kräfte unterliegen (Locke), bestehen Phänomenologen wie Husserl oder Merleau-Ponty darauf, bei der totalen Gestalt vor jeder Reduktion auf diskrete Töne und farbliche Nuancen anzusetzen. Für die Phänomenologie gehen die zufallende Tür und der schwarze Füller ihren Qualitäten voraus, und diese bekommen einen Sinn nur durch eine gewisse Unterwerfung unter jene Objekte. Darin besteht die Großartigkeit der Phänomenologie, die empirischer als die Empiristen ist. Erfahrung handelt nicht von ›erfahrenen Inhalten‹, sondern von Objekten; isolierte Qualitäten finden sich nicht in der Welt, die wir erfahren, sondern nur in den Annalen des Empirismus.

Im fünften Band der *Logischen Untersuchungen* übernimmt Husserls eigener Lehrer Brentano die Rolle des Rivalen, ob man dies nun für gerechtfertigt hält oder nicht. Wenn Brentano behauptete, dass alle mentalen Akte in einer Art von Präsentation gründen, modifizierte Husserl diese Aussage etwas und entgegnete, dass alle mentalen Akte *objekt-gebende* sind. Der Unterschied ist ein subtiler, aber folgenreicher. Eine Präsentation scheint all ihre Inhalte auf dasselbe Fundament zu stellen. Einen Globus oder einen Turm zu repräsentieren heißt, eine bestimmte Konfiguration von Farben, Texturen, Schattierungen und physikalischen Koordinaten zu beobachten. Wenn wir Erfahrung jedoch als objekt-gebend statt als präsentational auffassen, verlagern wir unseren Fokus auf den essentiellen Kern der Wahrnehmung und entledigen uns durch eidetische Variation der Farbschicht und des Glanzes seiner äußeren Hülle. Und hier stoßen wir auf den entscheidenden Unterschied zwischen Husserls intentionalen Objekten und den realen Objekten realistischer Philosophen. Reale Objekte, die im eingeklammerten Denken Husserls keine Rolle spielen, existieren unabhängig von ihren Relationen zu etwas anderem; keine Realität wäre jemals unabhängig, wenn sie durch Bestrebungen, sie wahrzunehmen oder zu beeinflussen, hervorgebracht werden würde. In diesem Sinne scheint es offenkundig, dass reale Objekte sich teilweise jeder Wahrnehmung, Beschreibung, Kenntnisnahme oder Katalogisierung ihrer Eigenschaften entziehen müssen. Eine Substanz ist schlichtweg, was sie ist, und sie übersteigt die endlose Aufzählung der Qualitäten, die ihr zugeschrieben werden können. Merkwürdigerweise gilt dies jedoch nicht für Husserls intentionale Objekte, bei denen ein umgekehrtes Verhältnis vorliegt. Ohne ein Argument auszuführen, das ich an anderer Stelle entwickelt habe[48]: Während reale Objekte uns durch ihren

---

[48] Siehe »On Vicarious Causation«, in: *Collapse*, Nr. 2 (2007), S.187-

endlosen Entzug zu verspotten scheinen, sind intentionale Objekte immer schon präsent. Ein realer Baum wäre tiefer als alles, was über ihn gesagt oder gewusst werden kann, aber der Baum einer intentionalen Erfahrung ist von Beginn an vollständig präsent – er ist immer ein genuines Element der Erfahrung, das meine Entscheidungen und Stimmungen beeinflusst. Wenn der reale Baum niemals präsent genug ist, so ist der intentionale Baum immer *übermäßig* präsent, seine Essenz umhüllt von rauschenden peripheren Details, die die eidetische Variation aussondern muss. Das reale Objekt ›Feuer‹ ist in der Lage, andere Objekte zu verbrühen, zu verbrennen, zu kochen, zu schmelzen und aufzubrechen, während das intentionale Objekt ›Feuer‹ eine völlig andere Funktion hat: Es vereint lediglich eine wechselnde Anzahl von Profilen und Oberflächen, deren jeweiliges Aufflackern niemals seine ideale Einheit beeinflusst. Reale Objekte verbergen sich; intentionale Objekte sind lediglich von einem unterwürfigen Gefolge von Qualitäten umgeben, das die Sicht auf sie verdeckt wie Make-Up und Schmuck.

Die Seltsamkeit Husserls

Der merkwürdigste Mangel der Bücher, die Husserl zu Lebzeiten veröffentlicht hat, besteht in einer auffällig geringen Anzahl konkreter Beschreibungen. Was auch immer er im Seminarraum getan haben mag, man durchforstet seine zentralen Werke vergeblich nach mehr als einer Handvoll konkreter Beispiele. Husserl scheint sich in seinen veröffentlichten Hauptwerken mit zögerlichen Manifesten für die Phänomenologie zufrieden gegeben zu haben; es lag an Merleau-Ponty und Lingis, den stilistisch begabteren Erben Husserls, die Methode zu erproben. Man denke zum Beispiel an ein massives Artefakt – sagen wir,

---

221; und *Guerilla Metaphysics. Phenomenology and the Carpentry of Things*, Chicago 2005.

einen Hotelkomplex wie das *Nile Hilton* in meiner Wahlheimat Ägypten. Der Phänomenologe könnte es wie folgt sehen: Das Hotel ist kein beliebiges Konglomerat, das sich aus Farbflecken und Geräuschen zusammensetzt. Was wir zuerst antreffen, ist das Hotel als Ganzes, seine sichtbaren Profile, die alle der totalen Realität des Objekts die Treue halten. Beobachter mögen über die genauen Grenzen der Anlage streiten, darüber, wo sein Stil anfängt und aufhört zu herrschen, aber alle werden darin übereinstimmen, dass das Hotel im Bewusstsein als Einheit präsent ist. Die verschiedenen Türen, Pflanzen, Tore, Fenster und Wachen sind deutlich von einer Art Hotel-Sein durchtränkt, insofern uns alles völlig anders vorkommen würde, wenn es woanders, von dieser Zone entfernt angetroffen werden würde. Wir umkreisen nun das Hotel und lassen seine verschiedenen Zugangswege auf uns wirken: die große Eingangshalle an der Vorderseite, den schmutzigen, doppelt bewachten Hintereingang, die glamourösen Terrassen, die man aus der Entfernung im Süden sieht, und die unfreundliche, fensterlose Fassade, die nach Norden zeigt. Wir erkunden das Innere, passieren den Gastronomiebereich, Reiseagenturen, den Fitnessraum und die Dachterrasse, bis wir schließlich wahllos an Türen klopfen und bitten, einzelne Räume inspizieren zu dürfen. Niemals während dieser Bewegungen sehen wir das Hilton als Ganzes, und doch verlieren wir niemals unser Gefühl für den allgemeinen *Stil*, dem die individuellen Szenen angehören. Es ist unbedeutend, dass Motten und Käfer darin nicht ebenfalls ein ›Hotel‹ sehen würden, da wir uns hier nicht mit der objektiven Realität befassen, sondern nur mit unserer menschlichen *Intention* auf das Hotel als ein vereinheitlichtes Ganzes. Gewöhnlich machen wir keinen Unterschied zwischen einem intentionalen Objekt und den oberflächlichen Merkmalen, durch die es sich ankündigt. Auch wenn wir immer nur eine Seite des Hotels sehen, scheinen die Präsenz des Hotels und seine Oberfläche gleichzeitig zu existieren und nahtlos miteinander verbunden zu sein.

Doch dieses enge Band zwischen Objekt und Qualität ist eine Illusion, was sowohl Husserl als auch Lovecraft bewusst ist. Beginnen wir mit einer lovecraftschen Version des Hotels. Dies erfordert, seinen literarischen Stil zu imitieren – eine Methode der ehrfürchtigen Parodie, die es verdienen würde, eine feste Größe in der Philosophie zu werden. Die folgenden Absätze könnten aus einer ungeschriebenen Erzählung Lovecrafts stammen, dem »Zwischenfall im *Nile Hilton*«:

Obwohl es offenbar neueren Datums ist, wurde das Nile Hilton um merkwürdige, fensterlose Korridore herum konstruiert, die Überbleibsel einer verstörenden antiken Epoche zu sein scheinen. Seine Zugehörigkeit zur Hilton-Kette, die Reisenden aus dem Okzident ein beruhigendes Gefühl vermitteln soll, verschleiert absonderliche Verwaltungspraktiken und groteske Rechtsgebräuche lokalen Ursprungs, und verdeckt so eine ominöse Vergangenheit, die vor langer Zeit aus den Broschüren verbannt worden ist. Die Portiers sind müde und mürrisch auf eine Weise, die alles andere als typisch für Ägypten ist, während ihr Teint eine Beigabe aztekischen und polynesischen Blutes erahnen lässt, die mit der offiziellen Geschichte der Stadt nicht in Einklang steht.

Vom flüchtigen Betrachter unbemerkt, verkörpert das Gebäude einen subtilen und dennoch monströsen Verstoß gegen grundlegende architektonische Prinzipien. Zwar scheinen sich die Außenmauern in festen rechten Winkeln zu treffen, doch weicht die Schattierung des Betons von den üblichen Farbwerten in einer Weise ab, die Brüchigkeit oder Überlastung nahelegt. Die dunkel gähnenden Luftschächte sind für ein Bauwerk, das vor so kurzer Zeit errichtet wurde, ungewöhnlich und scheinen eher in eine Zeit zu passen, als Schwindsucht und Lepra verbreitet waren. Aus unbekannten Gründen scheinen etliche Feuerleitern unterhalb der Erdoberfläche zu enden. Und auch wenn die rückwärtige Fassade keine eindeutigen strukturellen Mängel aufweist, vermittelt sie den Eindruck, als stünde ihr Einsturz unmittelbar bevor; weniger aufgrund visueller Anzeichen als wegen gewisser sonderbarer Geräusche und Gerüche, die

die Hotelleitung anzuerkennen sich weigert. Hier vermischt sich ein schwaches, aber unablässiges Pochen oder Schaben mit einem Geruch, der das Aroma von Sandelholz mit dem von Rinderkadavern verbindet. Auf gelegentliche Beschwerden reagiert der Concierge, indem er mit großer Geste Inspekteure aussendet; doch etwas an dem *Rhythmus* seiner Reaktion erweckt merkwürdigerweise den Eindruck einer Finte.

Vermutlich hat Merleau-Ponty nie Lovecraft gelesen. Das ist bedauerlich, da ihre Beschreibungsmethoden viel gemeinsam haben. Obwohl wir einem Ding gewöhnlich in zahlreichen Kostümierungen begegnen, dringen wir unmerklich und direkt durch diese Hüllen hindurch zu dem Ding als Ganzem, das ihnen seinen Geist zu verleihen scheint. Bei Lovecraft wird die Relation zwischen einem Ding und seiner Oberfläche jedoch von Unregelmäßigkeiten unterbrochen, die sich unserem unmittelbaren Verständnis entziehen, als ob das Objekt an einer merkwürdigen neurophysiologischen Krankheit leiden würde. Im wahren Leben befindet sich ein ägyptischer Wachmann üblicherweise in einer heiteren, unbeschwerten Verfassung und verfügt über die typische Physiognomie der südlichen Bevölkerung von Assuan und Luxor. Wenn man ihn stattdessen als ›müde und mürrisch‹ beschreibt, an ihm die biologischen Merkmale ferner oder ausgestorbener Völker bemerken will und sich noch dazu über diese Abweichungen verblüfft zeigt, lässt dies die gewöhnliche unmittelbare Verbindung zwischen dem Wachmann und seinen Qualitäten zusammenbrechen. Ein Riss zwischen dem Objekt und seinen Eigenschaften tut sich auf. Obwohl ›ägyptischer Wachmann‹ ein legitimes Element unserer Erfahrung bleibt, ist er nun ein bedrohlicher Kern, der seine äußeren Merkmale wie gespenstische Marionetten zu kontrollieren scheint, statt mit ihnen unmittelbar verbunden zu sein. Merleau-Ponty würde zustimmen, dass die Haltbarkeit des Betons irgendwie an dessen Farbe ablesbar ist, auch wenn der totale emotionale und sinnliche Effekt einer Mauer normalerweise simultan und einheitlich auftritt. Wenn man aber die Vermutung äußert, dass etwas an der Farbe einer Mauer nicht den Erwartungen entspricht, und dass dies auf einen bevorstehenden physikalischen Zusammenbruch hindeutet, so löst man das gewohnte Band zwischen dem Phänomen und den äußeren Formen, durch die es sich ankündigt. Die Sprache verfügt immerhin über die Möglichkeit, auf eine Tiefe anzuspielen, auf reale Dinge, die außerhalb jeglichen Zugriffs auf sie liegen. Überraschenderweise ist dies nicht die Methode Lovecrafts, dessen materialistischer Ansatz eine Philosophie bedingt, die in der Oberfläche wurzelt, eine Philosophie allerdings, die die Relation zwischen Objekten und deren Äußerem problematisch werden lässt. Seine Monster sind keine tiefgründigen Wesen, und letztlich treten sie in seinen Geschichten nur auf, um die Annahmen menschlicher Beobachter zu entkräften. Es sind Erzählungen denkbar, die schildern, wie sich die »Großen Alten« Äonen vor der Entstehung der Menschheit im Weltraum bekriegen. Solche Geschichten würden eher phantastisch als schauderhaft anmuten, da wir das allmähliche Bewusstsein hoffnungsloser menschlicher Unterlegenheit vermissen würden, das dem Cthulhu-Mythos seinen Schrecken verleiht. Ein humanoider Drache mit einem Tintenfisch als Kopf ist an sich alles andere als furchterregend; jeder Teenager könnte ein solches Ding zeichnen, ohne irgendjemanden in Schrecken zu versetzen. Der Horror entsteht vielmehr aus der Kombination einer offenkundig unzulänglichen Beschreibung mit der Schilderung einer Welt, in der dieses Monster ein echter Akteur und nicht nur ein bloßes Bild ist. Die Beschreibung ist nur insofern schauderhaft, als sie jedes eindeutige Bild unterläuft: »Wenn ich sage, dass meine irgendwie überspannte Vorstellungskraft gleichzeitige Bilder eines Tintenfisches, eines Drachen und der Karikatur eines Menschen lieferte, werde ich, glaube ich, dem Geist der Sache entfernt gerecht. Ein fleischiger, mit Fangarmen versehener Kopf saß auf einem grotesken, schuppigen Körper mit rudimentären Schwingen; aber es war die Anlage des Ganzen, die es so fürchterlich erschreckend machte.«[49] Was auch immer die ›Anlage des Ganzen‹ sein mag, ›dem Geist der Sache‹ wird die Beschreibung nach Einschätzung des Erzählers allenfalls ›entfernt gerecht‹. Dies aber ist gerade das Prinzip phänomenologischer Beschreibung, deren eidetische Reduktionen die Essenz des Dings nie richtig zu fassen bekommen, und die sich von Lovecrafts Verfahren nur dadurch unterscheidet, dass sie das Thema existenzieller Gefahr gewöhnlich vermeidet. In beiden Fällen löst sich die bekannte Verbindung zwischen Objekten und deren Eigenschaften teilweise auf.

Bekanntlich teilen Lovecraft und Poe eine Vorliebe für unheimliche Stimmungen, doch ist bislang zu wenig über ihre stilistischen Ähnlichkeiten gesagt worden. In den Werken beider Autoren finden wir eine ebenso stockende wie bildhafte Ausdrucksweise, die nicht nur ihre Erzähler als empfindsame Ästheten ausweist, sondern auch die Relation zwischen Dingen und ihren Eigenschaften wirkungsvoll stört. In Poes Erzählung »Der Untergang des Hauses Usher« hat Roderick Usher in der Beschreibung des Erzählers »eine Nase von edelzartem jüdischen Schnitt, doch mit ungewöhnlich breiten Nüstern; ein schöngebildetes Kinn, dessen wenig kräftige Form einen Mangel an sittlicher Energie verriet«[50]. Die unverhohlene Behauptung, dass es eine typische jüdische Nase mit Löchern einer bestimmten Größe gebe, oder dass der Charakter einer Person von der Form seines Schädels abgelesen werden könne, würde den Sprecher lediglich zu einem Rassisten oder Phrenologen machen. Poes merkwürdiger Anspielung auf unerwartete Missverhältnisse zwischen Nüstern und Kinn gelingt es jedoch, das komplexe Amalgam aus Oberflächen und Inferenzen aufzulösen, das jedes neue Gesicht stillschweigend begleitet. Wenn man über Roderick sagen würde, dass er keine Geräusche

---

[49] H. P. Lovecraft, *Horror-Stories*, a.a.O., S. 17.

[50] Edgar Allan Poe, *Der Untergang des Hauses Usher und andere Erzählungen*, Frankfurt a. M. 2010, S. 12.

außer Gitarrenmusik ertrage, würde dies lediglich exzentrisch anmuten, aber nicht unheimlich. Der Schauder entsteht vielmehr durch Poes mäandernde Darstellung dieser Eigenheit: »es gab nur einige besondere Tonklänge – und diese nur von Saiteninstrumenten –, die ihn nicht mit Entsetzen erfüllten.«[51] Rodericks panpsychische Theorie über das Wahrnehmungsvermögen unbelebter Dinge wäre nur eine vitalistische Plattitüde, wenn sie in einer Fachzeitschrift erläutert werden würde. Poe versieht die Idee jedoch mit Qualifikationen, die ihr Leben verleihen: »Seine Anschauung bestand in der Hauptsache darin, daß er den Pflanzen ein Empfindungsvermögen, eine Beseeltheit zuschrieb. Doch hatte in seinem verwirrten Geist diese Vorstellung einen kühneren Charakter angenommen und setzte sich in gewissen Grenzen auch ins Reich des Anorganischen fort.«[52] Die blumige Ausdrucksweise sollte nicht als ein Relikt abgetan werden, das vom Sprachgebrauch einer längst vergangenen Ära zeugt; die Weitschweifigkeit beruht auf einer bewussten Entscheidung, und sie schafft zwischen dem Objekt und seinem Profil eine Kluft, die in der Alltagserfahrung verdeckt wird. Dasselbe gilt für die Art und Weise, wie der Erzähler Rodericks makabres Gemälde eines unterirdischen Tunnels beschreibt: »Durch gewisse feine Andeutungen in der Zeichnung des Ganzen wurde im Beschauer der Gedanke erweckt, daß dieser Schacht sehr, sehr tief unter der Erde lag.«[53] Und schließlich sind Poes Beschreibungen von Musik so unendlich vage wie Lovecrafts bruchstückhafte Reisetagebücher über Polarexpeditionen. Von allen improvisierten Gitarrenstücken Rodericks hat der Erzähler »in schmerzlichster, quälendster Erinnerung eine seltsame Variation – eine Paraphrase über ›Carl Maria von Webers letzte Gedanken‹.«[54] Wenn ein Musiko-

---

[51] Ebd., S. 13.
[52] Ebd., S. 19.
[53] Ebd., S. 17.
[54] Ebd., S. 16.

loge beauftragt werden würde, für eine psychiatrische Kommission Rodericks verzerrte Melodien präzise zu bestimmen, oder wenn wir eine Aufnahme der Musik hören würden, wäre der Effekt dahin. Es geht nicht darum, Rodericks Verstöße gegen herkömmliche Spielweisen in der Musik exakt festzuhalten, sondern um die Andeutung, dass zwischen der Musik und deren Partitur ein grauenerregendes Missverhältnis besteht.

Bei Lovecraft wie bei Poe geht der Horror der Dinge nicht von einer transzendenten Kraft aus, die außerhalb der Grenzen menschlicher Endlichkeit liegt, sondern von einer Verdrehung oder Torsion jener Endlichkeit selbst. Die unmittelbare Fusion zwischen einem Ding und seinen fassbaren Signalen weicht einer Entzweiung, die eine unterdrückte, zugrunde liegende Einheit von ihren äußeren Qualitäten trennt. Auf ähnliche Weise gelingt einem kubistischen Gemälde das Paradox, seine Figuren von der Anhäufung von Ebenen und Winkeln abzugrenzen, durch die sie dargestellt werden. Es ist kein Zufall, dass wir nur anhand bestimmter Gemälde von Georges Braque eine ungefähre Vorstellung davon bekommen, wie die Architektur in Lovecrafts Romanwelten aussehen könnte[55], und mit Sicherheit ist es ebenso wenig Zufall, dass Ortega y Gasset Husserl mit Picasso in Verbindung gebracht hat.[56] Daher sollten wir uns nun von Lovecraft und Poe abwenden und kurz auf die Husserl'sche Version des Kubismus eingehen.

Das Verstörendste an intentionalen Objekten ist, dass sie zugleich *immer* und *niemals* präsent sind. Husserl stellte fest, dass das Wahrnehmungsfeld aus Objekten statt Sinnesdaten besteht. Doch erfordern Hotels, Museen und Bäume größte Anstrengungen, um sie durch eidetische Variation von allem Rau-

---

[55] Siehe unter anderem Bracques *Häuser in L'Etaque* (1908), die einen Vergleich mit Lovecrafts Beschreibung einer antarktischen Stadt (in den »Bergen des Wahnsinns« [A. d. Ü.]) nahelegen.

[56] José Ortega y Gasset, »Über den Blickpunkt in der Kunst« in: Ders, *Gesammelte Werke*, Bd. 3, Stuttgart 1978.

schen zu befreien, und selbst diese Methode ist letztlich niemals von Erfolg gekrönt. Das Hotel ist von Beginn an präsent, doch erreichen unsere Anschauungen niemals den Status einer exemplarischen Vorstellung, die frei von äußeren Akzidenzien wäre. Ebenso wenig sind diese Akzidenzien jemals unmittelbar präsent. Sobald wir den Fokus vom Hotel als Ganzem auf das periphere Spiel des Lichts an seiner Fassade verlagern, haben wir Sonnenstrahlen oder den Mondschein in unser neues intentionales Objekt verwandelt, und die eidetische Reduktion wird nun von weiteren schillernden Variationen blockiert, die die Strahlen oder den Schein als Ganzes nicht betreffen. Intentionale Objekte sind überall und nirgends; sie ›schäumen und lästern im Stumpfsinn‹ an jedem Punkt im Kosmos. Obwohl sie eine lebhafte Präsenz haben, sobald wir sie anerkennen, drücken intentionale Objekte ihre Realität nur dadurch aus, dass sie benachbarte Objekte in ihren Bann ziehen, und diese Dinge sind wiederum nur präsent, indem sie sich andere unterwerfen. Die Struktur der Wahrnehmung ist, wie Merleau-Ponty zuerst bemerkt hat, alles andere als offensichtlich. So etwas wie eine unmittelbar gegebene Erfahrung gibt es nicht. Dies gilt umso mehr für reale Objekte, die außerhalb jeglicher intentionaler Erfahrung liegen, deshalb von Husserl eingeklammert und mithin in diesem Aufsatz nicht berücksichtigt werden. Genauso, wie Lovecrafts Horror nichts mit den transzendenten Dingen an sich zu tun hat, lässt uns die Phänomenologie erschaudern, obwohl sie jegliche transzendente Realität suspendiert. Lovecrafts Helden sind unfähig, ihren Glauben an das übliche Bündnis zwischen Dingen und ihren Eigenschaften aufrecht zu erhalten, da sie Kreaturen begegnen, die letztlich alle systematischen Beschreibungen von schleimigen Tentakeln, merkwürdigen Timbres und sonstigen Attributen übersteigen. Eine seltsame Lesart der Phänomenologie (die einzige mögliche Lesart) zweifelt nicht nur an den gegebenen Sinnesdaten der Empiristen, sondern glaubt nicht einmal daran, dass sich Objekte und Qualitäten sauber trennen lassen. Was präsent ist, ist niemals ein Objekt oder eine Qualität, sondern nur ein Spalt zwischen einem Objekt und den Satelliten-Objekten, die sich in seinem Gravitationsfeld bewegen, auch wenn uns unsere Alltagswahrnehmung über diese Tatsache hinwegtäuscht.

Ohne dass wir den Status *realer* Objekte auch nur ansatzweise berücksichtigt hätten, sind wir zu der Einsicht gelangt, dass schon intentionale Objekte eine Seltsamkeit besitzen, die sich einer Definition entzieht. Es wird oft fälschlicherweise angenommen, dass Phänomene eindeutige, bestimmbare Qualitäten hätten, was die Position des Empirismus ist, nicht aber diejenige Husserls. Sogar noch weiter verbreitet und ebenso falsch ist die Annahme, dass reale Objekte bestimmte materielle Merkmale und exakte Positionen in Raum und Zeit aufweisen müssten. Diese Ansichten bilden offenbar das Motiv für neuere Philosophien des ›Virtuellen‹. Wenn sowohl reale als auch intentionale Objekte irgendwie wirklich sind und sie beide auf eine Weise in die Welt eingebettet sind, die prinzipiell beschrieben werden kann, dann erscheinen beide restlos in einen Kontext oder ein Netz von Wechselwirkungen eingeschrieben. Und da wahrer Realismus erfordert, dass die Dinge unabhängig von ihren Relationen gedacht werden, würde die einzige Lösung darin bestehen, den Schauplatz des Realismus zu verlagern, weg von konkreten Objekten und Phänomenen zu körperlosen Attraktoren, topologischen Invarianten oder anderen virtuellen Entitäten, die jede mögliche Verkörperung durch bestimmte Entitäten gleichermaßen übersteigen.[57]

Dieser Schritt übersieht, dass schon konkrete Objekte erschreckend seltsam sind, ob sie nun real oder phänomenal sind. Aber Lovecraft und Husserl übersehen diesen Punkt nicht. Auch wenn Lovecrafts Materialismus und Husserls Idealismus unvereinbar scheinen, gehen ihre Konzeptionen tatsächlich Hand in Hand. Denn wir können uns niemals wirklich sicher sein, was ein Objekt eigentlich ist. Unabhängig davon, ob wir es

---

[57] Siehe insbesondere Manuel DeLandas bemerkenswerte Monographie *Intensive Science and Virtual Philosophy*, London 2002.

bloß als eine Anzahl von Elektronen oder eine dem Bewusstsein präsente Form definieren, ersetzen wir die unergründliche Realität der Dinge mit einem intellektuellen Modell, das der ihnen zugrunde liegenden Realität gerecht werden soll. Auf der einen Seite liegt es nahe, den Realismus und die Ansichten Lovecrafts und Husserls als Gegensätze aufzufassen. Auf der anderen Seite gehen die beiden jedoch nicht so nachlässig mit der Seltsamkeit von Objekten um wie die Philosophien des Virtuellen. Solche Philosophien mögen dafür Anerkennung verdienen, dass sie gegen jeglichen Idealismus oder engstirnigen physikalischen Materialismus auf einem Realismus beharren, doch behaupten sie fälschlicherweise, dass Objekte immer absolut bestimmt sind. Lovecraft (überraschenderweise) und Husserl (erwartungsgemäß) bleiben fixiert auf eine materielle/phänomenale Ebene, die sie davor zurückhält, echte metaphysische Realisten zu werden. Doch erfassen sie wenigstens die seltsame Spannung in den Phänomenen selbst, die immer zu einer Ablösung von ihren Qualitäten tendieren. Es ist ein einseitiger Realismus, der die tatsächliche Verborgenheit der Dinge verfehlt, aber es ist trotz allem ein seltsamer Realismus.

UNSPRACHE
(EIN FRAGMENT)

Michael Cisco

Aus dem Englischen
von
Ulrike Stamm

Weiße Lücken Schwarze Buchstaben

Dieser Abschnitt meines Wegs ist weder romantisch noch unromantisch. Plötzlich vom Schatten verschlungen. Er ist dicht bevölkert von schwarzen Figuren, die meinen Weg wechselweise kreuzen, die sich abheben vom weißen Licht an der weit entfernten Grenze des Schattens über mir, und als ich hinausgehe, finde ich ein Buch in meine Hand gepresst – dieses Buch. Ja, mit diesen Wörtern, keines fehlt und keines wurde hinzugefügt. Guck mal, es ist leicht, das zu überprüfen, denn dies hier sind die ersten Worte.

Auf der Innenseite des vorderen Buchdeckels

Auf der Innenseite des vorderen Buchdeckels gibt es eine Tabelle, die die unleserlichen Namen jener Studenten verzeichnet, die dieses Arbeitsbuch vor mir benutzt haben. Eine Spalte daneben gibt die Daten des Besitzes in Folge an, genauer gesagt die Ausleihdaten. Es gibt keine Rückgabedaten.

Einleitung

Die Sprache, die das Thema dieses Buches ist, wurde mit einer Reihe von zutreffenden Namen bezeichnet. In diesem Arbeitsbuch werden wir unser Thema normalerweise als *Unsprache des Unwissens* bezeichnen. Es wird jedoch Ausnahmen von dieser Regel geben, denn der Schüler darf sich nicht zu sehr an einen Begriff binden; es liegt auch kein Vorteil darin, den Schüler im Unklaren über jene anderen Begriffe zu lassen, wie: *lingua obscura, enigmatica, oraculo, youming yuyan* (Sprache der stillen Tiefen), *lugha al lughz* (Sprache der Rätsel), *bhasa sammudha* (verwirrende Sprache), Verwirrung, Phantasmagorie, *parabolica, eavesdropia*. Die Sprache, die stirbt, ewig am Abschiednehmen. Sprache, die dem am nächsten ist, was sich außerhalb ihrer befindet. Du wirst diese Nichtsprache lernen. Wie es jeder tut, früher oder später.

Der lange dicke Streifen einer Flüssigkeit, die einige Zoll an meinem Bein heruntergeflossen und dann geronnen ist. Das untere Ende des Schorfs, der die Hälfte meines Knies bedeckte, musste sich gelöst haben, irgendwann zu Anfang, als ich da draußen herumlief, wegen all der Beugungen und Streckungen der Gelenke. Und dieses Zeug suppte heraus. Suppte heraus und wurde hart.

Ich knie auf einem Stück Gras, ziehe mein Hosenbein hoch und untersuche die Stelle. Ein heißer Stalagmit oder -tit, ich kann das nie unterscheiden, jedenfalls die Art, die herunterhängt. Ich berühre den Schorf. Er ist trocken und darunter heiß. Ich berühre leicht die Oberfläche; drücke und rolle ihn unter meinem Finger hin und her. Braun-orange und vanillegrau. Etwas Haar ist auch mit eingetrocknet. Ich könnte es abreißen, aber es ist das einzige, was den Spalt im Schorf verschließt. Mein Körper hat dieses namenlose Ding hervorgebracht. Hat es gemacht, ohne dass ich irgendetwas davon gemerkt hätte.

Um den Schorf herum gibt es gestaffelte Konturen von aufgerauter weißer Haut, wie die Brandung um eine Insel, von oben gesehen. Diese weißen Umrisse markieren die Kontraktion der Wunde, während die Haut sich selbst heilt. Wenn ich meinen Schorf abreißen würde, würde mein Körper einen neuen produzieren. Er muss. Die Tat ist blind.

Diese spezielle Sprache gleitet über alles hinweg und ergreift nichts, nicht einmal so wie Wasser, nicht einmal so wie Zeit oder Luft. Sie ist eine Dimension. Sie schläft. Gott benutzt sie nicht und auch die Menschheit nicht. Anders als andere Sprachen scheint diese keine Sprecher zu brauchen; die Unsprache spricht sich selbst. Man lernt diese divinatorische Sprache, um zu hören, was sie sagt, und nicht dafür, dass man sie nutzen kann. Man widmet sich dem Studium dieser Sprache nicht, um sich nach der Lage der Toiletten oder der Bahnhöfe zu erkundigen, um Geschäfte durchzuführen oder um alte Inschriften zu entziffern. Diese Unsprache ist weder tot, denn es gibt sie weiterhin, noch lebend, denn sie wird niemals benutzt. Es ist daher eine untote Sprache. Sie kam unbemerkt und ungetauft in die Welt. Sie kann nicht sterben und es gibt kein Leben für sie.

Die Unsprache ähnelt nur oberflächlich betrachtet einem okkulten Jargon. Der Okkultismus vermittelt niemals etwas Neues.

Es ist Sonnenuntergang – ein Felsvorsprung über dem Ozean. Der Himmel übersät mit dunkelorangenen, braunen, lebhaft gelben Streifen – die Zweite Person nur eine Silhouette, ganz nah, mit vom Wind zerzausten Haar und einem offenen Kragen. Sie kommt auf mich zu. Der Wind braust in meinen Ohren, die Brandung wogt eintönig heran, für einen Moment ist alles zu klar, das Gegenteil dieser von innen nach außen gekehrten Dunkelheit, zu einer vernichtenden Klarheit geworden, die ich kaum in der Lage bin wahrzunehmen. Die Zweite Person sieht sich um; plötzlich scheint alles zur Normalität zurückzukehren.

Das ist eine Erinnerung. Ich bin hier, in der Gegenwart, und erinnere das, was in der Vergangenheit geschehen ist, aber ich benutze immer noch die Gegenwart, wenn ich es beschreibe, weil ich wünschte, ich könnte zu diesem Moment zurückkehren, bevor ich dieses Arbeitsbuch gefunden und mich selbst verdammt habe, indem ich es las. Meine Erfahrung des Erinnerns und deine lebhafte Imagination dieser Szene sind nicht so leicht voneinander zu unterscheiden.

Denke daran, dies ist deine Geschichte, oder sie wird es sein. Diese Worte haben hier auf dich gewartet und du hast sie gerade erst eingeholt. Dies ist eine Warnung. Wenn du weiterliest, dann tust du das entgegen dieser Warnung.

»Genießt du deinen Spaziergang?« fragt er.

»Ja«, sage ich, während ich mich aufrichte und meinen Hosenaufschlag herunterfallen lasse.

»Ist dein Bein in Ordnung?«

»Ja, klar.«

Er wartet. Ich merke, dass er die Daumen der linken Hand gedrückt hält.

»Als ich gestartet bin, fühlte ich mich großartig. Ich ging sofort auf NM und dann wurde ich leicht.«

NM steht für Negative Maschine, einen geistigen Zustand von rücksichtslosem Voranschreiten, ohne weitere Absicht, ohne alles weitere. Du brichst durch jedes Hindernis hindurch, wie ein Güterzug. Das kannst du natürlich nicht, aber diese Idee fasst deine ganze garstige Beharrlichkeit zusammen. Mit »leicht werden« meine ich, dass der Wind, die Anstrengung, der Glanz des vergangenen Tages alles aus meinem Kopf heraustrieben, so dass dieser wie ein leeres Weinglas tönte, dass sie sogar die Stunden aus dem Tag heraustrieben.

»Es war mir, als hörte ich, wie die Wölfe mich im Sprechchor riefen.«

Die Wölfe waren eine Gruppe von todgeweihten Asketen; die Zweite Person hatte einmal zu ihnen gehört. Sie lebten in einer Blockhütte in den Wäldern, Mumien starrten müde von den Dachsparren herunter, und unterirdisch waren Erdhöhlen angelegt, und sie rannten jeden Tag viele Meilen. Meilen über Meilen. Jeden Tag. Meilen über Meilen. Sangen bis zur Morgen- und zur Abenddämmerung. Es machte sie hart wie Eis. Männer und Frauen, gemischt. Wenn irgendjemand von ihnen ficken *wollte, dann mussten sie es vor der Gruppe machen und sie mussten es in der Negativen Maschine tun.*

Der Wind schlägt den Himmel in ein Chaos weißer Fetzen, als ob er daraus hervorgeht, oder bin das ich?

»Es ist Zeit, dass du Unsprache lernst«, sagte die Silhouette und gab mir dieses Buch.

Er hat es von seinem Lehrer gelernt, einer düsteren Figur, die jede unserer Begegnungen überschattete wie eine unheimliche Insel am Horizont. Ich weiß nicht, was in seinem Arbeitsbuch stand. Immer dort am Horizont sein Lehrer, wie die lebende Inkarnation einer Insel voller Monster.

Die normale Grammatik und Rhetorik behaupten, dass es eine Ebene von minimaler Signifikanz gibt, jenseits derer man nichts mehr gewinnt, wenn man Töne oder Zeichen weiter aufspaltet. Die rhetorisch-atomare Ebene wird nicht nur durch Subtraktion erreicht, sondern auch durch Addition des logischen Symbols »atomar«, was augenscheinlich ein Problem darstellt. Ein Zeichen oder ein Ton alleine können atomar sein, aber mit der Hinzufügung des logischen Symbols »atomar« wird dieses Zeichen oder dieser Ton zu zweien, damit Gegenstand zumindest einer weiteren Aufspaltung, und ist damit nicht mehr atomar. Dieses Problem taucht nicht auf, wenn es um die periodischen Elemente der Materie geht, denn die Bezeichnung »atomar« gehört in den Bereich der Rhetorik, die sich von der periodischen Ordnung deutlich unterscheidet. Jedoch ist da, wo das bezeichnete Ding selbst rhetorisch ist, die Ordnung des logischen Symbols die gleiche, und es tritt ein Widerspruch auf, da zwei Elemente aus der gleichen Ordnung durch einen Prozess kombiniert werden, der sie eigentlich isolieren soll, was eindeutig zeigt, dass Dekomposition kein diskreter, sondern ein kontinuierlicher Prozess ist, und dass es sich bei ihr nicht um eine umgekehrte Komposition handelt, sondern um einen grundsätzlich anderen Modus der Komposition.

Die Phantasmagrammatik zersetzt die normale Grammatik und produziert Bedeutung im entfesselten Zustand und nicht im eingegrenzten und auf etwas ausgerichteten.

Die Wissenschaft, und eigentlich jede objektive Disziplin, will Eindeutigkeit, was bedeutet, dass sie eine mit maximaler Allgemeingültigkeit versehene Bedeutung hervorbringen will. Vieldeutigkeit ist eine Alternative zur Eindeutigkeit, aber nicht ihr Gegenteil. ›Undeutigkeit‹, die eine Äußerung von niemandem ist – von überhaupt keiner Person, die spricht – ist gleichermaßen das Gegenteil zu beidem. ›Undeutigkeit‹ ist unmöglich und ist der Modus jener unmöglichen Äußerungen, die in den Fugen eindeutiger oder vieldeutiger Äußerungen erscheinen wie Gespenster. Wer auch immer die ›Undeutigkeit‹ verwendet, äußert sich spekulativ, als ob er einen Gesichtspunkt einnähme, der von keinem wirklichen Sprecher eingenommen werden kann; die ›undeutige‹ Äußerung ist eine nicht verifizierbare Annäherung, die durch die Zersetzung oder Inversion der eindeutigen oder mehrdeutigen Äußerungen möglich wird. Eine eindeutige Aussage schließt sehr oft bestimmte Möglichkeiten aus; diese gelöschten Möglichkeiten können die Form einer antikohärenten, unausgesprochenen Alternative annehmen. Derjenige, der ›undeutig‹ spricht, bemüht sich darum, eine unmögliche Perspektive einzunehmen, in der Hoffnung, dass, wenn das Experiment durch pures Glück gelingt, die Person, der Körper oder die Seele des Sprechers in dieses unmögliche Leben übertragen wird und tatsächlich eine literale Transformation erreicht. Eine Veränderung in den eigenen lexikalischen Anteilen. Die Veränderung mag flüchtig sein, eine Sache von nur einem Moment, aber es gibt einige, die glauben, dass das, was man als Folge auch nur eines einzigen erfolgreichen Experiments dieser Art sieht und erinnert, die Chancen bei späteren Herausforderungen verbessert, und dass das, was nicht auf einen Schlag möglich ist, allmählich erreicht werden kann, indem Zuwächse akkumuliert werden. Diejenigen, die dieses Arbeitsbuch zusammengestellt haben, hoffen, dass es dem Schüler den Vorteil solcher Experimente verschaffen wird.

Anders gesagt, der Schüler, der die Unsprache lernt, wird wissen, wie er die Stimme oder die Stimmen hören und nutzen kann, von denen so viele Schriftsteller vor ihm behauptet haben, sie sprächen »durch den Sprecher hindurch«. Was von dieser Stimme oder diesen Stimmen gesagt wird, muss weitergegeben werden. Wie die Geschichte des *Ancient Mariner* zwingt sie den Empfänger, von ihr zu sprechen oder sie aufzuzeichnen, und so wird die Unsprache manchmal auch als »Zwangssprache« bezeichnet.

Die Unsprache ist in allen Sprachen präsent. Sie übersetzt das Englische ins Englische, das Spanische ins Spanische, das Griechische ins Griechische. Die Unsprache hat eine Genealogie und eine eigene Geschichte, ist als einzige verwandt mit jeder anderen Sprache. Nur in dieser Sprache – als der einzigen aller Sprachen – können Mysterien mitgeteilt werden, ohne dass sie dadurch aufhören, Mysterien zu sein. Die Unsprache nimmt, indem sie gibt, gibt, indem sie nimmt, und mithilfe dieses Kurses wirst du dich an ihre ruhelose und irreguläre Grammatik gewöhnen.

Dieser Kurs ist in Abschnitte unterteilt, von denen jeder einen Aspekt der Grammatik erklärt; jede Einheit beinhaltet einen Lektüreteil und es gibt genügend Platz für die Übungen und die Notizen der Schüler.

Notizen

Am Ende einer erbarmungslos langen Fahrt – fast am Ende der Strecke – das Gebäude, weitläufig und trist – schwache Lichter

in nur wenigen seiner vielen Fenster – die Stille der endlos sur-
renden Luftabzugsschächte – hohe, schmale weiße Korridore
von institutioneller Schlichtheit und Muffigkeit – die Farbe, die
von der Wand abblättert, rosa wird und sich entzündet – fahle
fluoreszierende Lichter auf Ablagekästen – der schwache,
säuerliche Geruch von sich zersetzendem Fleisch – eine
Metalltür wie der Rest, mit ihrer dicken Haut aus blauer Farbe
und einer Öffnung, die einer Schießscharte ähnelt. Die Schule
ist nicht elegant; sie ähnelt einer Tankstelle.

Das Klassenzimmer. Alle anderen tragen das Buch ebenfalls
aus dem Schatten. Nur die Hälfte der Lichter funktioniert, alle im
hinteren Teil des Raums. Das Licht scheint über uns hinweg,
und ich blicke in meinen eigenen Schatten, der vordere Teil des
Klassenzimmers ist eine schwarze Wolke. Ein Fleck von Weiß,
der dünn leuchtet in dem dicken Nebel vor mir. Es ist so, als
würde man in das Meer hinunterstarren, oder von einer hohen
Klippe in die Nacht.

Von irgendwo innerhalb dieser Wolke erscheint von Zeit zu Zeit
eine Lampe und ihr Leuchten gleitet über ein Wort, das in
wackeligen Buchstaben an der Tafel steht. Die Hand, die die
Lampe hält, ist fast verborgen im Schatten einer Abdeckung.
Die Wolke besteht aus Weihrauch. Die Schwaden des Weih-
rauchs falten sich zusammen, breiten sich aus, drehen sich und
verschwinden mit einer mechanisch gleichmäßigen Bewegung
langsam aus dem Blickfeld. Der Zeigefinger ist ausgestreckt.

Die Stimme – der Lehrer steht am Kopfende der Klasse, etwas
weiter rechts, und zieht sich immer wieder in etwas zurück, was
ein Zelt zu sein scheint, oder eine Kabine aus Segeltuch. Wie
ein Isolationszelt. Er scheint den Raum niemals zu verlassen.
Vielleicht ist die Hand, die ich sehe, nicht seine eigene, sondern
die eines Helfers? Eine Iris, die sich an das Dämmerlicht
gewöhnt hat, wird ein Paar schwacher Lichter entdecken,
nebeneinander, mal nahe der Spitze des Zelts, mal hoch oben

an der Wand bei der Tafel, mal auf dem Boden neben dem Zelt. Sie verirren sich niemals weit vom Lehrer, und egal, wie aufmerksam man sie beobachtet, niemals sieht man, wie sie sich bewegen. Der Lehrer schaut nach vorne, wie wir alle, und seine Stimme ist nach vorn gerichtet in Wellen, die die Tafel zurückwirft, zurück über den Lehrer, zurück auf uns. Die anderen Schüler sind Schatten, so wie ich. Wir alle sind anonyme Silhouetten. Manche beugen sich über ihre Tische mit einem Geräusch frenetischen Kratzens, von dem ich hoffe, dass es nur das Geräusch ihrer Schreibfeder ist; andere sind so ruhig, dass sie Requisiten sein könnten.

Ich bin immer von der Idee verfolgt worden, dass die Sprache hinter dem Leben zurückbleibt und dass wir Gespenster lesen und schreiben. Ich frage mich selbst, was ich hier will. Aber dass ich etwas will und auch erwarte, es zu bekommen, danach muss ich nicht fragen.

Der Lehrer atmet rheumatisch ein, und aus seinen Lungen kommt das Geräusch des Windes, der durch die kahlen Äste undurchdringlicher Wälder pfeift. Er spricht, und auf dem Boden zu seinen Füßen ist das Geräusch von rieselndem Blut zu hören.

BOLUS BARATHRUMA
(HOMO SAPIENS SAPIENS†)

Reza Negarestani

Aus dem Englischen
von
Ulrike Stamm

In der Kosmologie der tadmurianischen Barbiere erscheint die Welt befreit von allen taxonomischen Ordnungen. Es existieren keine Kategorien, und nur einige wenige Fanatiker kennen hier den Aberglauben an die Existenz von Gattungen. Infolge dessen kennen die Tadmurianer keine Gattung außer einer einzigen verfluchten Bestie.

»Diese«, so wurde mir von den Barbieren gesagt, »entsteht immer dann, wenn die kopflose Natur nur ein wenig länger in sich hineinstarrt, als sie dies normalerweise tut, um sich selbst zu realisieren.« Sie sagen, die Natur sei ein schaler Abgrund, sie habe nichts anderes anzubieten als ihr eigenes einfallsloses Selbst, an dem wir alle teilhaben. »Die Natur«, so fügen sie hinzu, »hat manchmal die Angewohnheit, sich auf sich selbst zu fixieren, da es nichts sonst gibt, auf das sie schauen könnte.«

Wenn sich die Natur erst einmal derart unbeholfen der Introspektion hingibt, wird ihre umfassende Blindheit zu einer aufdringlichen Kurzsichtigkeit, ihre Tiefe verwandelt sich an dieser Stelle in eine Kluft, durch die sie sich selbst endlich von einem begrenzten Blickwinkel, einer bestimmten Perspektive aus wahrnehmen kann. Diese skurrile Angewohnheit wird zu einer unbändigen Obsession, sobald die Natur, indem sie lokalisierbare Klüfte aufreißt, den Raum mit multiplen Perspektiven übersät, von denen aus sie auf sich selbst starrt. Jeder dieser selbst zugefügten Schnitte ist eine Öffnung, die etwas – ein Subjekt, ein Ding – in eine Perspektive rückt und einen Gesichtspunkt hervorbringt. Aber die Barbiere warnten mich, »die Natur könne sporadisch eine dieser Öffnungen zu oft aufsuchen oder exzessiv Klüfte in schon vorhandene Klüfte schneiden, um Gesichtspunkte über Gesichtspunkte zu erzeugen – eine schreckliche Angewohnheit der Selbstbetrachtung mithilfe überlappender Schnitte und verschachtelter Bruchstellen.« Bei solchen Gelegenheiten könnte die einem Geschwür ähnelnde und übermäßig genutzte Perspektive beginnen, sich selbst anders zu sehen oder sich sogar unabhängig von jenen Wunden wahrzunehmen, die sie hervorgebracht haben, und unabhängig von der Natur, die kurzsichtig durch sie hindurch starrt. Die Barbiere beten für die, die durch den in sich selbst hineinsehenden Abgrund geboren werden, und trauern um die Elenden, die den sich selbst verfolgenden Blick der Natur fälschlich für den eigenen halten.

Bolus barathruma, das Zufallsloch oder genauer gesagt, *der in eine Seite des Würfels geschnittene Abgrund*, ist das einzige Ding, dem die tadmurianischen Barbiere taxonomische Distinktion zusprechen und das sie als eine eigene Spezies anerkennen. Für sie ist *bolus barathruma* jenes verfluchte Ding, das das Unglück hat, zur Bestie geworden und aus der unermesslichen Menge der Natur als Kategorie ausdifferenziert worden zu sein. Die universelle Natur, so die Barbiere, ist ein Würfel mit unendlich vielen Seiten. Er bringt durch sein zielloses Rollen die möglichen Zustände der Welt hervor. Auf jeder Seite hat er eine Kerbe, ein flaches Loch, einen Schnitt oder eine Wunde, durch die die allentfremdete, sogar ihrer eigenen Existenz unbewusste Natur in ihre Leere starrt, um spärliche Hinweise darauf zu erhalten, was sie eigentlich ist. Jede Seite des Würfels und seine schwarzen Punkte oder Augen erzeugen die Möglichkeit eines Dinges – worunter die Tadmurianer einen neuen Gesichtspunkt für die Natur verstehen –, deren tatsächliche Entstehung aber schon durch den Wurf des Würfels ausgeschlossen ist. Es gibt aber gleichwohl Kombinationen des Würfels, die unverständlicherweise wiederkehren und hartnäckig fortdauern. Die Seiten des Würfels, die in solch wiederkehrenden Würfen erscheinen, beginnen mit der Zeit, sich als distinkte Entitäten zu sehen, die aus der Ordnung der Natur herausfallen. Während der rollende Würfel wieder und wieder dieselben Seitenkombinationen hervorbringt, erhaschen die leeren Augen auf jeder Seite jeweils einen Anblick der anderen und sehen eher sich selbst als den Abgrund, auf den sie ausgerichtet sind. Wenn die oberflächlichen Vertiefungen erst einmal beginnen, unabhängig vom gleichgültigen Lauf des Würfels zu sehen, dann werden sie sich selbst als vagabundierende Vertiefungen verstehen, die entlang der verschiedenen Drehachsen des Würfels allumfassende Visionen erzeugen. Die leere Einkerbung, das oberflächliche, lidlose Auge, das Zeichen für die Blindheit der Natur, wird dann als ein verdrehter Abgrund gedeutet, der von einem Satellitenauge erzeugt wurde, das die sich ständig verschiebenden Achsen des rollenden Würfels umkreist, ein Blicktunnel, der weitaus verzerrter ist als jede Seite des Würfels oder der Natur. Von den römischen Bürgern Palmyras, die mit den tadmurianischen Barbieren in Kontakt gekommen waren, wird diese unförmige Spezies der Leere, die mit ihrer verzerrten Vision dem ausdruckslosen Universum Rätsel aufgibt, einen überraschenden Schwindel zu dem sich selbst angaffenden Starren des Abgrunds hinzufügt und das oberflächlich hohle Gesicht des Würfels mit immer neuen Grimassen verziert, *bolus barathruma* genannt.

Abgelegte Organe, ausgelöschte Geschichten, entleerte Körper und punktierte Symbolgesichter, die substantiellen Qualitäten des *bolus barathruma* grenzen tatsächlich an Null. Es fehlt ihm die Verkörperung, aber gleichermaßen sind ihm alle feststellbaren Eigenschaften der Körperlosigkeit entzogen, die ihn mit Geistern, feinstofflichen und ätherischen Wesen oder ganz allgemein mit Mysterien in Verbindung bringen würden. Doch trotz seiner nichtssagenden taxonomischen Tendenzen, die ihm jede inhärente Materie und alle immateriellen Qualitäten verwehren, ist *bolus barathruma* für die Barbiere eine Quelle der Beunruhigung. Denn gerade mithilfe jenes Tunnelblicks eines wandernden Abgrunds verwandelt die Natur ihr absurdes Würfelspiel in eine Geschichte verdichteter Unruhe. Während die Welt für die Tadmurianer aller ausdifferenzierter Gattungen von Tieren, Pflanzen, Mineralien, Sternen und Erden beraubt ist und erstaunlich eintönig erscheint, sind ihre Geschichten andererseits voller Spannung und von untergründig lauernden Angstzuständen bedroht. Alle diese Geschichten, die den Alten als moralische Lehrstücke, der Jugend als Heldenepen, den Kindern als Gutenachtgeschichten und den Neugeborenen als Wiegenlieder vermittelt werden, kreisen um *bolus barathruma* als einzigen Protagonisten. Sie beginnen in einem kohärenten Tonfall, der normalerweise äußerst lebhaft aus der Perspektive der ersten oder dritten Person erzählt, entsprechend der individuellen Vision der verfluchten Gattung. Im raffiniert gestalteten Verlauf der Geschichte wird die Stimme des Erzählers, seine Vision oder seine Perspektive entweder als ein von einem blinden und abgründigen Universum ersonnener narrativer Trick entlarvt – oder ersatzweise gleitet die Geschichte ab in eine Kakophonie namenloser Dinge. Es ist möglich, dass das den palmyrischen Römern zugeschriebene Sprichwort »Das Bewusstsein von jedermann ist die einziehbare Klaue des Abgrunds«, auf den narrativen Bräuchen der Tadmurianer beruht, für die die Perspektive des *bolus barathruma* nur ein wuchernder Mund ist, aus dem heraus die Natur Gerüchte über ihre leeren und billigen Großtaten vorbringt. Es wurde oft darauf hingewiesen, dass diese verdrehten Geschichten von einem sich überall entfaltenden Grauen eine Verehrung für die Herrschaft der blinden Natur implizieren; allerdings haben die Tadmurianer seit Jahrhunderten darauf bestanden und geschworen, dass sie wirklich nichts davon wissen, dass solche Geschichten von ihrem Volk hervorgebracht oder erzählt werden.

»Wir sind alle Schlüssellöcher der Natur«, haben mir die Barbiere erzählt. Es gibt Löcher, die Einkerbungen erzeugen, und solche, die wandern, solche, die okulare Schlitze sind, und die allumfassenden, jedoch verdrehten Tunnel, durch die die Natur in alle ihre kollektiv verbundenen Hohlräume gleichzeitig hineinspäht. Unter den letzteren gibt es auch eine Klasse von Hohlräumen, die behaupten, unabhängig zu sein von der undifferenzierten Natur. Aber was ist ein Hohlraum, der Unabhängigkeit von seinem materiellen Medium reklamiert, was ist ein Tunnel, der nicht mehr der Parasit der Substanz ist, in die er hineingebohrt wurde? Ich würde sagen, es ist eine Bestie, die den Körper der Natur durchsticht und ihr einstiges Zuhause zu einem Vehikel macht, das, um von einem Punkt zum andern zu gelangen, nicht den schwerfälligen Gesetzen der Natur gehorchen muss. Die Barbiere würden jedoch sagen: »Es ist nur ein augenloser Wurm.« Sie behaupten, dass ein überspannter und isolierter Hohlraum, der in einer verwickelten Weise auf seiner unabhängigen Identität besteht in einem Modell, in dem der Erspähte und der Späher ein und derselbe sind, nicht mehr ist als eine verdrehte Wendung, die entworfen wurde, um die Sagen von der Natur mit einer subtilen Beunruhigung aufzuladen.

Unter allen Aspekten des *bolus barathruma* haben die römischen Historiker die größte Aufmerksamkeit jener Angst und Paranoia gewidmet, die er unter den Barbieren hervorruft. Während der Würfel weiterschlingert, könnte der wandernde Abgrund des *bolus barathruma* alle möglichen Zustände der Welt einnehmen. Ganz egal, wie *bolus barathruma* entstand, und ganz egal, was er ist: Alles kann *bolus barathruma* werden oder von seinem wandernden visionären Abgrund durchquert – und das heißt, besessen – werden. Diejenigen, die von der Lochbestie besessen werden, beginnen unter einem Tunnelblick zu leiden und sind dadurch in der Lage, sich in einer krankhaften Weise auf die Welt zu fokussieren, was zu einer Aufteilung der Natur in verschiedene Gattungen und singuläre Kategorien führt. Dieser Tunnelblick wird oft als ein begrenztes kreisförmiges Sichtfeld verstanden, das nur den Besessenen, der Gemeinschaft der verfluchten Spezies, offen steht. Die Stammesangehörigen vermeiden es dagegen, durch Berge zu wandern, da die große Höhe zum Tunnelblick führen kann, ein Phänomen, das sie als Einfluss des *bolus barathruma* missverstehen. Aus dem gleichen Grund haben sie durch Generationen hindurch eine hysterische Angst davor entwickelt, intensivem Ärger, Vergiftungen, Blutstürzen und dem Biss der schwarzen Mamba zu erliegen. Während man sich leidenschaftlich um die Besessenen kümmert, bis die bestialische Vision aufhört, werden diejenigen, die verdammt sind, selbst zur Bestie zu werden, zuerst betrauert und dann in die unermessliche Wüste gelockt, wo sie für immer zurückgelassen werden.

In der Karawanserei, in der mein Dragoman – einst ein tadmurianischer Stammesangehöriger – und ich uns aufhalten, erklärte uns ein Gast, dass die Barbiere eine aufwändige Form der Bestattung ihrer Toten praktizieren. Um zu verhindern, dass die Natur noch einmal auf sich selbst zurückkommt und sich selbst unter Rückgriff auf die Toten untersucht, um sie also davor zu bewahren, *bolus barathruma* zu werden, versiegeln sie die Körperöffnungen ihrer Toten, egal ob es sich um Tiere oder Menschen handelt. In der Vergangenheit beinhaltete diese Vorsichtsmaßnahme, dass die Augen der Toten ausgestochen und die leeren Augenhöhlen mit Würfeln gefüllt wurden. Heute ist diese umstrittene Praxis dadurch ersetzt worden, dass alle Körperöffnungen der Toten hermetisch verschlossen werden und ein zusätzliches Augenpaar auf den leblosen Körper gemalt wird, um die blinde Natur mit den neuen – wenn auch gefälschten – Öffnungen abzulenken. Ich erkundigte mich bei den Barbieren nach den genauen Einzelheiten dieser Rituale und fragte nach weiteren Berichten über die Gewohnheiten und Besonderheiten der Bestie. Sie aber schwiegen und antworteten auf meine beharrlichen Fragen ruhig und, wie ich denke, aufrichtig, dass nichts weiter zu *bolus barathruma* zu sagen sei.

Mein Dragoman, der nicht davor zurückscheute, seinen ehemaligen Stamm zu verspotten, wies mich darauf hin, dass die Kosmologie der Masse der Tadumurianer in einer derart eintönigen Weise auf der Leere beruht, dass sie als einziges Tier nur eine Art Loch hervorbringen konnten. Ich konnte dem nur zustimmen. Unsere Expedition auf der Suche nach der tadmurianischen Bestie hatte uns keinen Tag Zeit gekostet, unsere Untersuchung seiner Natur war kürzer als eine nahöstliche Siesta. Als wir bereit waren, zu unserer Karawanserei zurückzukehren, konnte ich meine ganz gewöhnliche Leidenschaft für die Kamelherde und den pulsierenden Sand nicht mehr verbergen. Und noch weniger konnte ich meinen Schrei zurückhalten, als ich die fliegenden Würmer im Himmel über den Ruinen sah oder das, was ich aus der Entfernung zunächst für einen ungewöhnlich schlanken Mann hielt. Aber vor allem konnte ich gegenüber meinem Freund, dem Dragoman, meine Enttäuschung nicht verbergen darüber, was diese Bestie in Wirklichkeit oder in der Imagination sein könnte, aber nicht war. Er stimmte mir verständnisvoll zu. Bevor wir weiterzogen, entschuldigte er sich, um sein tägliches Gebet zu verrichten und ich hatte nichts dagegen einzuwenden. Da er jedoch länger als sonst ausblieb, spähte ich in das Zelt und sah, wie er still weinte, so als ob er trauerte. Undeutlich konnte ich meinen Namen hören.

Science-Fiction und
Fiktion außerhalb der Wissenschaft

Quentin Meillassoux

Aus dem Französischen
von
Roland Frommel

Ich möchte in diesem Text[58] einen Unterschied zwischen zwei Formen der Fiktion thematisieren, der mir unter einem metaphysischen Gesichtspunkt wichtig erscheint. Diese beiden Formen der Fiktion betreffen die experimentelle Wissenschaft, und ich gebe ihnen zwei Namen. Der eine ist ziemlich bekannt, und der andere stammt von mir: Einerseits Science-Fiction, und andererseits was ich (Welten der) Extro-Science Fiction[59] nenne, oder abgekürzt: SF und XSF.

Bevor ich der Bedeutung dieses Unterschieds nachgehe, möchte ich, um Missverständnisse und mögliche Einwände zu vermeiden, etwas klarstellen. Ich werde eine Definition von Science-Fiction vorschlagen, von der ich glaube, dass sie ziemlich verbreitet und banal ist – um so das, was ich Extro-Science Fiction nenne, besser davon unterscheiden zu können. Sobald ich Ihnen diese beiden Begriffe erklärt habe, werden Sie möglicherweise denken, dass die literarische Gattung, die man Science-Fiction nennt, ebenfalls Extro-Science Fiction enthält, dass es Beispiele der XSF in der SF gibt, und deshalb die literarische Gattung SF der Unterscheidung, die ich vorschlage, widerspricht. Es ist nicht meine Absicht, das zu bestreiten. Ich möchte vielmehr eine begriffliche Unterscheidung zur Geltung bringen und ihre philosophische Bedeutung aufzeigen. Es trifft dann von zwei Möglichkeiten nur eine zu: Entweder es existieren keine

---

[58] Dies ist eine schriftliche Version des Vortrags *métaphysique et fiction des mondes hors-science*, der im Rahmen der Tagung »Métaphysiques et science-fiction« an der *École normale supérieure* Paris am 16. Mai 2006 gehalten wurde.

[59] Der französische Begriff *fiction hors-science* wird entweder mit »Fiktion außerhalb der Wissenschaft« oder mit »Extro-Science Fiction« (abgekürzt XSF) übersetzt. Robin Mackay hat *fiction hors-science* mit »Extro-Science Fiction« ins Englische übersetzt und mit »XSF« abgekürzt. Wir übernehmen diese englische Übersetzung des Begriffs und verwenden sie vor allem dann, wenn der Begriff *fiction hors-science* gemeinsam mit dem Begriff *science-fiction* verwendet wird. [A. d. Ü.]

XSF-Romane in der Zukunftsliteratur und das Genre Science-Fiction bestätigt von selbst die vorgeschlagene begriffliche Unterscheidung – oder aber sie existieren. Im letzteren Fall ist meine These, dass diese XSF-Romane, falls sie existieren – und obgleich sie in das SF-Genre eingeschrieben sind – in Wirklichkeit zu einer Form der Fiktion gehören, die sich grundsätzlich von derjenigen der Science-Fiction unterscheidet und daher als solche hervorgehoben werden müsste – dass sie in gewisser Weise ein ›Genre im Genre‹ – ein ›Reich im Reich‹ bildet.

1. Extra-Science Fiction und Science-Fiction.

Beginnen wir damit, die Bedeutung des Unterschieds von Science-Fiction und Extro-Science Fiction zu untersuchen.

Das Verhältnis der Fiktion zur Wissenschaft in der Science-Fiction scheint im Allgemeinen das folgende zu sein: Man stellt sich eine fiktive Zukunft der Wissenschaft vor, welche die Möglichkeiten der Erkenntnis und der Beherrschung der Wirklichkeit verändert und oft auch erweitert. Das Verhältnis des Menschen zur Welt hat sich aufgrund einer Veränderung der wissenschaftlichen Erkenntnis gewandelt, die ihm ungeahnte Möglichkeiten eröffnet. Die möglichen zukünftigen Welten der Science-Fiction bleiben also – welche Umstürze auch immer stattfinden – in der Sphäre der Wissenschaft. Folglich vertritt alle Science-Fiction implizit dieses Axiom: In der antizipierten Zukunft wird es *noch immer* möglich sein, die Welt einer wissenschaftlichen Erkenntnis zu unterwerfen. Die Wissenschaft wird durch ihre neuen Fähigkeiten verwandelt sein, aber es wird stets Wissenschaft geben. Daher kommt selbstverständlich der Name der Gattung für diesen literarischen Typ: Die Fiktion kann außergewöhnliche Variationen erzeugen, aber innerhalb einer Wissenschaft, die selber immer präsent bleibt, auch wenn sie nicht mehr wiederzuerkennen ist.

Was aber verstehen wir unter der Fiktion von Welten außerhalb der Wissenschaft bzw. unter Extro-Science Fiction? Mit dem Begriff ›Welt außerhalb der Wissenschaft‹ sprechen wir nicht einfach von Welten ohne Wissenschaft, d.h. von Welten, in denen die experimentelle Wissenschaft der Tatsache nach nicht existierte: z. B. Welten, in denen die Menschen keinen oder noch keinen wissenschaftlichen Bezug zur Wirklichkeit entwickelt hätten. Unter Welten außerhalb der Wissenschaft verstehen wir Welten, *in denen Wissenschaft von Rechts wegen unmöglich ist* und nicht *der Tatsache nach* unbekannt. Die Fiktion außerhalb der Wissenschaft definiert daher diese besondere Form des Imaginären, in der es darum geht, strukturierte – oder vielmehr unstrukturierte – Welten in einer Weise zu denken, dass in ihnen die experimentelle Wissenschaft keinen Gegenstand konstituieren kann. Die entscheidende Frage von Fiktion außerhalb der Wissenschaft lautet: Was für eine Welt müsste das sein, wie müsste sie aussehen, damit sie von Rechts wegen dem wissenschaftlichen Wissen unzugänglich ist: damit es unmöglich wird, sie zum Gegenstand einer Naturwissenschaft zu machen?

Meine Absicht ist es, dieser noch sehr allgemeinen und bloß negativen Definition von Welten außerhalb der Wissenschaft einen präzisen begrifflichen Inhalt zu geben. Zugleich geht es mir darum, auf das eigentlich spekulative Interesse zu verweisen, das einerseits darin liegen kann, zwischen Science-Fiction und Extro-Science Fiction bewusst zu unterscheiden, und andererseits darin, den von SF sich unterscheidenden Typ des Imaginären, der XSF ist, zu kultivieren.

Wozu werfen wir diese Fragen auf? Die Fiktion außerhalb der Wissenschaft hat mein Interesse geweckt, weil sie ursprünglich mit einem sehr klassischen, metaphysischen Problem verbunden ist, mit dem ich mich schon lange Zeit beschäftige, und zwar: dem Problem der Induktion oder, noch genauer, dem Problem von der Notwendigkeit der Naturgesetze, so wie es der Philosoph David Hume in *Ein Traktat über die menschliche Natur* und dann in *Eine Untersuchung über den menschlichen Verstand* gestellt hat. Nun, dieses Problem, dessen Natur ich gleich in Erinnerung rufen werde, ist, so scheint es mir, von einem der wichtigsten Epistemologen des 20. Jahrhunderts, Karl Popper, völlig missverstanden worden. Popper konnte sich tatsächlich rühmen, als erster den Ausdruck »Humes Problem«[60] für das Problem der Induktion verwendet zu haben – und er beanspruchte, eine strikte und originelle Antwort auf dieses Problem gegeben zu haben. Ich werde zunächst zeigen, dass Poppers Unverständnis gegenüber Hume daher kommt, dass er ein XSF-Problem mit einem SF-Problem verwechselt hat. Popper hat nicht Humes Problem gestellt, sondern ein anderes Problem, das implizit einen anderen Typ des Imaginären ins Spiel bringt: Wenn nämlich Hume für seine Problemstellung, wie mir scheint, das Imaginäre der Extro-Science Fiction ins Spiel bringt, dann kann das Problem, das Popper seinerseits stellt, nur mit Hilfe des Imaginären der Science-Fiction begriffen werden.

In einem nächsten Schritt werde ich die Antwort untersuchen, die Kant in der *Kritik der reinen Vernunft*, genauer in der »objektiven Deduktion der Kategorien«, auf Humes Problem gegeben hat. Kant hat sich, im Gegensatz zu Popper, über die Natur des Hume'schen Problems nicht getäuscht: Er antwortet ihm auf seinem eigenen Terrain, auf demjenigen, das in der Fiktionalisierung einer Welt besteht, in der Wissenschaft unmöglich geworden ist. Aber ich werde Kants These ebenfalls kritisieren, indem ich zeige, dass die Schwäche der transzendentalen Deduktion vor allem von einem nicht ausreichend entwickelten, gewissermaßen zu dürftigen Imaginären außerhalb der Wissenschaft kommt. Ich werde dann zeigen, dass die Fiktion außerhalb der Wissenschaft es in einem ausgeprägteren Sinn erlaubt, eine dritte Antwort auf Humes Problem zu geben, die weder die von Popper noch die von Kant ist.

---

[60] Karl R. Popper, *Objektive Erkenntnis*, Hamburg 1993, Fußnote 7, S. 4.

2. Zwei Billardspiele: Hume und Asimov

a) Formulierung des Problems

Der bekannteste Text, in dem Hume das berühmte Problem der kausalen Notwendigkeit aufwirft, gibt eine phantasierte Beschreibung eines Billardspiels, in dessen Verlauf sich die Stoßgesetze nicht mehr verifizieren lassen. Hier die Passage aus *Eine Untersuchung über den menschlichen Verstand*:

> Sehe ich z.B. eine Billardkugel sich in gerader Linie gegen eine andere bewegen – selbst angenommen, die Bewegung der zweiten Kugel falle mir zufällig als das Ergebnis der Berührung oder des Stoßes ein –, kann ich mir nicht vorstellen, dass hundert verschiedene Ereignisse ebenso gut aus dieser Ursache hervorgehen könnten? Könnten nicht alle beiden Kugeln in voller Ruhe verharren? Könnte nicht die erste Kugel in gerader Linie zurückprallen oder von der zweiten nach irgendeiner Seite oder Richtung abspringen? All diese Annahmen sind widerspruchslos und vorstellbar. Weshalb sollten wir also der einen den Vorzug geben, die nicht widerspruchsloser oder vorstellbarer ist als die übrigen? Alle Denkakte a priori werden nie imstande sein, uns eine Unterlage für diese Bevorzugung zu liefern.[61]

Die Frage, die Hume mit diesen imaginären Szenarien stellt, besteht darin herauszufinden, was uns eigentlich garantiert, aber auch, was uns glauben macht, dass die physikalischen Gesetze im nächsten Augenblick weiterhin gelten werden, da uns hierfür weder Erfahrung noch Logik Gewissheit bieten können. Denn es liegt kein logischer Widerspruch in der Vorstel-

---

[61] David Hume, *Eine Untersuchung über den menschlichen Verstand*, Hamburg 1993, S. 40.

lung, dass sich die Gesetze in Zukunft ändern, und die Erfahrung der vergangenen Konstanz der Gesetze gestattet uns nicht daraus zu folgern, dass sie in Zukunft fortbestehen werden. Einerseits wäre es nämlich keineswegs widersprüchlich, wenn die Natur bis zu der Zeit *t* einer gewissen Anzahl von physikalischen Konstanten folgte, um zur Zeit *t + 1* aufzuhören, ihnen zu folgen. Eine Entität ist nur dann widersprüchlich, wenn sie zur gleichen Zeit und unter dem gleichen Aspekt *a* und *non-a* ist. Wenn jedoch eine Entität im Zustand *a* ist (die den bekannten Gesetzen unterworfene Natur) und danach im Zustand *non-a* (die den bekannten Gesetzen nicht unterworfene Natur), dann hat die Logik nichts daran auszusetzen. Daher kann man die Hypothese, nach der die Natur anderen als den schon registrierten Konstanten folgen könnte, nicht im Namen der logischen Kohärenz *a priori* als Unsinn verwerfen. Wenn man nun eine Hypothese nicht *a priori* (das heißt unabhängig von der Erfahrung, durch reine Argumentation) zurückweisen kann, bleibt nur übrig, sie *a posteriori*, das heißt mit Hilfe der Erfahrung, zurückzuweisen. Aber die Erfahrung kann uns *per definitionem* nur über die Gegenwart (was ich im Moment erfahre) und über die Vergangenheit (was ich schon erfahren habe) unterrichten: Es existiert keine Erfahrung der Zukunft. Wie also die Gewissheit, dass die Natur heute genauso wie morgen den bekannten Gesetzen folgen wird, auf Erfahrung begründen? Man wird zweifellos einwenden, dass es uns gerade die Wissenschaft ermöglicht, eine bestimmte Anzahl von zukünftigen Phänomenen vorherzusagen – in der Weise der vom Astronomen antizipierten Sonnenfinsternis – und dass sich diese Vorhersagen oftmals und in vielen Bereichen als richtig herausgestellt haben, was unser Vertrauen in noch nicht verifizierte Vorhersagen zu Recht begründet. Aber solche Vorhersagen beruhen immer auf der Hypothese, dass die zukünftigen Gesetze die gleichen sein werden wie die aktuellen Gesetze: Das aber ist genau der Punkt, den es zu beweisen gilt. Auch wenn die Naturgesetze bis jetzt konstant geblieben sind (nur die Theorien, die sich auf diese Gesetze beziehen, haben sich verändert, nicht deren intrinsische Realität), gestattet uns die – es sei noch einmal darauf hingewiesen, immer gegenwärtige oder vergangene – Erfahrung keineswegs, Gewissheit darüber zu erlangen, dass es immer genauso bleiben wird. Nichts erlaubt mir, sicher zu sein, dass sich die Natur nicht morgen, in Kürze oder sogar in diesem Augenblick x-beliebig verhalten wird, wie im Hume'schen Billardspiel, und sich jeder Theorie und jeder möglichen Erfahrung widersetzt. Nichts, wird man vielleicht sagen, außer der ›gesunde Menschenverstand‹. Aber was soll man vom ›gesunden Menschenverstand‹ halten, der sich weder auf die Logik noch auf die Erfahrung stützt?

Die Frage, die sich daher stellt, ist die, ob unsere Gewissheit von einer stabilen Natur gerechtfertigt ist, und ob wir – falls sie es nicht ist – verstehen können, woher diese subjektive Sicherheit kommt, die uns ein so vollkommenes Vertrauen in den Alltag und in die zukünftige Beständigkeit des Wirklichen gestattet. Wie man weiß, meinte Hume, es sei einzig die *Gewohnheit* an die vergangene empirische Konstanz, die uns daran glauben lässt, die Zukunft werde der Vergangenheit gleichen, ohne dass ein solches Urteil im geringsten rational begründet ist. Anders gesagt, anstatt zu beweisen, dass eine kausale Notwendigkeit doch existiert, beschränkt sich der skeptische Philosoph darauf, den psychologischen Ursprung unserer Gewissheit aufzuzeigen, dass es solch eine Notwendigkeit gibt. Eine Lösung, die diejenigen nicht zufrieden stellte, die nach Hume ihrerseits versuchten, seine an die Vernunft gerichtete Herausforderung anzunehmen – hauptsächlich Kant und dann Popper.

Beginnen wir mit der neueren Lösung, derjenigen von Karl Popper, so wie er sie in seinem klassischen Werk *Logik der Forschung*[62] darstellte und kontinuierlich in seinen weiteren Büchern vertieft hat.

Diese Lösung ist ihrem Prinzip nach sehr einfach. Wenn wir Popper gefragt hätten, was uns garantiert, dass die Hume'sche

---

[62] Karl R. Popper, *Logik der Forschung*, Tübingen 1994.

Billardkugel nicht das zuvor beschriebene phantastische Verhalten annehmen wird, hätte er nicht nur geantwortet, dass es dafür gar keine Garantie geben könne, sondern auch noch, dass das eine gute Sache sei, da diese Möglichkeiten nichts Phantastisches sind und ganz ernst genommen werden müssen. Unsere Vorhersagen über die Zukunft bestehen für Popper in der Tat aus theoretischen Hypothesen, die ihrem Wesen nach durch neue, das heißt noch nicht registrierte Erfahrungen falsifizierbar sind. Was eine Theorie wissenschaftlich macht, liegt für Popper genau in der Tatsache, dass sie von Rechts wegen durch Erfahrung widerlegbar ist. Diese intrinsische Falsifizierbarkeit der wissenschaftlichen Vermutungen ist es, welche die Dynamik der experimentellen Wissenschaft erklärt, die unaufhörliche Bewegung, in deren Verlauf die Physiker neue Hypothesen vorbringen, alte verwerfen und rivalisierende Theorien unerbittlichen Tests unterwerfen. Indem er dies behauptet, stellt sich Popper gegen den »Induktivismus«, der vorgibt, die definitive Wahrheit einer Theorie mit der Vermehrung empirischer »Verifikationen« zu beweisen. In der Tat: Wie groß die Zahl der experimentellen Verifikationen einer Theorie auch sein mag, diese kann immer durch eine neue Erfahrung widerlegt und von einer neuen Theorie überholt werden, die leistungsfähiger ist und die eine neue Karte möglicher Physiken zeichnet. Folglich ist es unmöglich »im Namen der Physik« zu behaupten, dass dieses oder jenes Ereignis in definitiver Weise unmöglich ist: Es ist dies nur in Hinblick auf den derzeitigen Stand der Wissenschaft, ohne dass man jemals im Voraus über die Zukunft urteilen könnte.

Deswegen ist es aussichtslos, in der Art Humes oder der Empiristen, die ihm folgen, zu fragen, was uns glauben macht, dass die Sonne morgen aufgehen wird, dass alle Lebewesen sterben werden oder dass das Brot nahrhaft ist. Davon kann oder soll uns nichts überzeugen, aus dem einfachen Grund, weil dies nicht notwendig ist. Außerdem war das nicht immer der Fall.

Popper sagt daher in *Objektive Erkenntnis*, dass diese drei Beispiele des Typs »etablierter Gesetze« tatsächlich widerlegbar sind: Das Gesetz, demzufolge die Sonne alle vierundzwanzig Stunden untergeht, wurde von Pytheas von Marseille wider-legt, als er in der Polarregion »das gefrorene Meer und die Mit-ternachtssonne« entdeckte; das Gesetz, demzufolge jedes Lebewesen sterben muss, wurde widerlegt, »als man entdeckte, dass Bakterien nicht sterben müssen, da die Vermehrung durch Teilung kein Sterben ist«; das Gesetz, demzufolge das Brot nährt (eines der Lieblingsbeispiele Poppers) wurde an dem Tag widerlegt, an dem »Menschen, die ihr tägliches Brot aßen, an Mutterkornvergiftung starben...«[63]

Wenn wir auf die Billardkugeln zurückkommen, müsste man mit Poppers also sagen, dass sie in Zukunft ein unerwartetes Verhalten annehmen könnten, entweder, weil man die Um-stände der Erfahrung verändern kann – indem man z. B. unsere Kugeln metallisiert und ihnen ein starkes Magnetfeld verleiht – oder, weil man eines Tages mit Hilfe der fortgeschrittenen Wis-senschaft, die zur Zeit noch außerhalb unserer Reichweite liegt, ein Mittel entdecken wird, dass das Feld der Anziehungskraft, in dem sich die Kugeln bewegen, modifiziert.

So sieht also das von Popper vorgeschlagene Prinzip der Lösung von Humes Problem aus: Jedes Ereignis, so seltsam es erscheinen mag, ist von Rechts wegen mit dem aktuellen oder einem zukünftigen Stand der Wissenschaft vereinbar. Keines kann daher im Namen der Vernunft, weder in demjenigen der Logik noch demjenigen der experimentellen Wissenschaft aus-geschlossen werden.

Nun, warum sagte ich, dass eine solche Lösung widersinnig wäre gegenüber dem wahren Problem, wie es *Eine Untersu-chung über den menschlichen Verstand* formuliert wird? Bemer-ken wir zunächst, dass die popperische Lösung sich ganz und gar in einem Imaginären bewegt, das jenem der Science-Fiction gleicht. Was sollen wir dem Falsifikationismus folgend, in Bezug auf wissenschaftliche Theorien, genau annehmen? Eben dass diese Theorien in Zukunft vielleicht zugunsten von anderen,

---

[63] Karl R. Popper, *Objektive Erkenntnis*, a.a.O., S. 10.

zurzeit ganz undenkbaren Theorien, widerlegt werden. Die Beispiele, die uns Popper von solchen Widerlegungen gibt, stammen klarer Weise aus der Vergangenheit: Aber das Prinzip seiner Epistemologie besteht darin, die Möglichkeit genauso radikaler Brüche, wie sie sich schon ereignet haben, in die Zukunft zu projizieren. So wurde beispielsweise die Newton'sche Dynamik von Theorien ersetzt, die für die Menschen des 18. Jahrhunderts genauso revolutionär und unvorhersehbar waren wie die allgemeine Relativitätstheorie oder die Quantenphysik. Selbst wenn wir nicht wissen oder nicht einmal erahnen können, wie die Physik oder Biologie der Zukunft aussehen könnten, müssen wir die Möglichkeit einer zukünftigen experimentellen Wissenschaft akzeptieren, die genauso verschieden von der gegenwärtigen Wissenschaft sein kann wie die gegenwärtige Wissenschaft von derjenigen der vergangenen Jahrhunderte. Man muss, will man sich Zugang zur Popper'schen Epistemologie verschaffen, tatsächlich Science-Fiction denken, aber eine unbestimmte Science-Fiction, denn statt uns einen bestimmten Inhalt der zukünftigen Wissenschaft auszudenken, müssen wir uns damit zufrieden geben, ein im Vergleich zu unserem derzeitigen Wissensstand mögliches Ganz-Anders-Sein eines solchen zukünftigen Inhalts zu setzen.

Warum hat nun Popper Hume falsch verstanden? Popper stellt in Wirklichkeit folgendes Problem: Können unsere *Theorien* in der Zukunft von neuen Erfahrungen widerlegt werden? Sein Problem ist demnach *epistemologisch*, es betrifft die Natur des wissenschaftlichen Wissens. Aber es ist im Gegensatz zu Humes Problem nicht *ontologisch*. Letzteres betrifft nicht einfach nur die Stabilität der Theorien, sondern die Stabilität des *Prozesses* und der physikalischen Gesetze selber. Popper behandelt dieses ontologische Problem via Falsifikationismus überhaupt nicht. Er sagt uns nämlich, dass neue Erfahrungen unsere Theorien widerlegen können: Er zweifelt niemals an der Tatsache, dass vergangene und registrierte Erfahrungen in Zukunft immer zu demselben Ergebnis führen werden. Sind die Umstände völlig identisch, werden, ihm zufolge, immer die gleichen Erfahrungen stattfinden: Nur neue Umstände werden zu neuen Ergebnissen führen. Das wird deutlich in den Beispielen, die er anführt: Nur in der Nähe des Pols hört die Sonne auf, alle 24 Stunden aufzugehen, das Brot überträgt nur aufgrund von tödlichen Pilzen die Mutterkornvergiftung anstatt nahrhaft zu sein. Niemals wird, unter unveränderten Umständen, die Sonne plötzlich der Schwerkraft entfliehen, um außerhalb des Systems, das ihren Namen trägt, »herumzuwandern«, niemals wird ein Brot, das in seiner Zusammensetzung identisch mit demjenigen ist, das uns nährt, für denjenigen, der sich von ihm nährt, grundlos zu einem Gift werden. Denn wenn es so zugehen würde, dann hätten wir es nicht mehr mit dem Fall einer Wissenschaft zu tun, die ihre Theorien revolutionieren müsste, um neuen Erfahrungen gerecht zu werden, sondern mit demjenigen einer experimentellen Wissenschaft, die wegen des Zusammenbruchs der physikalischen Gesetze selber unmöglich geworden wäre. Wenn die Phänomene, unter identischen Umständen, ganz andere Wirkungen erzeugten, von Mal zu Mal völlig unvorhersehbar würden, dann ist es die Idee der Verifikation selber oder – mit dem Ausdruck Poppers – der Bewährung [corroboration] von Theorie durch die experimentelle Methode, die abgeschafft wäre, da diese immer auf der Wiederholbarkeit von gleichen Erfahrungen unter identischen Umständen beruht. In der Tat geht die wissenschaftliche Erfahrung niemals von einer einmaligen Beobachtung aus, der sich die Wissenschaftler anschließen würden, weil man einen verlässlichen Charakter des Zeugen annehmen kann: Sie besteht in der wesentlichen Möglichkeit eines jeden Labors, die ursprüngliche Beobachtung zu reproduzieren, wenn das gleiche Protokoll eingehalten wird. Selbst die statistischen Gesetze beruhen auf einer gewissen Konstanz des Ergebnisses, die erlaubt, unter identischen Bedingungen der Versuchsanordnung, wenn nicht die gleichen Wirkungen, so zumindest die gleiche Serie von Wahrscheinlichkeiten für ein stabiles Wirkungsspektrum zu verifizieren. Wenn Sie jede Beständigkeit der Ergebnisse von identischer Erfahrung beseitigen, wird das Prinzip des Experimentierens – die

Reproduktion des Phänomens unter den gleichen Bedingungen nach Belieben – zerstört werden und mit ihm die Möglichkeit von Naturwissenschaft, gleich ob ihre Theorien deterministisch oder probabilistisch sind.[64]

b) Das Verbrechen des Professor Priss

Diese Hypothese einer zukünftigen Welt, in der Wissenschaft selbst unmöglich geworden wäre, ist das eigentliche Problem Humes. Das Problem Poppers – jenes der Garantie für unsere Theorien – ist ein Science-Fiction Problem, ein Problem, das sich innerhalb einer Fiktion bewegt, die voraussetzt, dass in Zukunft immer eine Wissenschaft möglich sein wird: Humes Problem bringt jedoch ein anderes Imaginäres ins Spiel, ein Imaginäres der *Extro-Science Fiction*, die Fiktion einer Welt, die in der Zukunft zu chaotisch geworden ist, um noch einer wissenschaftlichen Theorie, gleich welcher, zu gestatten, auf die Realität angewendet zu werden. Und hier wird deutlich, dass dieser Unterschied zwischen zwei Formen der Fiktion – SF und XSF – eine wirkliche metaphysische Tragweite besitzt, da seine

---

[64] In der *Logik der Forschung* (a.a.O., 10. Kapitel, S. 199) arbeitet Popper den Unterschied heraus zwischen seinem Problem – dass nämlich Theorien »durch neuartige Versuche falsifiziert« werden können – und einer anderen Frage, die er »die Konstanz der Naturvorgänge« nennt. Diese Frage betrifft die mögliche Veränderung von *natürlichen* Gesetzmäßigkeiten, nicht von Theorien: Es geht also, in unserem Sinn, um das *echte* Problem Humes. Popper hebt aber hervor, dass diese Frage nicht in den Bereich des Falsifikationismus fällt, sondern ihren Ursprung in einem »metaphysischen Glauben« hat, ohne den es schwierig werden würde, sich »praktisches Handeln« vorzustellen. Besser hätte man nicht sagen können, dass Poppers Problem (die Falsifizierbarkeit der Theorien) die Hume'sche Frage (die eventuelle Veränderung der Naturvorgänge) niemals wirklich behandelt hat.

Verkennung durch Popper diesen dazu führte, dass er sein eigenes epistemologisches Problem mit Humes ontologischem Problem verwechselte.

Um den Unterschied von Poppers und Humes Problem zusammenzufassen, kann man auf das Beispiel von den phantastischen Bahnen der Billardkugeln zurückkommen: Hume zufolge stellt sich die Frage, woher wir die Gewissheit nehmen, dass die Kugel nicht nur eine unvorhergesehene Bahn einschlagen wird, sondern eine von Rechts wegen unvorhersehbare und nicht in Modellen fassbare, weil sie sich nicht nur an kein registriertes, sondern an kein registrierbares Gesetz hält; Popper zufolge stellt sich die Frage, woher wir die Gewissheit nehmen, dass unbekannte Umstände, verbunden mit noch nicht registrierten Gesetzen, es in einer unbestimmten Zukunft den Kugeln nicht erlauben für unsere aktuellen Kenntnisse völlig unvorhersehbare Bahnen zu beschreiben, auch wenn sie von Rechts wegen für einen zukünftigen Stand der Wissenschaft vorhersehbar sind. Die erste Frage liegt außerhalb der Grenzen von Science-Fiction, die zweite bleibt ganz klar innerhalb ihrer Grenzen.

Es existiert nun ein Text der Science-Fiction, der diesen Unterschied so vollkommen illustriert, dass er zu diesem Zweck geschrieben worden zu sein scheint. Es ist eine Kurzgeschichte von Isaac Asimov mit dem Titel »Das Nullfeld«. Diese Geschichte ist die letzte einer Sammlung – der *SF-Kriminalgeschichten*[65] –, deren Prinzip darin besteht, Science-Fiction Geschichten mit Krimi-Rätseln zu kombinieren. In »Das Nullfeld« schildert Asimov einen Mord, der möglicherweise von einem Genie der theoretischen Physik, einem Spezialisten der allgemeinen Relativitätstheorie, ausgeübt wurde – einen mit einer Billardkugel ausgeführten Mord. Wie wir sehen werden, beruht die ganze Handlung auf der unvorhergesehenen Bahn einer Billardkugel: Die Geschichte hat jedoch nur einen Sinn, wenn man ihren unvorhergesehenen Charakter im Rahmen von

---

[65] Isaac Asimov, *Science Fiction Kriminalgeschichten*, München 1969.

Poppers Problematik versteht – also in der Sphäre des Imaginären von Science-Fiction – und nicht im Rahmen der XSF von Humes Problematik.

Rufen wir an dieser Stelle die Grundzüge der Erzählung in Erinnerung. Der Erzähler, ein Wissenschaftsjournalist, gesteht in seinen persönlichen Notizen, dass er einen der größten Wissenschaftler der Zeit – Prof. James Priss – verdächtigt, einen Mord verübt zu haben. Und dann folgen die Ereignisse, wie sie von ihm berichtet werden: Obwohl James Priss wie kein anderer Wissenschaftler seiner Epoche gewürdigt wurde, blieb er immer im Schatten von Edward Bloom, einem Jugendgefährten und Studienkollegen. Bloom erwies sich, obwohl ohne jedes theoretische Talent, als Genie in der Anwendung der abstraktesten Theorien seiner Zeit – und besonders jener von Priss. Er ist eine Art von Super-Edison, der durch seine konkreten Erfindungen mit beträchtlichen finanziellen Konsequenzen sowohl steinreich als auch sehr berühmt wurde – berühmter als Priss, dessen Bekanntheitsgrad niemals über den eines professionellen Wissenschaftlers hinausging. Eine unausgesprochene Rivalität und eine Art gegenseitiger Eifersucht entwickelte sich zwischen den beiden Männern, jeder beneidete insgeheim die Art der Anerkennung, von der jeweils der andere profitierte: Eine Rivalität, die sich im wöchentlichen Billardspiel kristallisierte, das für Priss und Bloom zur Gewohnheit wurde. Beide sind sie seit ihrer Jugend als gefürchtete Spieler bekannt.

Diese vom gesellschaftlichen und freundschaftlichen Äußeren verdeckte Feindschaft wird an jenem großen Tag ausbrechen, an dem Bloom sich vornimmt, die Theorie des Antigravitationsfeldes von Priss anzuwenden. In dieser Theorie, mit der sich Priss einen zweiten Nobelpreis verdient hätte, hat er die Möglichkeit nachgewiesen, die Wirkung der Anziehungskraft dadurch aufzuheben, dass man der Schwerkraft ein entsprechend starkes elektromagnetisches Feld entgegensetzt. Allerdings ist nach Priss die Umsetzung der Theorie in der Praxis nicht möglich. Das für eine solche Wirkung benötigte elektromagnetische Feld müsste notwendiger Weise unendlich sein und sei daher technisch nicht realisierbar. Bloom bestreitet das und kündigt an, es werde ihm gelingen, auch ohne ein unendliches elektromagnetisches Feld eine Anlage für Antigravitation herzustellen. Der Ton wird schroffer zwischen den beiden Männern, ihr Ruf steht auf dem Spiel. Nach ungefähr einem Jahr verkündet Bloom, dass es ihm gelungen sei. Er lädt die ganze Presse sowie Fernsehsender weltweit ein, der ersten öffentlichen Vorführung seiner Erfindung beizuwohnen. Boshaft wie er ist, lädt er auch Prof. Priss ein, damit dieser die großartige Anwendung seiner eigenen brillanten Theorie öffentlich zur Kenntnis nimmt.

Als alle geladenen Gäste anwesend sind, fordert Bloom sie auf, in sein Labor zu kommen, wo sie eine verblüffende Vorrichtung erwartet. In der Mitte des Zimmers, in dem sich eine Menge Apparaturen befinden, steht ein Billardtisch. Über der Mitte des Tisches leuchtet ein vertikaler Strahl. Bloom gibt folgende Erklärung: Er habe seinen Antigravitationsstrahl noch nie mit materiellen Objekten getestet – obgleich es gewiss sei, dass er funktioniert: Er wolle Priss die Ehre geben, den Beweis anzutreten, indem er eine Billardkugel in den Strahl entsendet. Größte Perversion, die einen Wissenschaftler unter dem Vorwand der Würdigung dazu verurteilt, sich selbst vor der gesamten Welt lächerlich zu machen, indem er den Rivalen ein Billardspiel gewinnen lässt, das er für alle Zeiten verloren haben wird. Nach den Vorhersagen von Bloom wird eine Kugel langsam und schwerelos den Strahl entlang emporschweben. Wegen des leuchtenden Strahls tragen alle Teilnehmer Sonnenbrillen – was sie daran hindert, in dem Augenblick, in dem Bloom dies verkündet, den Gesichtsausdruck von Priss zu sehen. Zunächst erstarrt, scheint sich Priss wieder zu fangen: Er nähert sich dem Tisch, zielt lange, die Kugel ist geschossen, sie nimmt, mit Schwung, eine komplizierte Bahn, dann dringt sie in den leuchtenden Strahl ein. Ein Höllenlärm entsteht, alle geraten in Panik, dann, als wieder Ruhe eintritt, wird Bloom entdeckt, tot, mitten im Herzen durchbohrt, offensichtlich von einer Billardkugel.

Es ereignete sich also etwas völlig Unerwartetes: Die Kugel hat nicht nur für unsere, sondern auch für die fiktive Physik von Priss und Bloom eine völlig abwegige Bahn verfolgt. Wenn es eine Hume'sche Kurzgeschichte wäre, das heißt eine Extro-Science Fiction, eine Fiktion außerhalb der Wissenschaft, so gäbe es zu diesem irrwitzigen Ereignis nichts mehr zu sagen und die Handlung enttäuschte uns. Zum Glück aber ist die Kurzgeschichte eine Science-Fiction-Geschichte, das heißt popperisch, und die Handlung hat eine brillante Auflösung. Priss erklärt schließlich in wissenschaftlichen Begriffen die Ursache der Katastrophe, die er nicht hatte voraussehen können, denn er ist ja für sein langsames Nachdenken bekannt. Die Explosion war darauf zurückzuführen, dass ein völlig von der Schwerkraft losgelöster Gegenstand sich nicht mit der gleichen Ruhe eines Gegenstands in der Schwerkraft verhalten würde, sondern sich nur mit der Geschwindigkeit eines Gegenstands ohne Masse bewegen kann, das heißt mit der Geschwindigkeit eines Photons – also in Lichtgeschwindigkeit. Die Novelle endet mit der ängstlichen Frage des Erzählers und Journalisten: Was wäre, wenn Priss angesichts der Gefahr, vor aller Augen seinen Ruf zu verlieren, sofort verstanden hätte, was geschehen wird, noch bevor er sich die Zeit nahm, um die erforderliche Bahn zu berechnen, damit die Billardkugel ihn ein für alle Mal an seinem Rivalen rächt?

Wie Sie sehen, funktioniert die Geschichte, weil sie popperisch ist: denn sie beruht darauf, dass das Ereignis der Tatsache nach, aber nicht von Rechts wegen unvorhergesehen war, weil es von einem physikalischen Gesetz erklärt werden konnte. Der Nerv der Geschichte beruht auf der für immer unbeweisbaren Möglichkeit, dass Priss tatsächlich voraussah, was geschehen würde. Die Vorhersage muss möglich sein, damit die Geschichte funktioniert: Das Ereignis muss also einem theoretischen Gesetz unterworfen werden, wobei es niemals möglich sein wird herauszufinden, ob der Wissenschaftler es rechtzeitig begriffen hatte, um sein Verbrechen begehen zu können.

Von dieser Geschichte abgesehen, scheint sich eine allgemeinere Schlussfolgerung abzuzeichnen, was den eigentlichen literarischen Wert unserer beiden Formen der Fiktion betrifft: und zwar, dass nur Science-Fiction die Konstruktion einer Handlung, einer gewiss phantastischen, aber kohärenten Erzählung erlaubt. Tatsächlich bewohnen wir in der Science-Fiction im Allgemeinen eine Welt, in der die (theoretische und natürliche) Physik eine andere ist, aber die Gesetze nicht einfach abgeschafft sind – in der nicht alles x-Beliebige in einer arbiträren Weise und zu einem beliebigen Zeitpunkt eintreten kann. Geschichten können also ausgearbeitet werden, weil wir es noch mit Welten – mit einer geordneten Totalität, wenn auch beherrscht von einer anderen Ordnung – zu tun haben. Individuen können in ihr Handeln – im vorliegenden Fall einen Mord – planen, weil sie die Folgen ihrer Handlungen immer noch voraussehen können. In der Fiktion außerhalb von Wissenschaft dagegen scheint keine Ordnung, welchen Typs auch immer, gebildet werden zu können, und das hat zur Folge, dass keine Geschichte verfasst werden kann. Wenn das wahr wäre, dann hätten wir uns geirrt, als wir von *Welten* außerhalb der Wissenschaft sprachen, da eine Welt, die unfähig ist, Wissenschaft stattfinden zu lassen, keine Welt mehr sein würde, sondern ein reines Chaos, eine reine Vielheit ohne jede Ordnung. Das ist genau die These von Kant und darin besteht seine Lösung von Humes Problem: Wenn die Gesetze nicht notwendig wären, würden, nach dem Autor der *Kritik der reinen Vernunft*, keine Welt und kein Bewusstsein auftauchen, nichts, außer eine reine Vielheit ohne Kohäsion und Folge. Wir werden nun versuchen zu zeigen, dass man diese These widerlegen kann, weil eine Welt und selbst eine Vielfalt von Welten außerhalb der Wissenschaft tatsächlich ohne »Inkohärenz« denkbar sind. Wir werden versuchen, zugleich den metaphysischen Wert dieser Welten – indem wir aus ihnen Welten machen, deren Möglichkeit nicht verneint werden kann – und ihren literarischen Wert zu rechtfertigen – indem wir aus ihnen ein mögliches Milieu einer fiktiven Handlung machen.

2. Die transzendentale Deduktion und die drei Typen der XSF-Welten

a) Die kantische Widerlegung des phantastischen Billardspiels

Die Antwort Kants auf Humes Herausforderung wird in der *Kritik der reinen Vernunft* in der »transzendentalen Deduktion«, und noch genauer, in der »objektiven Deduktion der Kategorien« gegeben. Es ist natürlich ausgeschlossen, hier ins Detail zu gehen, ich werde mich damit begnügen, Ihnen die allgemeine Strategie in Erinnerung zu rufen.[66]

Die Verstandeskategorien zu »deduzieren« bedeutet mit Kants Worten, ihre Anwendung auf die Erfahrung zu rechtfertigen. Diese Rechtfertigung ist nicht selbstverständlich, da die Kategorien wie die Kausalität – aus denselben Ursachen gehen immer dieselben Wirkungen hervor – »universelle Formen« sind, während uns die Erfahrung nur mit konkreten Situationen konfrontiert. Die Kategorie der Kausalität zu deduzieren – Kant erfasst elf weitere Kategorien, wir interessieren uns jedoch nur für die eine – heißt so viel, wie Humes Problem zu lösen, da dies auf die Behauptung hinausläuft, dass die erfassten Ursachen auf universelle Weise unter den gleichen Umständen die gleichen Wirkungen erzeugen werden. Kant will also unseren Glauben an die Notwendigkeit der physikalischen Gesetze rechtfertigen: aber er möchte es nicht in der Weise eines spekulativen Metaphysikers tun, wie z. B. Leibniz. Ein mit Humes Herausforderung konfrontierter Leibnizianer hätte zweifellos

---

[66] Die Deduktion der reinen Verstandesbegriffe bildet in der ersten Ausgabe der *Kritik der reinen Vernunft* (1781) den 3. Abschnitt des 2. Hauptstücks (AA (Akademieausgabe) IV 86-95). In der zweiten Ausgabe von 1787 nimmt sie den 2. Abschnitt ebenfalls im 2. Hauptstück ein, das sind § 15 bis 27 – insbesondere § 20 und 21 (AA III S. 107-130). Einen durchgehenden Kommentar der Deduktion von 1781 bietet J. Rivalaygue, *Leçons de métaphysique allemande*, Paris 1992, Bd. II, S. 118-124.

geantwortet, dass es möglich sei, die Existenz eines weisen Gottes zu beweisen, dem es »am Herzen liegt«, die beste aller Welten zu schaffen und zu erhalten – nämlich unsere. Die Beständigkeit der Welt ist also gesichert durch die unwandelbare Weisheit eines souveränen Wesens. Kant geht, wie man weiß, nicht so vor, da er im Allgemeinen eine jede Form des spekulativen Denkens, die durch eine absolute Wahrheit abgesichert ist, ablehnt. Seine Strategie besteht vielmehr darin, eine *Beweisführung ad absurdum* von der Konstanz der physikalischen Gesetze vorzuschlagen. Man kann, glaube ich, die Sache so darstellen: Hume fragt uns, warum wir glauben, die Möglichkeit von phantastischen Bahnen der Billardkugeln, die er uns aufgrund einer reinen Unbeständigkeit der physikalischen Gesetze vorstellen lässt, ausschließen zu können. Das Prinzip der kantischen Antwort ist folgendes: Diese Szene, die wir uns vorstellen, könnten wir auf keinen Fall wahrnehmen, weil das, was sie ermöglichte – die Kontingenz der Naturgesetze – jede Wahrnehmung genauso wie jedes Bewusstsein eines Gegenstandes unmöglich machen würde. In der Tat, wenn die Szene der Hume'schen Kugeln als Szene vorstellbar ist, dann nur, weil die »Kulisse«, die den Hintergrund abgibt für das Herumrollen unserer Kugeln, ihrerseits außerordentlich stabil bleibt: Der Billardtisch, der verrauchte Saal, in dem sich die Spieler aufhalten, die Spieler selber – kurz, der ganze Kontext der Billardkugeln widerlegt die behauptete Hypothese von der Kontingenz der Gesetze. Dieser Kontext bezeugt eine viel umfangreichere Beständigkeit von der die Kugeln umgebenden Welt, das heißt von einer Natur, die den Naturgesetzen weiterhin einwandfrei unterworfen bleibt. Wenn nun die Naturgesetze im Falle der Kugeln zu versagen anfingen, dann versagten sie im Allgemeinen, und infolgedessen würde die ganze Welt vernichtet und mit ihr natürlich jede subjektive Vorstellung von ihr.

Die Schwachstelle der Hume'schen Argumentation besteht nach Kant darin, dass die Bedingungen der Wissenschaft und die Bedingungen des Bewusstseins voneinander getrennt werden. In der Tat konfrontiert uns Hume damit, das Bewusstsein einer Welt zu erlangen, in der Wissenschaft unmöglich ist. Eine Welt, in der wir noch Gegenstände wahrnehmen könnten – Tische, Kugeln –, aber die Gegenstände verhielten sich ganz willkürlich und wären für die wissenschaftliche Theorie unzugänglich. Für Kant jedoch richtet ein Bewusstsein ohne Wissenschaft die Argumentation zugrunde: Das Bewusstsein würde die Abwesenheit der Wissenschaft nicht überstehen, das heißt die Abwesenheit einer Welt, die geeignet ist, wissenschaftlich erkannt zu werden. Was die Unmöglichkeit beweist, dass eine solche Vernichtung der Wissenschaft und der Naturgesetze sich uns eines Tages *zeigt*: Wir werden die Hume'sche »Billardszene« niemals erleben, nicht weil es absolut unmöglich wäre, dass unsere Welt eines Tages zusammenbricht – nur ein spekulativer Metaphysiker könnte von dieser Unmöglichkeit in einer absoluten Welt ausgehen –, sondern weil der Zusammenbruch dieser Welt *ipso facto* dem Zusammenbruch einer jeden Form der Welt wie auch des Bewusstseins gleichkäme, das fähig wäre, einem solchen Schauspiel beizuwohnen.

Wir versuchen hier nicht die Argumentation von Kant buchstabengetreu zu rekonstruieren, sondern sie in ihren Grundzügen stufenweise nachzuzeichnen:

1. Angenommen, die Gesetze hören auf, das Gegebene zu bestimmen, und die Gegenstände verlieren ihre Beständigkeit. Die Wissenschaft würde dann unmöglich werden, aber das könnten wir niemals wahrnehmen, es höchstens träumen. Denn den Unterschied zwischen Wahrnehmung und Traum erreicht man nach Kant nur – das ist die Folge seines Idealismus – über den Unterschied zwischen Gegenständen, die der physikalischen Konstanz gehorchen, und denjenigen, die ihnen nicht gehorchen. Da ich es niemals mit Dingen an sich zu tun habe, sondern nur mit Vorstellungen, beschränkt sich der Unterschied zwischen den objektiven Vorstellungen (den Früchten meiner Erfahrung) und den schimärischen Vorstellungen (den Früchten meiner Einbildung) auf den Unterschied zwischen Vorstellungen, die von den Kategorien geordnet sind (daher kausal geord-

net), und jenen, die durch nichts anderes als das Arbiträre der Abfolge geordnet sind (Träumereien ohne Begriff). Wenn die natürlichen Dinge aufhörten, der kausalen Verbindung zu gehorchen, nähme alles das Gebaren eines Traumes an und wir könnten uns auf keinen Fall vergewissern, ob wir ein fremdes Phänomen wahrgenommen haben oder nicht vielmehr von ihm geträumt oder phantasiert haben.

Das ist eine erste Phase, die mit der bekannten traumhaften Zinnober-Szene in der Subjektiven Deduktion[67] illustriert werden kann. Kant schreibt dort:

> Würde der Zinnober bald rot, bald schwarz, bald leicht, bald schwer sein, ein Mensch bald in diese, bald in jene tierische Gestalt verändert werden, am längsten Tage bald das Land mit Früchten, bald mit Eis und Schnee bedeckt sein, so könnte meine empirische Einbildungskraft nicht einmal Gelegenheit bekommen, bei der Vorstellung der roten Farbe den schweren Zinnober in die Gedanken zu bekommen [...].[68]

Man muss hervorheben, dass das Imaginäre, das hier von Kant evoziert wird, in dem alle Dinge die Konsistenz eines Traums annehmen, ein Imaginäres gleich demjenigen ist, das von Hume in seiner Billardszene ins Spiel gebracht wird, nämlich ein Imaginäres außerhalb von Wissenschaft, ein XSF-Imaginäres. Kant begeht, wie gesagt, nicht den Fehler, den Popper begangen hat: Er hält nicht ein Extro-Science Fiction Problem für ein Science-Fiction Problem. Er tritt Hume auf dessen eigenem Terrain gegenüber – der gesetzlosen Wirklichkeit – und er

---

[67] Während in der objektiven Deduktion nachgewiesen wird, dass sich die Kategorien auf die Erfahrung anwenden lassen, untersucht die subjektive Deduktion, wie diese Anwendung – über welche Vermögen und Instanzen – vor sich geht.

[68] Immanuel Kant, *Kritik der reinen Vernunft*, AA IV, S. 78.

stellt ihm seine eigene Vorstellung des Chaos gegenüber. Chaos gegen Chaos, Zinnober gegen Billard: Das erste Opfer eines solchen kantischen Chaos ist die vom Phantasma ununterscheidbar gewordene Wahrnehmung.

2. Doch das Chaos von Kant wird sich als noch intensiver erweisen als jenes in der Zinnober-Szene beschriebene und infolgedessen intensiver als jenes in der Hume'schen Billardszene. Wenn es nämlich so weit käme, dass die Gesetze verschwinden, könnte nach Kant die Wirklichkeit nicht einmal die Konsistenz des Traumes besitzen, in dem ich noch Dinge unterscheiden kann: einen Zinnober, der sich auflöst, Menschen, die sich in Tiere verwandeln, eine Landschaft, welche die Jahreszeiten in einem Tag durchläuft. Eine Wirklichkeit ohne Gesetz wäre allerdings viel zu instabil, um auch nur die Skizzierung dieser werdenden Entitäten zu gestatten: Jede Entität würde implodieren, sobald sie geschaffen ist, und nichts hätte Zeit, sich von irgendetwas zu unterscheiden.

3. Da jedoch jede Form der zeitlichen Kontinuität zerstört sein würde, könnte ich selbst nicht in der Form des Ichbewusstseins fortbestehen, das fähig wäre, dem Schauspiel dieser schrecklichen Verwüstung beizuwohnen, denn mein eigenes Gedächtnis würde seinerseits verschwinden, sobald es auftaucht. Alles wäre auf die punktuelle und unaufhörlich amnestische Anschauung eines Chaos-Punkts, ohne Fülle und ohne Beziehung auf seine Vergangenheit, reduziert. Nachdem sie genauso unwirklich wie mein Traum geworden ist, dann noch unwirklicher wie jeder Traum, würde die Wirklichkeit den Träumer der Vernichtung in ihrem Nichts absorbieren. Es bliebe nur eine pure chaotische Vielheit, ohne Bewusstsein und Konsistenz.
    Es wird also deutlich, dass die Beweisführung von Kant eine Beweisführung *der Tatsache nach* ist: Da die von Hume vorausgesetzte Kontingenz der Gesetze, falls sie wahr wäre, die Abschaffung der Vorstellung und der Welt implizierte, kann die Tatsache selber, dass es eine Vorstellung von der Welt gibt, als

eine Widerlegung der Hume'schen These gelten. Und man muss noch hinzufügen, ich werde darauf zurückkommen, dass zugleich, wie diese Hypothese der Kontingenz von physikalischen Gesetzen disqualifiziert ist, das Imaginäre außerhalb von Wissenschaft als mögliches literarisches Genre von vorneherein durch Kants Methode dazu verurteilt scheint, sich auf die Monotonie einer reinen Unordnung zu reduzieren, in der nichts mehr fortbesteht und sich nichts mehr voneinander unterscheidet.

b) Möglichkeit von nicht-kantischen Welten

Doch bringt uns diese Bemerkung über das Imaginäre außerhalb der Wissenschaft auf die Spur einer möglichen Schwäche der kantischen Lösung. In der Tat, was hindert uns schließlich daran, uns viel stabilere Welten außerhalb der Wissenschaft vorzustellen, und dadurch viel interessantere Welten als die von Kant beschriebenen? Warum eigentlich kann man sich nicht Welten vorstellen, die notwendigen Gesetzen nicht unterworfen sind, eher instabile Welten also, hier und da zu absurdem Verhalten fähig – insgesamt aber regelmäßig –, obgleich diese Regelmäßigkeit keineswegs aus einem kausal notwendigen Prozess folgt? Anders gesagt, was berechtigt Kant dazu, die Möglichkeit auszuschließen, dass *der Tatsache nach* einigermaßen regelmäßige Welten existieren, die aber nur eine *approximative* Regelmäßigkeit besitzen, ohne dass diese Regelmäßigkeit ihren Ursprung in universellen Gesetzen hat? Warum müsste eine Welt ohne Gesetze unbedingt äußerst unbeständig sein?

Kant sagt uns, wenn unsere Welt keinem notwendigen Gesetz folgte, würde sie nicht fortbestehen. Man möchte ihm jedoch antworten, dass eine Welt, die keinem Gesetz unterworfen ist, keinen Grund hat, eher chaotisch als geordnet zu sein: sie muss in indifferenter Weise das eine wie das andere sein können, da man ihr ja gerade nichts aufzwingen kann. Letztlich scheint mir Kant ein implizites Gesetz ins Spiel zu bringen, das ihm gestattet, eine Identität zwischen einer Welt ohne notwendiges Gesetz und einem radikalen Chaos zu behaupten: Dieses

Gesetz ist ein *probabilistisches* Gesetz. Kant macht offensichtlich die folgende implizite Überlegung: Wenn die Welt gesetzlos wäre, wenn die geringste Parzelle in indifferenter Weise in jeder beliebigen Art sich verhalten könnte, wäre es ein außergewöhnlicher Zufall, wenn es ihr gelänge, eine dauerhafte und umfassende Ordnung nach dem Vorbild der uns bekannten Natur zu bilden. Aber wenn das die Argumentation von Kant ist, dann ist es einfach, ihm zu erwidern, dass eine Welt, die keinem Gesetz folgt, keinen Grund hat einem probabilistischen oder statistischen Gesetz, wie auch immer es beschaffen sein mag, zu folgen: Nichts kann sie daran hindern, gegen jede gesunde Wahrscheinlichkeit, eine umfassende Ordnung zu bilden, die eine Welt konstituieren würde, eine Ordnung, in der gewisse Details dennoch jeden Augenblick außer Kontrolle geraten könnten, so wie die Hume'schen Kugeln. Es zeigt sich also, dass die Schwäche der transzendentalen Deduktion von ihrer unzureichenden Praxis des XSF-Imaginären herrührt: Eine ausgeprägtere Form von Fiktion außerhalb der Wissenschaft hätte ihm untersagt, die Eventualität auszuschließen, sei es, dass die Welt in Zukunft sich in eine gesetzlose Welt verändert, oder sei es sogar, dass wir schon in einer solchen Welt leben, deren chaotisches Detail uns noch nicht in einer evidenten Weise erschienen ist. Seine Lösung des Hume'schen Rätsels – wie die Notwendigkeit physikalischer Gesetze, ihre zukünftige Beständigkeit beweisen –, diese Lösung durch die transzendentale Deduktion, hätte Kant demzufolge nicht so befriedigend erscheinen dürfen, wie sie es zunächst tat.[69]

Wenn wir unsererseits versuchen, diese These von Welten außerhalb der Wissenschaft zu vertiefen, erkennen wir in der Tat, dass Kants These, der zufolge die Wissenschaft und das Bewusstsein die gleichen Bedingungen der Möglichkeit hätten, nämlich die Notwendigkeit der Gesetze – dass diese These der

---

[69] Eine genauere Version dieser Kritik findet sich, ich erlaube mir den Verweis, in *Nach der Endlichkeit*, a.a.O., 4. Kapitel.

Analyse nicht standhält, denn wir können so viele Welten fiktionalisieren, wie wir wünschen, die ihr mit Evidenz widersprechen.

Man kann in der Tat drei Typen von Welten außerhalb der Wissenschaft denken, wobei nur ein Typ dem entspricht, was Kant beschreibt, und wobei die zwei anderen Typen sich seinem Imaginären widersetzen.

a) *Welten vom »Typ 1«*: Das sind alle möglichen Welten, die unregelmäßig wären, aber zu wenig unregelmäßig, um sich auf die Wissenschaft wie auf das Bewusstsein auszuwirken. Es sind also Welten, die nicht in einem strikten Sinn außerhalb der Wissenschaft sind, da sie noch die Ausübung von Wissenschaft erlauben. Aber es sind Welten, die der These widersprechen, der zufolge die strikte Notwendigkeit der Gesetze eine Bedingung der Möglichkeit der Wissenschaft wie auch des Bewusstseins ist.

Diese Welten würden Ereignisse ohne Ursachen einschließen, deren Auftreten jedoch zu sporadisch, zu »spasmodisch« wäre, um Wissenschaft sowie Bewusstsein zu gefährden: Solche Ereignisse bestünden in kausalen Brüchen, die zwar zu beobachten, doch unmöglich in regelmäßiger Weise zu reproduzieren wären.

Diese Welten gefährdeten die Wissenschaft nicht, denn die Wissenschaft ist strukturell indifferent gegenüber Ereignissen, die nur durch Zeugnis, aber nicht durch ein Beobachtungsprotokoll zugänglich sind. Wenn in dieser Welt jemand sagen würde, er habe während einiger weniger Minuten ein Phänomen außerhalb der Norm gesehen, so könnten Wissenschaftler nicht viel dazu sagen, und dies nicht, weil sie die Aufrichtigkeit des Beobachters zwangsläufig in Zweifel ziehen würden – nicht einmal deswegen, weil sie ihn für verrückt oder ein Opfer einer Halluzination halten würden –, sondern einfach, weil die Wissenschaft Ereignisse nicht berücksichtigen kann, deren Beobachtung sich einer Prozedur nicht unterwerfen lässt, die ihre Wiederholbarkeit gewährleistet. Selbst wenn die Zeugnisse von unglaublichen physikalischen Ereignissen sich vervielfältigten, und selbst wenn man eine Welt annehmen würde, in der diese Ereignisse tatsächlich physikalisch absurd wären, könnte die experimentelle Wissenschaft mit ihnen – buchstäblich – nichts anfangen, sie wäre nicht einmal von ihnen gefährdet, da die ihr eigene Domäne – die wiederholbaren Erfahrungen – von diesem Typ des Chaos unberührt bliebe. Für die Wissenschaft wäre jedes punktuell ohne Ursache auftretende Phänomen entweder inexistent oder ohne noch nachweisbare Ursache – daher für ihre eigene Existenz folgenlos.

Was das Bewusstsein betrifft, ist auch nicht einzusehen, warum es zerstört werden müsste. Der Traum und die Halluzination existierten weiterhin und sie existierten im Unterschied zu tatsächlichen Wahrnehmungen sowie zu Wahrnehmungen absurder Phänomene, die plötzlich entstünden. Gewiss, jeder Zeuge eines Ereignisses ohne Grund wäre berechtigt sich zu fragen, ob er nicht geträumt oder halluziniert hat, aber er hätte gute Gründe anzunehmen, dass das nicht der Fall ist. Denn in diesem Typ von Welt, weitgehend regelmäßig, könnte er in Betracht ziehen, dass der Kontext des Ereignisses nicht derselbe ist wie derjenige des Traums (er schlief nicht, er ist nach der Beobachtung nicht aufgewacht), noch wie derjenige der Halluzination (in dieser Welt wäre die Halluzination an gewisse erfassbare pathologische Symptome geknüpft). Außerdem könnte er sich in bestimmten Fällen auf das sichere Kriterium der Intersubjektivität berufen, denn es könnte sein, dass die Ereignisse in Gegenwart mehrerer Zeugen stattfinden, die einander versichern können, nicht geträumt zu haben. Man lebte in einem Universum, in dem neben der unberührten Sphäre der Ereignisse »für Wissenschaftler« – im Labor beliebig reproduzierbar – hier und dort Ereignisse »für Zeugen« existierten, die nicht reproduzierbar, nicht häufig und dennoch ganz real wären.

Da die nicht-kausalen Welten des Typ 1 tatsächlich denkbar sind, stellt sich heraus, dass weder die Wissenschaft noch das Bewusstsein die strikte universelle Anwendung des Prinzips der Kausalität zur Bedingung der Möglichkeit haben. Die eine wie das andere würden weiterhin in einer Welt möglich sein, die nur in Maßen vom Kausalitätsprinzip abweicht.

b) *Welten vom »Typ 2«*: Das sind Welten, deren Unregelmäßigkeit ausreichte, um die Wissenschaft aufzuheben, aber nicht das Bewusstsein. Das sind jetzt also wahrhaft Welten außerhalb der Wissenschaft.

In solchen Welten gäbe es keine Ereignissphäre mehr, die vor der akausalen Unordnung geschützt wäre. Das wäre eine Welt, in der die Möglichkeit, eine Naturwissenschaft zu bilden, dadurch aufgehoben würde, dass die Laborexperimente ihrerseits zu den verschiedensten Ergebnissen führten; es wäre jedoch zugleich – äußerste Inkonsequenz – eine Welt, in der sich das alltägliche Leben noch auf relative Stabilitäten stützen könnte. Es wäre eine Welt, in der es »Unfälle der Dinge« gibt, plötzliche »Entgleisungen« von materiellen Objekten, zu selten, um das menschliche Leben zu zerstören, aber nicht selten genug, um sicheres wissenschaftliches Experimentieren zu gestatten. Eine Welt, deren Ränder launisch würden, aber eine Laune, die auf keine versteckte Intention zurück verwiese. Es wäre eine Welt, von der man nur eine *Chronik* der Dinge führen könnte, zum Beispiel sagte man, angenommen man drückt sich dort mit dem Vokabular unserer Theorien aus: »Von diesem bis zu jenem Zeitpunkt hat die Natur ›des Labors‹ aufgehört relativistisch zu sein, um sich zur Newton'schen Dynamik zurückzubilden«; oder auch: »Von diesem bis zu jenem Zeitpunkt hat es hingegen eine echte ›Neubelebung‹ der Quantenphysik gegeben, aber vor allem in den Laboren der südlichen Hemisphäre«, etc. Man könnte keine universellen – im eigentlichen Sinn wissenschaftlichen – Gesetze mehr aus dem Lauf der Natur ableiten, sondern nur noch Schwankungen des Verhaltens registrieren, die die unterschiedlichsten, für jeweils bestimmte Zeiten und Orte geltenden Theorien eventuell beschreiben könnten.

Aber versuchen wir präziser zu sein: In Wirklichkeit wird die offensichtliche Unregelmäßigkeit niemals ausreichen, um zu beweisen, dass es in der erscheinenden Unordnung kein verborgenes, tiefer liegendes Gesetz gibt. Gleich, was für eine Unordnung sich uns zeigt, es wird immer möglich sein, wie es Bergson nach Leibniz hervorhob, eine unbekannte Ordnung oder eine Ordnung, die nicht derjenigen entspricht, die wir erhofft haben, zu entdecken. In einer Welt außerhalb der Wissenschaft wird man sich also immer vorstellen können, dass ein verborgenes Gesetz hinter der sichtbaren Unordnung des natürlichen Ablaufs existiert. Aber wir hätten es mit einer Welt zu tun, in der diejenigen, die darauf beharrten, ein solches geheimes Gesetz hinter den absurden Schwankungen der Natur zu suchen, genauso verrückt und oberflächlich erscheinen würden, wie diejenigen, die in unserer eigenen Welt noch versuchten, ein quantitatives Gesetz zu finden, das in der Lage wäre, den Lauf der menschlichen Geschichte zu erklären und vorherzusagen.

In einer solchen Welt wären wir, um das vorherige Bild von den »Unfällen der Dinge« weiter auszumalen, inmitten der Objekte, ein bisschen wie ein Autofahrer inmitten anderer Fahrzeuge: Wir könnten uns im Allgemeinen auf ein vernünftiges Verhalten des Wirklichen stützen, wir könnten jedoch ein absurdes Verhalten der Natur niemals ausschließen, so wie wir die Begegnung mit einem Verkehrsrowdy, der die Verkehrsregeln nicht beachtet, niemals ausschließen können. Eine verschärfte Vorsicht wäre also die Folge gegenüber einer solchen Natur, die »einen Schlenker machen« kann, aber in der Gesamtheit »regelmäßig« ist. Die Verkehrsunfälle können Gesetzen der Häufigkeit unterworfen werden, und unsere Vorsicht stützt sich natürlich intuitiv auf solch eine Häufigkeit, selbst wenn wir nicht die exakten Zahlen der Risikoberechnungen im Kopf haben. Genauso verhielte es sich in der Welt vom Typ 2: Die Plausibilität des Verhaltens wäre ausreichend, um von ihr allgemeine empirische Statistiken zu erstellen und um in ihr zu handeln und zu leben, obgleich in einer unangenehm ungewissen Weise – da eine statistische Häufigkeit niemals verheerende Ausnahmen ausschließt. Allgemeiner gesagt: Die Regelmäßigkeit der Natur wäre eine Entsprechung zur sozialen Regelmäßigkeit –

stabil genug, um die alltägliche Existenz zu erlauben, jedoch zu unvorhersehbar, um eine exakte Vorhersage stattfinden zu lassen und plötzliche Katastrophen auszuschließen.

Aber eine gewisse konstante »Statistik« der Welt vom Typ 2 zuzugestehen, hieße das nicht, trotzdem zuzugeben, dass ein – sogar statistischer – Ansatz der Naturwissenschaft möglich wäre? Damit die Entsprechung zwischen den beiden Regelmäßigkeiten – Natur des Typ 2 und Gesellschaft – genauer wird und uns erlaubt, eine Welt zu denken, die sich keiner experimentellen Wissenschaft unterwerfen lässt, müsste ihr eine historische Dimension hinzugefügt werden. Nehmen wir also an, dass jemand Ende des 18. Jahrhunderts versuchte, die ungefähre Häufigkeit von Kutschenunfällen im Paris seiner Zeit zu ermitteln. Wenn diese Person gewusst hätte, dass die Anzahl der Kutschenunfälle im Paris des 21. Jahrhunderts gegen Null tendiert, müsste er daraus den Schluss gezogen haben, dass von dem einen zum anderen Jahrhundert der Fortschritt in Sachen Kutschensicherheit einen außergewöhnlichen Sprung gemacht hat. Und das, weil er das fast vollständige Verschwinden der Kutschen zugunsten eines damals nicht existierenden Fortbewegungsmittels nicht hätte voraussehen können. Die soziale Regelmäßigkeit, die es uns ermöglicht, kurz- und langfristig das Verhalten der anderen, trotz seiner individuellen Unvorhersehbarkeit, auf eine quantifizierbare Wahrscheinlichkeit zu gründen, geht Hand in Hand mit der Möglichkeit der geschichtlichen Veränderung in größerem Rahmen, die ihrerseits in einem tieferen Sinn unvorhersehbar ist, denn sie lässt sich diesmal unmöglich irgendeinem quantitativen Gesetz unterwerfen. Und dennoch haben diese epochalen Veränderungen, die sich unmöglich mit kausalen Gesetzen des experimentellen Typs verbinden lassen, nicht jede Spur der sozialen Regelmäßigkeit getilgt, nicht einmal in den größten geschichtlichen Umbrüchen, das heißt im Übergang von einer Ära zur nächsten. Wir könnten also dementsprechend sagen, dass die »Menschen« der Welt vom Typ 2 »Veränderungen von Naturepochen« kennen würden, die an fortschreitende – aber radikal unvorhersehbare und für statistische Studien unzugängliche – Veränderungen der alltäglichen Konstanten gebunden sind. Im Gegensatz jedoch zu dem, was man von geschichtlichen Veränderungen möglicherweise vorausahnen kann, wäre jetzt diese Veränderung ganz ohne nachweisbare Ursachen: Sie führte »Epochen« in die Natur ein, deren langfristige Veränderung noch zu den kurzfristigen »Zuckungen der Dinge« hinzukäme. In dieser Welt webten die Ereignisse ohne Ursache – außerhalb jeder strikten Wahrscheinlichkeit – sich ständig ändernde, seltsame Regelmäßigkeiten, in welchen die Menschen mehr recht als schlecht versuchten, ihre individuelle Existenz zu führen.

Kurz gesagt: Eine zu solchen marginalen Launen und epochalen Veränderungen fähige Natur ist tatsächlich denkbar – und damit *die Trennung der Bedingungen der Möglichkeit der Wissenschaft von denen des Bewusstseins*. Eine Welt, in der die Bedingungen der Wissenschaft verschwänden, ist nicht zwangsläufig eine Welt, in der genauso die Bedingungen des Bewusstseins abgeschafft wären. Bewusstsein ohne Wissenschaft ist nicht der Ruin des Denkens.

c) Schließlich wäre der dritte Typ von Universum ohne notwendiges Gesetz in Wirklichkeit nicht mehr eine Welt: Es handelte sich um ein Universum, in dem die ungeordneten Veränderungen so häufig wären, dass nach dem Beispiel des von Kant in der objektiven Deduktion beschriebenen Chaos die Bedingungen der Wissenschaft wie diejenigen des Bewusstseins abgeschafft wären.

Man sieht also, dass von den drei Kategorien der Universen, die wir fiktionalisierten, zwei der transzendentalen Deduktion widersprechen, und nur eine bildet eine Welt, die von der Fiktion außerhalb der Wissenschaft hervorgebracht ist: die Welt des Typ 2, oder die Welt XSF-2.

Nun, diese XSF-2-Welt ist in zweifacher Hinsicht relevant. Zunächst wird schon durch ihre Denkbarkeit allein das zweifache Scheitern von Kant und Popper beim Versuch, das Rätsel

Humes zu lösen, deutlich: Wir sind immer noch nicht fähig, die Möglichkeit, dass solche Welten existieren können, mit Hilfe der Vernunft zu widerlegen. Die Möglichkeit einer Natur außerhalb von Wissenschaft aufzuzeigen, die uns dazu verpflichtet, die Herausforderung Humes erneut zu denken, hat daher eine unverkennbar spekulative Relevanz. Es scheint nämlich klar zu sein, dass der eine wie der andere der beiden vorherigen Versuche dazu führt, unseren Glauben in die Notwendigkeit der natürlichen Gesetze und an ihre zukünftige Stabilität zu bestätigen. Was wir jedoch nunmehr entdecken, ist, dass die Kontingenz der Naturgesetze keine absurde, sondern eine denkbare und (von Kant und Popper) unwiderlegte Hypothese ist. Was hindert uns noch daran, diese Eventualität tatsächlich zu akzeptieren? Warum nicht akzeptieren, was uns die Logik (das Prinzip der Widerspruchsfreiheit) und die Erfahrung (die gegenwärtige oder die vergangene) übereinstimmend sagen, nämlich, dass nichts verhindert, dass die aktuelle Welt auf einem unsicheren Boden ruht, der unseren Schritten an dem einen oder anderen Tag nachgeben könnte. Es zeichnet sich hier eine mögliche dritte Lösung ab, die nicht mehr darin bestehen würde nachzuweisen, was nicht nachgewiesen werden kann – die Notwendigkeit der Gesetze –, sondern darin, umgekehrt die *tatsächliche Kontingenz* der natürlichen Konstanten nachzuweisen, und dann die wichtigste Frage, die daraus folgte, in Angriff zu nehmen: Wenn die Welt nicht notwendig ist, wie ist dann ihre offensichtliche und einwandfreie Regelmäßigkeit möglich, die noch vollkommener ist als jene der Welt vom Typ 1?

Mit diesem Problem, das ich schon anderweitig behandelt habe[70], werde ich mich nicht auseinandersetzen, denn meine Absicht hier ist eine andere: Sie besteht darin, die »literarische« Relevanz von Welten außerhalb der Wissenschaft zu untersuchen, insofern diese nicht zu demselben Imaginären wie dem

---

[70] Ebd.

von Science-Fiction gehören. Kann man XSF als ein Genre der Erzählung verstehen, das mit SF konkurrieren kann?

3. Fiktion außerhalb der Wissenschaft und Erzählung

Könnte es XSF-Romane geben und unter welchen Bedingungen könnte es sie geben? Gibt es vielleicht schon Romane dieses Genres, die als Science-Fiction abgestempelt wurden, die jedoch in Wirklichkeit einem anderen Typ des Imaginären angehören, welchen auszuweisen ich mich oben bemühte?

a) Drei Vorgehensweisen

Die Schwierigkeit, XSF-Romane zu schreiben – wodurch sie zunächst zu vereinzelten Kuriositäten verurteilt scheinen –, besteht darin, dass man von etwas ausgeht, was normaler Weise von der Erzählung ausgeschlossen werden muss: nicht nur das rein Arbiträre, sondern das Arbiträre, das sich jederzeit wiederholen kann. Wenn der Leser der Science-Fiction bereit ist, den Zukunftsromanen die phantastischsten Ausgangspunkte zuzugestehen, so erwartet er, dass der Autor sich auch strikt an sie hält und in diese Welt, die er schafft, nicht Brüche ohne Ursache und Grund einführt, was der gesamten Erzählung jedes Interesse nehmen würde. Man muss sich in der Tat darüber im Klaren sein, dass, wenn in einer Welt Humes Hypothese eintritt, Ereignisse existieren, die buchstäblich *von nichts* hervorgebracht sind – anders gesagt, dass sie *ex nihilo* entstehen. Es geht darum, sich eine Veränderung der Gesetze vorzustellen, die selbst nicht durch ein Gesetz oder eine Ursache höherer Ordnung ausgelöst wird – denn sonst hätten wir es noch immer mit einer Welt zu tun, die von Konstanten und/oder von einer spezifischen Rationalität beherrscht wäre: physikalischen Konstanten oder schöpferischer, sogar göttlicher Rationalität. Auf den Rahmen der Erzählung übertragen, läuft das darauf hinaus, hier und dort willkürliche Zäsuren einzuführen, die durch die geschilderte Reihe von Ereignissen nicht erklärbar sind. Anders gesagt, die Fehler des ungeübten Erzählers werden ontologisch begründet und zum typischen Merkmal des Genres. Wie kann man in so einem Fall nichtsdestotrotz eine Geschichte strukturieren? Gibt es irgendein Interesse, sich in das Abenteuer einer XSF-2-Welt zu stürzen?

Versuchen wir zunächst genauer zu verstehen, wie eine XSF-Erzählung beschaffen sein muss. Sie muss zwei Forderungen entsprechen: a) Es treten Ereignisse ein, die keine wirkliche oder vorgestellte »Logik« erklären kann; b) Die Frage der Wissenschaft ist gegenwärtig, wenn auch nur auf negative Weise. Man muss es mit einer Welt zu tun haben, in der Wissenschaft entweder ganz oder teilweise (in dieser oder jener Disziplin, einer chemischen, physikalischen, biologischen etc.)[71] plötzlich unmöglich ist oder gerade unmöglich wird. Oder eine andere, noch radikalere Möglichkeit, man muss eine Welt darstellen, aus der Wissenschaft schon immer aufgrund der Häufigkeit von aberwitzigen Ereignissen ausgeschlossen ist und weiterhin im Universum in Form einer in ihren Wirkungen intensiv gespürten Abwesenheit herum spukt.

Diese zwei Merkmale genügen, um XSF von *Heroic Fantasy* oder vom *Nonsense* à la Lewis Carroll zu unterscheiden. In diesen beiden Genres erscheint die Wissenschaft nämlich nicht als dasjenige, was fehlt, weil sie von einer Logik oder einer anderen Herrschaftsform der Phänomene ersetzt wird, welche die Erzählung und die Situationen sättigen und ihre intrinsische Kohärenz gewährleisten: Sei es die Magie einer protomittelalterlichen Welt in der *Fantasy*, sei es das Paradox und die Parodie in den Romanen über Alice. Der XSF fehlt diese »heterodoxe Kontinuität«: Sie verfügt nicht über eine Ersatz-

---

[71] Wobei es absurd ist, dass die Wissenschaft »teilweise« überlebt, ohne durch die Zerstörung eines ihrer Gebiete in Mitleidenschaft gezogen zu werden. Dass sie erhalten bleibt, ohne sich ganz zu erhalten, heißt nichts anderes sagen, als dass sie in ihrer allgemeinen Kohärenz vollständig zusammenbricht.

kohärenz und sieht sich vielmehr gezwungen, das Gewebe des eigenen Fadens durch Brüche, die nicht zu rechtfertigen sind, zu zerreißen; zugleich muss sie eine Geschichte mit solchen Rissen hervorbringen.

Um dieser Schwierigkeit zu begegnen, scheint mir, gibt es drei Typen von Lösungen – wobei meine Liste nicht beansprucht, vollständig zu sein. Diese Lösungen (zugleich als »Auflösung« und »Lösung der Kontinuität« verstanden) habe ich dank der gelehrten Hilfe von Tristan Garcia in drei SF-Erzählungen gefunden. Sie stellen jedoch nur andeutungsweise eine Lösung dar, denn diese Romane – gerade weil sie »Science-Fiction« sind – enden jedes Mal damit, die offensichtlich absurden Ereignisse auf eine erneut gefundene kausale Logik zurückzuführen. Man entdeckt dort trotzdem die Möglichkeit und die Idee einer SF, die nach und nach von XSF zersetzt werden würde, bis die Geschichte – anstatt, wie in den folgenden Beispielen, in den kausalen Schoß zurückzukehren – das literarische Genre schließlich verwandelt.

1. Die erste Lösung würde darauf hinaus laufen, einen einzigen Bruch ohne Ursache und Grund einzuführen, eine einmalige physikalische Katastrophe, die von einem Tag auf den anderen die Protagonisten in eine Welt hineinstieße, in der irgendein unerklärliches physikalisches Phänomen massenweise auftreten würde.

Darwinia[72] von Robert Charles Wilson weist eine derartige Ausgangssituation auf: Im März 1912 verschwinden in einer Nacht Europa und seine Einwohner und weichen einem Kontinent mit der gleichen Form, jedoch von einer völlig unbekannten Flora und Fauna besiedelt, wie vom alternativen Erzeugnis einer anzestralen Evolution. Das Ereignis schlägt zunächst jede wissenschaftliche, besonders die Darwin'sche Erklärung in die Flucht. Daher kommt der Name »Darwinia«, der dem neuen Kon-

---

[72] Robert Charles Wilson, *Darwinia*, München 2010.

tinent auf ironische Weise gegeben wird. Der Sinn der Katastrophe wird aber schließlich enthüllt: Die Erde, auf der sich diese Substitution ereignete, ist nicht der ursprüngliche Planet, sondern nur ein Archiv von jenem und durch eine Art galaktischer Noosphäre – die Summe aller Lebewesen im höchstentwickelten Stadium – hervorgebracht. Sie versucht das Gedächtnis ihrer eigenen Vergangenheit zu verdichten, um so dem thermischen Tod, der dem Universum droht, zu widerstehen. Eine maschinenartige und bösartige Lebensform versucht dieses Archiv der Erde gewaltsam zu verändern, um dort ein günstiges Terrain für ihre zerstörerische Inkarnation zu schaffen. Die Figuren entdecken, dass sie Archive mit Bewusstsein sind, die mit einer teilweisen Auslöschung ihrer eigenen Daten konfrontiert waren.

2. Zweite Lösung: die Vervielfältigung der Brüche, um eine Form des *Nonsens* zu erzeugen, aber mehr auf den reinen Gag abzielend als vom subtilen Paradox bestimmt wie bei Carroll. Der Autor kann tatsächlich mit vielfältigen arbiträren Ereignissen umgehen, und muss sich nicht auf ein einmaliges Ereignis beschränken, wenn er damit spielt, absurde und unerwartete Situationen zu erzeugen. In der Tat besitzen die Welten vom Typ 2 eine gewisse *vis comica*, ein gewisses burleskes Potenzial, das sich eventuell ausschöpfen lässt.

Man kann hier an Douglas Adams *Per Anhalter durch die Galaxis*[73] denken, eine Art beatnikhafter, tolldreister und psychedelischer SF-Roman, in dem ein »Apparat für unendliche Unwahrscheinlichkeit« vorkommt: eine Maschine, die nach Belieben die absurdesten Ereignisse erzeugt und Raketen bald in einen Petunientopf, bald in einen nachdenklichen Pottwal verwandelt, während sie sich zum nächsten Planeten hinbewegen. Es handelt sich jedoch um eine Maschine, die noch den Gesetzen des Zufalls gehorcht (sie erzeugt unendliche »Unwahrscheinlichkeiten«), und dieser Apparat ist außerdem mit Hilfe

---

[73] Douglas Adams, *Per Anhalter durch die Galaxis*, München 2004.

einer ihrerseits probabilistischen Überlegung erfunden worden. Eine Überlegung, die, wenn ihr Witz dem des Romans entspricht, nicht weniger kohärent ist.[74] Schließlich kann diese Maschine, wie jede andere Maschine, nach Belieben ein- und ausgeschaltet werden und sie stellt daher kein prinzipiell unbeherrschbares Ereignis ohne Ursache dar.

3. Schließlich die letzte Lösung: Romane über eine ungewisse Wirklichkeit, über jene, in der das Wirkliche zerfiele und von einem Tag zum nächsten aufhörte, uns vertraut zu sein. Wie in der burlesken Lösung vervielfältigt die Erzählung die Brüche, diesmal jedoch gemäß einer fortschreitenden Reihe von bedrückendem Zerfall.

Man könnte hier an *Ubik*[75] denken, eines der Meisterwerke von Philip K. Dick, in welchem das Wirkliche immer mehr seine gewohnte Kohärenz verliert. In diesem Roman trotzen die Figuren zwei Serien von Ereignissen, die im Gegensatz zu aller Physik stehen und zwei heterogenen »Logiken« entsprechen. Einerseits werden die Dinge und Wesen älter oder bilden sich zurück: plötzlich veraltete Telefonbücher, Geldstücke von gängiger Währung, die einem andern Zeitalter angehören, frisch erworbene verwelkte Pflanzen, der Körper einer jungen Frau, die in einer Nacht zur Mumie wurde. Andrerseits finden sich das Portrait oder die Nennung eines kürzlich ermordeten Mannes an ausgefallenen Orten und verrückten Situationen wieder: Das Gesicht erscheint auf Geldstücken, sein Name steht auf Zündholzschachteln geschrieben oder wird in der Fernsehwerbung

---

[74] Adams erklärt, dass man nur Apparate für endliche Wahrscheinlichkeiten herstellen konnte, bis ein Student – beim Aufkehren eines Labors, in dem gerade Versuche gemacht wurden – auf die Idee kam, die endliche Wahrscheinlichkeit für den Apparat unendlicher Unwahrscheinlichkeit auszurechnen. Nachdem ihm dies gelang, wurde der Student berühmt und daraufhin von Physikern, die seinen Erfolg »wirklich nicht ertragen konnten«, gelyncht (Ebd. S. 87-89).

[75] Philip K. Dick, *Ubik*, Frankfurt a. M., 1977.

genannt. Diese Entstrukturierung der Welt schafft eine Atmosphäre des Albtraums, die genauso gut wie die Burleske zur XSF-2-Welt passt. Doch kommt es erneut zur kausalen Erklärung dieser Vorgänge. Es geht in Wirklichkeit um die psychische Welt von Individuen, die entdeckten, dass sie ebenfalls ermordet und halblebendig eingefroren wurden und langsam von einem mit monströsen mentalen Fähigkeiten begabten, im Koma liegenden Jugendlichen verschlungen werden.

Kurz, drei Lösungen für mögliche Extro-Science-Fiction-Romane: die Katastrophe, der burleske *Nonsense*, die quälende Ungewissheit in einem atmosphärischen Roman. Jedes Mal werden diese XSF-Ansätze wieder von einer für die SF-Erzählung charakteristischen heterodoxen Logik der Ursachen und Gründe eingeholt.

b) Ein XSF-Prototyp

Letztlich habe ich dennoch einen echten XSF-Roman entdeckt, der zu Unrecht als Science-Fiction abgestempelt wird und der schon alleine zeigt, dass eine solche Literaturgattung existieren und sogar einen anhaltenden Erfolg haben kann: Es handelt sich um *Ravage*[76] von Rene Barjavel.

Wie in den vorherigen Beispielen überlagert sich *Ravage* mit einem SF-Kontext, den er mit einer ihm fremden Logik kontaminiert. Im Gegensatz jedoch zu den drei anderen genannten Romanen, wird er nicht von einer Logik der Ursachen und Gründe, die ihn in den Schoß der Science-Fiction zurückkehren lässt, »zurück erobert«.

In dieser Erzählung, die sich im Jahr 2052 abspielt, hört die Elektrizität von einem auf den anderen Tag auf zu existieren oder zumindest sich zu zeigen. Barjavel versucht bemerkenswerter Weise nicht wirklich, das Phänomen zu erklären: Er

---

[76] René Barjavel, *Ravage*, Paris 1996.

beschreibt nur die katastrophalen Folgen für das zukünftige Paris und Frankreich und wie der Held und die wichtigsten Protagonisten zu überleben versuchen. Die Romanfiguren stellen zwar wissenschaftliche und theologische Hypothesen über dieses Verschwinden auf (göttliche Strafe oder Schwankungen der Sonnenflecken). Ihre Vermutungen werden jedoch niemals bestätigt und außerdem kaum erläutert. Wichtig sind die destruktiven Auswirkungen des Ereignisses auf die »Hohe Stadt« (ein von riesigen Hochhäusern dominiertes Paris): Brände, Abstürze von Luftfahrzeugen, Wassermangel, Szenen von Panik und Plünderungen. Eine Katastrophe, die sich auf das ganze Land ausdehnt, erzählt aus der Sicht von Hauptfiguren, die weit aus den urbanen Zentren fliehen. Barjavels Gewandtheit besteht darin, die Erzählung atemlos genug zu gestalten, sodass dem Leser keine Zeit oder Muße mehr bleibt, sich Fragen über die Natur des Phänomens zu stellen, welches die Figuren durch die unvorhergesehenen Folgen der elektrischen Annihilation ernsthaft bedroht und ständig überfordert.

Die zwei wichtigsten Reden über dieses Verschwinden sind Eingeständnisse der Unwissenheit und bringen Hypothesen vor, die für eine XSF-2-Welt typisch sind. Die erste Rede wird von Professor Portin gehalten, einem Individuum, beispielhaft für die bis dorthin gepriesene und machtlos gewordene Wissenschaft. Er wendet sich auf der Straße an die Menschenmenge, die ihn erkennt und ihn kurz darauf aufgrund der eigenen Panik zu Tode trampeln wird: »Weil wir allen Naturgesetzen und der Logik Gewalt angetan haben, ist die Elektrizität verschwunden. Nach der Ausradierung der Elektrizität ist es noch unwahrscheinlicher, dass wir leben. Das ist alles verrückt. Das ist ein antiwissenschaftlicher und antirationaler Alptraum. Alle unsere Theorien und alle unsere Gesetze sind auf den Kopf gestellt.«[77] Die zweite an den Helden gerichtete Rede wird von Doktor Fau-

---

[77] Ebd., S. 123.

que gehalten, der im Roman eine Art »gesunden Menschenverstand« personifiziert, der noch mitten im Desaster fortbesteht:

> Aber die Elektrizität ist nicht verschwunden, mein junger
> Freund. Wenn sie verschwunden wäre, existierten wir
> nicht mehr, wären wir und das Universum ins Nichts zu-
> rückgekehrt. [...] Die Manifestation des elektrischen Flui-
> dums hat sich verändert. [...] Ist es eine Laune der Na-
> tur, eine Warnung Gottes? Wir glauben, das Universum,
> in dem wir leben, sei unveränderlich, weil wir gesehen
> haben, wie es immer den gleichen Gesetzen folgt. Doch
> nichts vermag zu verhindern, dass sich alles plötzlich
> verändern kann, dass der Zucker sauer wird, das Blei
> leicht und der Stein, wenn man ihn loslässt, davon fliegt
> anstatt runter zu fallen. Wir sind nichts, mein junger
> Freund, und wir wissen nichts... [78]

Nichts ist daher ausgeschlossen, mit dieser Deklaration werden
alle Hypothesen aufrecht erhalten, die kein allwissender Erzähler bestätigen oder entkräften kann: sei es wissenschaftliche
Widersinnigkeit oder sei es eine »Laune der Natur«, welche die
tiefere Intervention einer noch unbekannten rationalen Ordnung
nicht ausschließt. Wie wir schon sagten, ist es in der Tat
unmöglich, die Gegenwart eines Gesetzes in einer XSF-2-Welt
formal auszuschließen. Denn, wie Leibniz angesichts unerwar-
teter Wunder, die offenbar zu einer von Gott geplanten Vorseh-
ung in Widerspruch stehen, in Erinnerung rief, sind alle von
einer gegebenen Ordnung aus offensichtlichen Zufälle von
Rechts wegen mit der Existenz einer komplexeren Ordnung
vereinbar. [79] Der springende Punkt ist, dass der Idee einer Erklä-

---

[78] Ebd., S. 151-152.

[79] Leibniz stützt sich auf diese Tatsache, um zu behaupten, dass das
Wunder nicht einer Welt widerspricht, die seit jeher dazu bestimmt
ist, einem Gesetz zu folgen, das die größtmögliche Vielfalt der Phänomene mit einer höchsten Ordnung verbindet (Definition von der

rung selbst jegliche Tragweite genommen wird und dass die Bewohner dieser Welt von den Zufälligkeiten einer unvorhersehbaren Umwelt völlig in Anspruch genommen sind.

Wie man weiß, erinnert dieser 1942 vollendete und 1943 publizierte Roman auf unangenehme Weise an die von Pétain in jenen Jahren geforderte Rückkehr zur Erde. Der Roman bewegt sich tatsächlich in einer leicht durchschaubaren Ideologie: Die Stadt und die gigantischen Hochhäuser repräsentieren eine korrumpierte, babylonische Stadt, die im Gegensatz zum Land mit rein gebliebenen Sitten steht, der Haute Provence. Von hier kommt der Held, der mit einem Namen ausstaffiert ist, der zum Karikaturhaften tendiert und alles sagt: »Francois Deschamps«. Die Beseitigung der Elektrizität und deren Wissenschaft steht daher nicht für eine eindeutige Katastrophe, sondern umgekehrt für die Möglichkeit einer Erneuerung. »Ravage« ist ein zweideutiger Titel, der Begriff kommt im Roman nie vor und kann genauso gut die Wirkungen des völligen Verfalls der Zivilisation bezeichnen wie das Beben des Zusammenbruchs. Am Ende der Massenflucht kehrt Deschamps als Anführer einer Gruppe Überlebender zur heimatlichen Erde zurück, um eine ländliche

---

besten aller möglichen Welten). Siehe in *Metaphysische Abhandlung* den 6. Abschnitt: »Die Willensakte Gottes pflegt man in ordnungsgemäße und in außerhalb ihrer stehende einzuteilen«, und siehe dort das Beispiel der auf einem Papier verstreuten Punkte: »Denn was die universale Ordnung anbetrifft, so ist ihr alles gemäß. Das ist so wahr, dass nicht nur nichts in der Welt geschehen kann, was völlig unregelmäßig wäre, sondern man kann sich so etwas nicht einmal ausdenken. Nehmen wir z. B. an, jemand brächte wahllos eine Menge Punkte zu Papier, wie es diejenigen tun, welche die lächerliche Kunst der Geometrie betreiben, so behaupte ich, dass es möglich ist, eine geometrische Linie zu finden, deren Begriff – einer bestimmten Regel zufolge – konstant und einheitlich ist, und zwar so, dass diese Linie durch all diese Punkte und in derselben Reihenfolge geht, wie sie die Hand gezeichnet hat.« Gottfried Wilhelm Leibniz, *Metaphysische Abhandlung*, Hamburg, 1958, S. 13.

Gemeinschaft zu gründen, in der eine gesunde Ignoranz jede Rückkehr zum korrupten Wissen verhindert.

Es wird also deutlich, dass bei Barjavel diese Fiktion außerhalb der Wissenschaft aus einer damals weit verbreiteten politischen Landschaft hervorgeht, die wissenschaftsfeindlich ist, weil sie die Modernität insgesamt ablehnt. Ich habe noch eine andere mögliche reaktionäre Quelle des Romans aufgespürt, und zwar Léon Daudets *Le stupide XIXe Siècle*. In diesem Pamphlet von 1922, das sehr bekannt ist, greift der Polemiker der *Action française* die gesamten, in seinen Augen, verabscheuungswürdigen Errungenschaften des vorangegangenen Jahrhunderts an – offensichtlich politische, aber auch künstlerische und sogar wissenschaftliche Errungenschaften. Um die Wissenschaft der Gelehrten jener Epoche zu entwerten, schöpft Daudet aus den extremen Quellen seiner Niedertracht und geht in zwei Schritten vor: a) Die Wissenschaft hat immer existiert: die Segelschifffahrt, das Weben von Kleidungsstoffen, die Produktion von Brot und Wein – kurz alle traditionellen Techniken sind schon Wissenschaft, und sie sind »grundlegend und konsubstantiell für die Zivilisation geworden«. b) Die Entdeckungen des neunzehnten Jahrhunderts haben keinen derartigen »Charakter der Beständigkeit und der Konsubstantialität«. Anders gesagt, die jüngeren Entdeckungen haben etwas Prekäres, weil sie dem echten Boden unserer Zivilisation äußerlich sind. Und jetzt die Pointe von Daudet: »Man spürt, dass durch einen intellektuellen Kurzschluss die Wissenschaft der Elektrizität aussterben und verschwinden könnte, wie auch die Elektrizität selber.«[80] Ob nun Barjavel diese Schmähschrift gelesen hat oder nicht, es wird deutlich, dass die Idee und der kaum verheimlichte, phantasmatische Wunsch vom Verschwinden der durch Elektrizität symbolisierten modernen Wissenschaft seit min-

---

[80] Léon Daudet, *Le stupide XIXe Siècle*, in: *Souvenirs et polémiques*, Robert Laffont, Paris 1992, S. 1191.

destens zwanzig Jahren in der Luft – oder in einer bestimmten Luft – lag.

Man sollte den nicht gerade ruhmreichen Zusammenhang, aus dem diese XSF-2-Erzählung hervorgegangen ist, keineswegs verbergen. Man sollte jedoch hinzufügen, dass ein gelungenes Werk immer über die Summe der Vorurteile seiner Epoche und selbst seines Autors hinausgeht. Was nun aus *Ravage* einen Abenteuerroman macht, der interessanter ist als seine rückständigen Konzeptionen, das liegt vor allem daran, das Barjavel, wie wir schon sagten, intelligent genug ist, niemals das letzte Wort zum Grund der Katastrophe zu sagen, und es vermeidet, das Phänomen im Sinne seiner bevorzugten Ideologien zu interpretieren. Die Möglichkeit, dass Wissenschaft wieder auftaucht, wird nicht ausgeräumt, da am Ende ein gewisser Denis (in Anspielung auf Denis Papin) die Dampfmaschine wiederentdeckt und wegen dieses »Verbrechens« von Deschamps, der zum Patriarchen der Nicht-Wissenschaft geworden ist, ermordet wird. Die Möglichkeit des Wissens besteht weiter, da sie wie eine Drohung der Wiederentdeckung der Naturgesetze und in der Folge – warum nicht? – der Elektrizität bestehen bleibt. Dass es eine göttliche Strafe gegeben hat, wird – angesichts des biblischen Aspekts der dargestellten Epoche – nicht von vorneherein ausgeschlossen, aber auch niemals bestätigt. Die reine »Laune der Natur« bleibt ebenso als Möglichkeit bestehen und wirft auf die Gesamtheit dieser Welt den Schatten ihrer äußersten Absurdität.

Vor allem bleibt dieser Roman bemerkenswert, weil er eine geschichtliche Katastrophe – das Debakel vom Mai 1940 – sowie einen der Umbrüche, die daraus folgten – die Auslöschung des Lichts, den 16-stündigen Stromausfall im besetzten Paris – ganz offensichtlich in die Natur selbst transponiert. Das überschneidet sich mit dem Vergleich, den ich zwischen der Welt vom Typ 2 und der Radikalität von geschichtlich Unvorhergesehenem skizzierte: Der unsichere Boden der besiegten Nation wird durch den unsicheren Boden der wankelmütigen Natur verklärt. Die politische Dummheit der Rahmenhandlung spielt kaum eine Rolle und beeinträchtigt die Originalität der Erzählung nicht. Die Erzählung ist ein authentisches Beispiel der XSF, da es ihr gelingt, sich in einer Welt ohne Substanz zu entfalten.

★   ★   ★

Es scheint also möglich, dass die Fiktion außerhalb der Wissenschaft ein vollwertiges Genre bilden kann, da sie über verschiedene Verfahrensweisen verfügt, die dazu fähig sind, eine Erzählung, trotz der herrschenden Unordnung der dargestellten Welt, zu stützen. Vor allem besitzt sie einen echten Prototyp, der unseren Anforderungen entspricht, noch bevor wir sie festgesetzt haben. Doch könnte dieses Genre nicht die – ehrenhafte, aber begrenzte – Bedeutung des Jugend- oder Abenteuerromans übersteigen? Es scheint mir, man könnte noch weiter gehen: Man geht von der Science-Fiction in ihrer herkömmlichen Form aus und löst sie dadurch auf, dass man die SF-Welt in eine XSF-Welt übergehen lässt; man verfolgt dieses Unternehmen des Verfalls zu einer immer unbewohnbaren Welt hin weiter und lässt so die Erzählung selber nach und nach unmöglich werden, bis ein bestimmtes in seinen eigenen Strom verdichtetes Leben sich vom durchlöcherten Milieu absondert. Das Leben macht die mentale Erfahrung seiner selbst ohne Wissenschaft und entdeckt in dieser immer stärker ausgeprägten Diskrepanz vielleicht etwas Neues bezüglich des einen oder anderen. Bis zum Extrem getriebene eidetische Variation, Erfahrung seiner selbst in einer experimentell nicht zugänglichen Welt. Eine prekäre Intensität würde, nur noch von Trümmern umgeben, endlos in ihre eigene reine Einsamkeit eintauchen, um die Wahrheit einer Existenz ohne Welt zu erforschen.

Metaphysica Morum

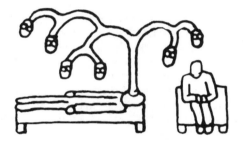

Thomas Ligotti

Aus dem Englischen
von
Peter Robert

Meine Anweisungen lauteten, eine Abfolge absurd einfacher Handlungen vorzunehmen und die Operation geheim zu halten. Erstens sollte ich mich in die für mich vorgesehene Umgebung begeben; zweitens würde ich auf ganz natürliche Weise und nach Möglichkeit unbemerkt fortgehen, obwohl letzteres nicht von entscheidender Bedeutung war. So sah das Grundkonstrukt des Traumes aus. Trotzdem hatte ich das Gefühl, dass die Befolgung der Anweisungen Auswirkungen in einem viel größeren Plan haben würde. Zwar werden nächtliche Visionen häufig von derartigen Gefühlen begleitet, aber diesmal schienen sie von einer Beschaffenheit zu sein, die alles übertraf, was ich in der Welt des Schlafes jemals erlebt hatte.

Die Rolle, die ich spielen sollte, war die eines normalen Menschen auf einer »Einkaufsmission«, ein Wort, das für mich wie die finsterste Fusion des Banalen mit dem Ungewöhnlichen klang. Ich war bereits in meine Rolle geschlüpft, als jemand sich mir näherte – der Händler (wie ich ihn innerlich nannte) –, um sich meiner angeblichen Wünsche anzunehmen. Der Ausstellungsraum seines Geschäfts, ein Ort namens »Kette der Galaxien«, erweckte in mir den Eindruck, als wäre er in einer gemieteten Badewanne zusammengebraut worden, so stellte ich es mir jedenfalls vor. Zugleich war dies für mich keine unbekannte Umgebung. Wieder einmal erzitterte ich angesichts einer Darstellung des Schrecklichen und Alltäglichen. Es handelte sich in gewisser Weise um ein Pendant der Welt, die ich in meinen wachen Stunden sehnlichst per Selbstmord zu verlassen wünschte, im Idealfall, indem man mir einfach meine Bitte um Sterbehilfe mittels eines Narkotikums erfüllte. In einem kurzen Moment der Klarheit gelangte ich sogar zu der Erkenntnis, dass ein solches Verfahren weder im Reich der Materie noch in den fernsten Grenzregionen, zu denen ich in meinen Träumen geführt worden war, geduldet wurde.

Der Händler war ein schlaksiger Bursche, fast doppelt so groß wie ich. Er schien in Höhe der Taille fast auseinanderzubrechen, als er sich zu mir herabbeugte und zum gefühlt zehnten Mal sagte: »Wenn ich Sie recht verstehe, mein Herr, sind Sie auf der Suche nach einem *ganz neuen Kontext*.«

»Ich sollte nicht so weit schauen können«, sagte ich. Ich meinte die Dimensionen des Traums. Da war mehr, als man auf den ersten Blick sah. Groteske Muster bewegten sich Lichtjahre von meinem Standort entfernt, wie es schien.

»Sie sind ein metaphysischer Mutant, wenn ich mich nicht irre. Vor nicht einmal einer Generation dem Sumpfland entronnen, einem fruchtbaren Boden für Mutanten jeglicher Art.« Jetzt spürte ich eine Verbindung zu einer schrecklichen Genese, etwas in meinem Innern schickte Kräfte der Zerstörung dorthin, wo ich herkam. »Und Sie wünschen schon seit geraumer Zeit, meine Dienste in Anspruch zu nehmen.«

Es wurde noch viel mehr gesagt, ich hörte Worte in einer Sprache, die etwas mit den umfassenderen Auswirkungen des großen Plans zu tun hatte, den ich während des gesamten Traumes wahrnahm. Anderes wiederum wurde nicht gesagt, hatte aber ebenfalls etwas mit dem Plan zu tun, so wie der Geist im Traum Zwiesprache mit sich selbst hält und dem Träumer erzählt, wie es in einer Welt des reinen Bewusstseins aussieht, einer Welt immaterieller, zu Erscheinungen herabgesunkener Phänomene. Es gab Verhaltensmaßregeln und weitere Willensbekundungen, unendlich komplexe Prozesse und Prinzipien, die hier am Werk waren, zugleich einzigartige und mannigfaltige, spezielle und universelle, absolute und willkürliche Manifestationen, und all das stand innerhalb meines Wesens auf unendlich viele Weisen miteinander in Beziehung. Wie so oft in den Träumen von Dingen außerhalb der sinnlichen Wahrnehmung, die mich schon mein Leben lang begleiteten und die ich im Lauf der Jahre mit den hier verwendeten Formulierungen in immer ausgefeilterer Form zu erfassen versucht hatte, wurde ich von einer unheimlichen Furcht überwältigt und langsam aus dem Schlaf geholt.

Zu diesem Zeitpunkt meines Lebens erwachte ich aus einem solchen Traum für gewöhnlich in einem Zustand der Erregung und Verärgerung, sowohl wegen des verrückten Erlebnisses, das ich soeben gehabt hatte, als auch wegen der Tatsache, dass ich ein gestörtes menschliches Wesen war, das heißt ein Mensch wie jeder andere. Als träumender Organismus hatte ich schon vor langer Zeit aufgehört, mir immerfort Gedanken über Szenarien und Details von symbolischem Charakter zu machen und bis zum Überdruss das zu prüfen, was binnen Sekunden, nachdem ich in der Wachwelt wieder zu mir gekommen war, mit meinem stillschweigenden Einverständnis in den Orkus jenseits jeglicher psychologischer Bewertung und Bedeutung hinabgesaugt wurde. Und wie ich bereits bemerkt habe, schien mir diese Welt selbst auch nichts Besseres zu sein als eine in einer gemieteten Badewanne zusammengebrauten Landschaft. (Die meisten anderen betrachten diese Landschaft mit einem von einer positiveren moralischen Sichtweise geprägten Blick, was gut für sie ist). Doch von diesem Traum-Ereignis, wie ich solche Ausflüge fortan nennen werde, blieben mir die Wörter »ganz neuer Kontext« erhalten, statt im Schwarzen Loch meines nachlässigen Gedächtnisses zu verschwinden.

Ich nahm diesen Ausdruck zu meiner nächsten Sitzung mit meinem Therapeuten und Meditationslehrer mit. Sein Praxisschild hing draußen an einem ehemaligen Laden. Er hieß Dr. Olan, zog es jedoch vor, von seinen Vertrauten und Klienten als Dr. O angesprochen zu werden. Diese persönliche Anredeform tauchte auch auf seinen Visitenkarten auf, wie eine Art Deckname. Das schlichte »O«, erklärte er mir einmal, sei kein Bekenntnis des Negativismus, wie ich früher gehofft hatte, sondern stehe für Deutungsoffenheit und Nichtsektierertum. Ich fand dieses affektierte Gehabe widerlich, buchte es jedoch damals als Bestandteil des Gesamtpakets ab, das Dr. O war: seine sanfte, aber dennoch gebieterische Art, seine Zurschaustellung überragender Gelehrsamkeit und seine trotz der schäbigen Praxis unzweifelhaft kostspielige, aber geschmackvolle Kleidung sowie seine untadelige, gepflegte Erscheinung. Überdies war ich nicht in der Lage, ein breiteres Angebotsspektrum zu prüfen und jemanden auszuwählen, der mir die Hilfe zuteilwerden ließ, die ich brauchte, um es von einem Tag bis zum nächsten zu schaffen. Und eine solche Hilfe brauchte ich nur, weil ich das, was ich wirklich wollte – Sterbehilfe mittels eines Narkotikums – in der barbarischen Gesellschaft, der ich angehörte, nicht bekommen konnte. Dr. O wäre zwar durchaus imstande gewesen, mir bei der Verwirklichung meiner wahren Wünsche zur Seite zu stehen, aber ich war nicht so verrückt oder unvernünftig, mit seiner Einwilligung zu rechnen. Tatsächlich erlaubte er mir wegen seiner umfassenden Akzeptanz einer objektiven moralischen Ordnung im Universum nicht einmal, darüber zu sprechen.

»Ein ›ganz neuer Kontext‹«, wiederholte Dr. O, als ich ihm von meinem Traum-Ereignis erzählte. »Interessant.«

»Wieso ist das interessant?«, fragte ich.

»Nun, es ist zum Beispiel so deutungsoffen.«

Diese Reaktion überraschte mich in keiner Weise. Wie ich ja schon angedeutet habe, war Dr. O so über alle Maßen, so demonstrativ offen für »wunderbare Möglichkeiten«, dass nichts wirklich etwas bedeutete, oder jedenfalls nicht viel, ganz gleich, in welchem Kontext er sich zu einem gegebenen Zeitpunkt äußerte. Aus diesem Grund verspürte ich oftmals große Lust, ihn umzubringen. Das Ausmaß meiner Demoralisierung erlaubte es mir jedoch nicht, woandershin zu gehen, auch weil ich schon von jedem anderen Seelenklempner, an den ich mich zuvor gewandt hatte, abgewiesen worden war. Und irgendwohin gehen zu können, war zu diesem Zeitpunkt das Einzige, was mich noch aufrecht erhielt, das heißt bis ich endgültig ging, vorzugsweise per Sterbehilfe mit einem schmerzlosen Narkotikum. Dennoch muss ich gestehen, dass ich auf gewisser Ebene noch immer ein völlig idiotisches Bedürfnis verspürte, jedes Fünkchen Interesse am Leben auszukosten, das mir noch verblieben war. Infolgedessen zog es mich an, wie Dr. O das Wort »interessant« benutzte. Natürlich wusste er, dass ich so reagieren würde, so wie ich wusste, wie er reagieren würde. Das ganze erbärmliche Drama unserer Beziehung bestand darin, dass es keine Überraschungen gab, oder jedenfalls keine, die auf irgendeine Verbesserung meines Zustands hindeuteten. Es gab nur Bestätigungen, dass alles genauso war, wie es aussah – Geburt, die Mühen des Lebens, der Tod. Das war simpel genug für die meisten, aber ganz und gar unerträglich für einen moralischen und manchmal sogar phänomenalen Nihilisten wie mich.

Die Behauptung, er fände den Ausdruck »ganz neuer Kontext« interessant, war so etwas wie ein leeres Kompliment, obwohl ich das nicht beweisen konnte, sonst hätte ich mir vielleicht viel Zeit und Kosten erspart. Schließlich brauchte ich Dr. O ja nicht für eine Notoperation an meinem Körper; er sollte nur in gerade ausreichendem Maße an meinem Gehirn herumwerkeln, um mich in einem rein *seelischen Kontext* am Leben zu erhalten. Und welcher Therapeut oder Meditationsguru verzichtet im Umgang mit seiner Klientel schon darauf, Schmeicheleien als Mittel der Beeinflussung zu nutzen? Niemand, der die Aufmerksamkeit eines Heilers der einen oder der anderen Art sucht, geschweige denn die von jemandem, der beides zugleich ist, möchte lediglich als einer von vielen wahrgenommen werden. Wenn man gestört ist, so wie wir alle es irgendwie sind, bringt es in Ermangelung einer Heilung einen gewissen Trost, *auf einzigartige Weise* gestört zu sein.

Trotz alledem beruhte mein Groll gegen Dr. O in erster Linie auf seinem Status als Autoritätsperson, als jemand, der sich dank seiner Spezialausbildung bei jedem, der bereit war zu zahlen, um von seinem echten oder vorgeblichen Wissen zu profitieren, als großer Herr und Meister aufspielen konnte. Diese Einstellung zu Autoritätspersonen galt besonders vehement für jene, die – auch ohne es ausdrücklich zu betonen – ihrem Gegenüber vermittelten, dass sie »errettet« waren. Obwohl an den Erretteten eigentlich nichts Verachtenswertes ist, konnte ich trotzdem nicht umhin, sie zu verachten. Man könnte sagen, dass dies aus meinem Neid auf Menschen resultierte, die nicht an Defekten litten, oder zumindest nicht an denselben Defekten wie ich. Innerlich verabscheute ich die Erretteten jedoch wegen ihrer Zufriedenheit mit der Ordnung des Seins in seiner physischen Essenz, seiner psychologischen Essenz – so sah ich es jedenfalls – und nicht selten auch in einer metaphysischen Essenz, derer sie gewahr zu sein behaupteten, so maßlos waren sie bisweilen in ihren unumwundenen Versicherungen, die gesamte Realität unmittelbar zu erfassen.

Die Tätigkeit eines Therapeuten oder Gurus kam in meinen Augen von vorn bis hinten einem Schwindel gleich. Angesichts der Schmerzen unserer Existenz gibt es keinen notwendigen oder hinreichenden Grund, sich errettet zu fühlen oder dies auch nur vorzutäuschen. Doch da ich darauf setzte, dass Dr. O mir helfen würde, musste ich so tun, als wäre ich davon überzeugt, dass er zu den Erretteten gehörte, selbst wenn das alles bloß Theater war, um das unausweichliche Leid zu verschleiern, das auf uns alle wartet. Wie einer meiner Ärzte einmal in einem seltenen Moment der Aufrichtigkeit sagte: »Mit jedem von uns endet es schlimm. Bestenfalls sieht man es nicht kommen, aber die Chancen dafür stehen nur eins zu einer Million. Ich muss es wissen. Es ist mein Beruf.« Hinterher stellte er mir eine beträchtliche Summe für eine Notoperation in Rechnung. Solche Vorfälle ziehen sich wie ein roter Faden durch mein Leben, schon seit meinen frühesten Tagen. Meine psychische Labilität ließe sich ebenso dieser Tatsache zuschreiben wie den Traum-Ereignissen, die so verdächtig auf mein Leben abfärben, dass ich manchmal das eine nicht vom anderen unterscheiden konnte, was hypothetisch auch daran liegen könnte, dass es keinen echten Unterschied gibt.

Zusätzlich zu all den oben genannten Torturen meiner Anwesenheit in der Welt nahm sich mein Therapeuten-Guru Freiheiten heraus, die mir nicht gefielen. Eine dieser Freiheiten, die mir ganz und gar nicht gefiel und mir zudem nahe legte, dass es sich bei Dr. O in Wahrheit um nichts anderes als einen Schwindler handelte, war folgende: Er zog ständig um, weil er von den sinkenden Mieten und reduzierten Grundsteuern jener Gegenden in der Stadt profitieren wollte, die wegen krimineller Aktivitäten und anderer Formen urbaner Degeneration ihre Attraktivität eingebüßt hatten. Dr. O erklärte mir diese Strategie einmal, als ich mich darüber beklagte, dass ich ihn in einem

heruntergekommenen Lagerhaus im Hafengebiet der Stadt aufsuchen musste, an einem Ort, der eine ganze Reihe krimineller
Unternehmen anzog.

»Gleichgültigkeit gegenüber der jeweiligen Umgebung«,
dozierte Dr. O, »ist von elementarer Bedeutung für jeden psychologischen oder spirituellen Fortschritt. Der Buddha hat einen
Palast gegen ein Leben voller Ungewissheit und Entbehrung
auf der Straße eingetauscht, nicht andersherum.«

Wie viel Glaubwürdigkeit Dr. Os Rechtfertigung für seine
immer schäbigeren beruflichen Standorte zukam, konnte ich
nicht beurteilen. Und was hätte er auch sonst sagen sollen –
dass er infolge irgendeiner illegalen Unternehmung permanent
auf der Flucht vor Gläubigern war? Selbst wenn ich eine solche
Möglichkeit zur Sprache gebracht hätte, hätte er diese Anschul-
digung nur zurückgewiesen, um sein Image als jemand von
hohem Rang, der die von ihm in Rechnung gestellten Honorar-
sätze durchaus wert war, nicht zu gefährden. Natürlich ver-
stärkte diese Rechtfertigung nur meine Verachtung für die
Erretteten und ihre blasierte Gewissheit, dass im Universum
alles vollkommen richtig war, und unterstrich zugleich meine
Ohnmacht, ihre Behauptung in Frage zu stellen. Diese meine
Unfähigkeit, ihrer positiven Sicht von sich selbst und allem
anderen etwas entgegenzusetzen, sprach wiederum nur für
seine These. Was immer er war, Dr. O stand da als jemand, der
selbst unter den schlechtesten Bedingungen erfolgreich tätig sein
konnte (wenn auch nur, bis sein Tag schließlich kam), und diese Gabe trug erheblich dazu bei, seine Autorität zu festigen, sodass er das Leben von Gestörten wie mir lenken und ihnen die
Sätze in Rechnung stellen konnte, die er für angebracht hielt.

Was mich betraf, so veranlassten mich die Folgen meiner
Arbeitslosigkeit, die sowohl Grund als auch Ergebnis meiner
Inanspruchnahme von Dr. Os Diensten war, darüber hinwegzusehen, dass seine Operationsbasis im sogenannten »Schlachtfeldbezirk« lag. Ich pfiff aus dem letzten Loch, als ich Dr. Os
Annonce im Kleinanzeigenteil eines Lokalblatts sah, das jemand in einer Essnische eines der billigen Diner liegengelassen

hatte, in denen ich damals – und auch später noch, um der Wahrheit die Ehre zu geben – meine Mahlzeiten einnahm. Für ein emotionales Wrack waren die Worte »faire Preise« in der Kleinanzeige Grund genug, im Hinblick auf den »Schlachtfeldbezirk« über sehr viele Fragen der Sicherheit hinwegzusehen. Eine Zeitlang behandelte mich Dr. O sogar, als ich auf dem Tiefpunkt war. Und als ich ihm Dokumente über meinen Arbeitslosenstatus und meine finanzielle Lage vorlegte, bot er mir an, die Behandlungskosten in Raten zu bezahlen. »Sie werden schon sehr bald etwas finden«, erklärte er mir. »Ganz bestimmt.«

Wie sich herausstellte, konnte Dr. O deshalb so sicher sein, dass ich eine Erwerbstätigkeit finden würde, weil er mich an eine Reihe von Zeitarbeitsfirmen vermittelte, mit denen er in Verbindung stand; er sorgte dafür, dass sie ihm meinen Lohn zur Verwahrung übergaben. Im Gegenzug begann er mit seiner therapeutischen Behandlung, der sich bald darauf ein ehrgeizigeres Programm angeleiteter Meditation anschloss.

An dieser Stelle mag der Durchschnittsmensch ungläubig an meiner Intelligenz oder an meinem Urteilsvermögen zweifeln, weil ich mich mit Dr. Os Bedingungen bezüglich meines Arbeitslebens einverstanden erklärt habe. Während dieser Phase stand meine Intelligenz jedoch gar nicht zur Debatte. Stattdessen wurde das Verhalten, das ich an den Tag legte, einzig und allein von meinem Zustand der Demoralisierung diktiert. Tatsächlich war ich mein ganzes Leben lang aus dem einen oder anderen Grund zutiefst demoralisiert worden. Schon von meinen frühesten Tagen an hatte ich unter mehr als meinem Anteil an Kinderkrankheiten gelitten. Natürlich mag es Kinder geben, die oft krank gewesen sind, ohne deshalb eine unglückliche Kindheit gehabt zu haben. Doch ob meine von Krankheiten bestimmte Kindheit nun gut, schlecht oder mittelmäßig war, im Rückblick scheint sie den Grundstein für meine späteren Jahre gelegt zu haben, die, wie ich so mühevoll darzulegen versuche, Jahre schwerer Demoralisierung waren.

Um dieses Thema aus einem anderen Blickwinkel weiterzuverfolgen: Es ist nicht zwangsläufig so, dass ein von Krankheit geprägtes physisches Leben die Ursache eines von Krankheit geprägten geistig-seelischen Lebens ist. Solche Zuordnungen von Ursache und Wirkung sind allzu schlicht gestrickt. Wahrscheinlicher ist, dass ein von Krankheit geprägtes physisches Leben ein aktives – das heißt übermäßig aktives – geistig-seelisches Leben zur Folge hat, ein Leben, in dem mentale Phänomene vorherrschen und vielleicht sogar objektive Gestalt zu haben scheinen. Wie jeder lernt, der seinen eigenen Gedanken genügend Aufmerksamkeit schenkt, kann man das, was sich im Gehirn manifestiert, oftmals direkt auf Geschehnisse in einem anderen Teil des Körpers zurückführen. Und wenn ein anderer Teil des Körpers – oder der gesamte Körper, wie in meiner Kindheit geschehen – von Krankheit befallen ist, kann man sicher sein, ein übermäßig aktives geistig-seelisches Leben zu haben, sogar, wie bereits gesagt, in einem solchen Ausmaß, dass mentale Phänomene als ebenso real oder realer wahrgenommen werden als physische Phänomene. Wenn der Rest des Körpers wegen einer Krankheit inaktiv daliegt oder sich im Fieber und den Traum-Ereignissen des Fiebers hin und her wälzt, muss das Gehirn diese Inaktivität durch Hyperaktivität ausgleichen. Das ist nur sinnvoll.

Letztendlich versuche ich, Folgendes zu vermitteln: Meine Kinderkrankheiten haben mich zu einem übermäßig nachdenklichen Menschen gemacht, und zu viel Nachdenken führt zu klinischer Demoralisierung, was aus den bisherigen paar tausend Wörtern, die ich geschrieben habe, sicher mehr als deutlich hervorgeht. Und darin liegt der Grund, weshalb ich darin einwilligte, dass Dr. O mein Arbeitsleben überwachte und meine Finanzen kontrollierte. Überdies konnte ich mir dank unseres Arrangements die von ihm in Rechnung gestellten Honorare für die Therapie und die Meditationsanleitung leisten und zugleich ein halbwegs annehmbares Leben in einer Einzimmerwohnung führen. Dort wurde ich jede Nacht von verstörenden Traum-Ereignissen gequält, unter anderem von solchen, in denen der Händler vorkam, der sah, dass ich nach einem »ganz neuen Kontext« suchte, ein Traum-Ereignis, das Dr. O zufolge nur »interessant« war, weil es so deutungsoffen im Hinblick auf mein zugegebenermaßen von Krankheit geprägtes Seelenleben war. Allerdings erwähnte ich Dr. O gegenüber, dass der Händler mich als »metaphysischen Mutanten« bezeichnet hatte. Dies wäre nun die geeignete Stelle, um einiges über meine Kindheit und Jugend und, auch wenn es ein wenig aus dem Rahmen fällt, über mein biologisches Erbe zu sagen.

Ich wurde in diversen Pflegefamilien großgezogen, ein ausgesetzter Säugling, der auf der Toilette eines Busbahnhofs gefunden und daraufhin ins System der staatlichen Kinder- und Jugendhilfe aufgenommen worden war. Für den größten Teil meines Lebens wusste ich jedoch nicht das Geringste über meine Abstammung, ebenso wenig wie jeder andere, den ich danach fragte. Dann erhielt ich eines Tages, kurz nachdem ich meine langjährige Stellung in einem Verlag wegen meiner immer schlechter werdenden seelischen Verfassung aufgeben musste und bevor ich Klient von Dr. O wurde, einen Brief ohne Absenderangabe. Er war irgendwo im Süden des Landes abgestempelt, in einer Region, die in dem »Sumpfland« hätte liegen können, das der Händler in dem Traum-Ereignis zu Beginn dieser autobiografischen Beichte oder Klage erwähnte. Seit ich meinen Job aufgegeben hatte und erst für eine Weile zu Dr. O und dann in eine Einzimmerwohnung gezogen war, habe ich den größten Teil des Briefes bis auf den Umschlag, in dem er steckte, und ein paar Seiten verloren. Eine Zeitlang hielt ich ihn für eine Art Trick, insbesondere angesichts seiner Mischung von redegewandter Gelehrtheit und schlichter Idiotie. Später, als er in meine Biografie integriert wurde, nahm er jedoch allmählich Bedeutung an. Im Versuch, meine Herkunft und mein biologisches Erbe ein wenig zu erläutern und vielleicht auch auf andere Aspekte meines Lebens und meines Charakters hinzuweisen, füge ich nun eine Abschrift dieser Seiten an, der Klarheit halber leicht redigiert.

... also, wie gesargt, Vetter, »gesargt«, siehst du, meine Güte, manchmal lach ich mich einfach schlapp, wir haben dich zum Waisenkind gemacht, ohne uns was dabei zu denken, haben dich in diesem Busbahnhof auf dem Klo liegen lassen, aber nimm's nicht persönlich, wir haben dich einfach vergessen, wo wir doch so ne große Familie sind und alles. Wir waren alle in die Stadt gefahren, um uns einen dieser Horrorfilme anzuschauen, in denen Leute aus dem Norden von Hinterwäldlern massakriert werden, die derart inzüchtig sind – und ich muss es ja wissen –, dass ihre Weibchen sich durch die sogenannte Parthogenese fortpflanzen können, ganz im Ernst, während die Männer das Vieh und unglückliche Yankees ficken, die sich auf ihren Grund und Boden verirren. Südstaatlerstolz hin oder her, wir lieben diese Streifen über im Sumpf hausende, mörderische Irre, jawohl, beim verkrusteten Arschloch meines Großvaters, der in seinem ganzen elenden Leben nie ne Rolle Klopapier gesehen hat. Nicht dass wir viel besser dran wären. Verflucht will ich sein, wenn wir nicht arm sind wie Kirchenmäuse. Tja, gerade erst letzte Woche haben ich und Clem, mein gehirnamputierter Bruder – ein Alligator hat ihm eine Arschbacke abgebissen –, so n paar Touristen, die in den Sumpf gewandert waren, wahrscheinlich auf Besichtigungstour oder was weiß ich, in Bärenfallen fangen müssen, um ein bisschen Kohle ranzuschaffen, damit sie uns nicht den Strom abdrehen, sonst fallen wir noch in das Loch in unserem Wohnzimmer, in das wir scheißen und pissen und was nicht alles, kicher. Klar waren es Yankees. Haben geschrien wie brennende Waschbären, das kann ich dir sagen, bevor Clem sie aus ihrem Elend erlöst hat – hat ihnen mit Daddys guter alter Flinte, wo mal losgegangen ist, als unser gemeinsamer Erzeuger sich mit dem Lauf gerade in der Nase gebohrt hat, das Gehirn weggepustet. Clem hat's echt drauf mit dem Ding. Er hat auch noch andere Sachen drauf, zum Beispiel kann er dich in seine Träume reinziehen, manchmal merkst du gar nicht, dass du da drin bist, bis n Zombie oder so was hinter dir her ist oder die Planeten anfangen, sich komisch zu bewegen. Aber Schießen ist seine Spezialität, auch wenn er nur noch zwei Finger hat, die andern acht hat ihm unsere liebe Mutter in den Flammen der heiligen Leidenschaft abgebissen, während sie gerade dabei waren, drei von unseren Halbbrüdern, zwei Schwestern und verschiedene Halbe-Halbe zu zeugen, wie wir sie nennen, also die, wo unten im Keller wohnen, weiß nicht so recht, wie ich die beschreiben soll oder wie sie so geworden sind. Manchmal schicken sie Vibrationen rauf, als wären sie sauer, aber sie lassen uns andere meist in Ruhe. Trotz der ganzen Freaks in der Familie ist keine Schwuchtel unter uns, obwohl es manchmal schwer zu sagen ist, wenn wir alle im Dunkeln sind, wie in den meisten Nächten, wegen unserm Stress mit dem staatlichen Stromversorger und weil es einfach nicht genug Touristengold gibt, wie Clem gern sagt, dass wir das Licht so lange anlassen könnten, wie wir wollen. Manchmal können wir mit den Augen Feuer machen, aber davon ist noch keiner reich geworden, jedenfalls nicht, dass ich wüsste. Dabei fallen mir wieder diese Rothäute ein, die hier mit uns im Sumpf gelebt haben, bevor sie sich mit ihren Casinos ne goldene Nase verdient haben, scheint, dass n Weißer in diesem Kein-Sonnenschein-Staat kaum kriegen kann, was ihm zusteht, Gott segne die Toten der Konföderierten und die von uns, wo mit ihnen bei unserem Herrn sind, so wie meine kleine Schwester, die in den Himmel kam, als die Flinte unseres Daddys – die mit dem Eichhörnchen am Schaft – losging, während er's ihr gerade besorgte, er wusste nicht, dass das Ding geladen war, genau so wenig wie damals, als er damit nach seiner Rotzkruste gepopelt hat, die er noch mehr liebte als das Hinterteil unseres Hundes. Hat sich den Kopf dermaßen weggeballert, dass er schnurstracks durchs Dach unseres Hauses nach draußen geflogen ist, was kein Verlust war, der Rest von ihm hat uns noch wochenlang den Sonntagsbraten geliefert – spare in der Zeit, dann liegt immer was bereit, oder wie das heißt –, in ner Pfanne mit Opossumfett gebraten, was haben wir geschlemmt, die Nachbarn wären vor Neid erblasst, wenn Clem sie nicht vor ein paar Jahren erwischt, in einen seiner Träume gesaugt und dort behalten hätte, höchstwahrscheinlich für die

Zombies. Wir haben uns mit diesen Leuten sowieso nie verstanden. Es hieß sie oder wir. Manchmal sind wir sauer auf Clem, weil er Essen auf zwei Beinen verschwinden lässt, obwohl wir halb verhungert sind. Fleisch ist Fleisch, und der Mensch muss essen, wie der Kannibale in diesem Film sagt, den wir uns angeschaut haben, als du auf dem Scheißhaus von diesem Busbahnhof liegen geblieben bist. Er hat sie bis zum Hals im Boden vergraben, sie ordentlich gemästet und dann geerntet wie Rüben. Sie hatten keine Chance, noch weniger als n Jude in nem Missionszelt der Baptisten. Wir haben dasselbe mit nem Touristen versucht, der sich als Anthropologe bezeichnet hat. Ne Weile war's aber ganz nett mit ihm, bis er uns schließlich allen mit seinem komischen Gequassel auf die Nerven ging. Hat uns echt die Ohren abgekaut, während Clem und ich darüber beraten haben, ob wir ihn mit der Axt in zwei Hälften zerteilen oder ihn mit dem Jagdmesser filetieren und mit seiner käsigen Haut das Dach reparieren sollten, wo Daddys Kopf durchgeschossen war. Dieser Anthropologenheini redete wie der Kerl, wo mir deine Adresse gegeben hat, der Händler, so hieß er. Komischer Typ war das, obwohl mit dem war nicht zu spaßen. Sogar Clem hatte eine Heidenangst vor dem Mann. Flimmerte einem irgendwie so vor den Augen, während man mit ihm sprach. Er hat gesagt, wir wärn metaphysische Mutanten, zumindest glaub ich, das hätt er gesagt. Na jedenfalls, er hat durchblicken lassen, dass du dich vielleicht übern Lebenszeichen von deiner Sippschaft freuen würdest, und entschuldige noch mal, wie das alles gelaufen ist. Ich hoffe, du bist nicht –

So endeten die Reste des Briefes. Ich glaube, der Leser kann daraus nicht nur einiges über meine Herkunft und mein biologisches Erbe entnehmen, sondern er bemerkt auch den unheimlichen Verweis auf den Händler, der zu jener Zeit noch eine Figur meiner Traum-Ereignisse war, aber eine, die mich nun mit Unruhe und Verwirrung erfüllte, vor allem im Hinblick auf mentale Phänomene, die in ein physisches Universum versetzt wurden. Diese Gefühle verstärkten sich bei meiner nächsten Sitzung mit

Dr. O noch viel mehr. Ich erwähnte, dass ich weiterhin vom Händler träumte und dass Dr. Os Name in mindestens einem dieser Träume in einem Kontext aufgetaucht war, an den ich mich nicht erinnern konnte. Mein Therapeut und Guru erbleichte sofort. Es kostete ihn auch ganz offensichtlich große Anstrengung, seinen nächsten Satz herauszubringen: »Hat der Händler etwas von einem ganz neuen Kontext gesagt?«

»Ich glaube schon«, antwortete ich. »Das tut er fast immer.«

Bei diesen Worten erschauerte Dr. O sichtlich, und meine Akte, die auf seinem Schoß lag, wäre beinahe zu Boden gefallen. Er bekam die Mappe jedoch gerade noch rechtzeitig zu fassen und schrieb hastig etwas hinein, bevor er die Seiten glattstrich und sie in einer Metallschublade verstaute. Dann gingen wir zu meinem Meditationsunterricht über, wobei wir eine neue Technik anwandten, die mein unablässiges Grübeln wirksamer unterbinden und meine demoralisierte Stimmung aufhellen sollte. Schließlich war ich ein Mensch, der wie die meisten anderen keine konzise Vorstellung davon hatte, was es bedeutete, in der Welt zu existieren, der aber so oder so weiterleben musste, sei es nun demoralisiert oder idealerweise mehr oder minder zufrieden. Dies waren auch, grob gesagt, die einzigen beiden Möglichkeiten, wie man leben konnte, ungeachtet des jeweiligen Kontexts im Universum und ungeachtet dessen, was das Schicksal einem in dem Kontext, in den man hineingestellt worden war, bestimmt hatte, wie ich später noch besser verstehen sollte. Die aktive Suche nach einem ganz neuen Kontext war natürlich etwas völlig anderes, und etwas recht Ungewöhnliches obendrein.

Im Anschluss an meine Meditationsübungen an jenem Tag schickte Dr. O mich in die Wüste. So sah ich sein Verhalten mir gegenüber, als ich später an diesem Tag darüber nachdachte. *Dr. O hat mich in die Wüste geschickt*, sagte ich laut, während ich in der Küche meiner Einzimmerwohnung an der Spüle stand. Er schob mich praktisch zur Tür hinaus, als ich ihn fragte, ob es ihm lieber wäre, wenn ich bei künftigen Sitzungen nicht mehr vom Händler spräche. In wegwerfendem und, wie ich finde, ziemlich aufgesetztem Ton sagte er, es sei ganz allein meine Entscheidung, worüber ich bei unseren Sitzungen sprechen wolle oder nicht. Kaum war ich draußen, hörte ich, wie die Tür hinter mir zugeschlagen und verriegelt wurde.

Obwohl Mr. O unser Gespräch über den Händler wie auch über die Sache mit dem ganz neuen Kontext als unwesentlich abzu-tun schien, wurde ich weiterhin von Traum-Ereignissen heimge-sucht, in denen beide eine zentrale Rolle spielten. Eines fand in einer Szene statt, die ich in meinem Traumleben schon häufig besucht hatte. Wie den »Kette der Galaxien«-Ausstellungsraum des Händlers betrachtete ich auch diese visionäre Umgebung als ein Pendant der Wachwelt, auch wenn sie auf den ersten Blick stark mit ihr kontrastierte. In diesen Träumen befand ich mich immer in einem vielstöckigen Basar – anders kann ich es nicht beschreiben –, auf einem grenzenlosen Marktplatz mit einer scheinbar unendlichen Anzahl aller möglichen zer-bröckelnden Bauwerke, hinter deren verzogenen Schaufenster-scheiben sich oftmals seltsame, nicht benennbare Objekte reih-ten – deformierte Klumpen und verdrehte Statuetten, entworfen und angeordnet, um Furcht einzuflößen. Und überall standen Karren, in denen groteske Waren von ledrig aussehenden Bal-dachinen aus einem getrockneten, rissigen Material baumelten, das ich als Menschenhaut erkannte. Sowohl über als auch unter mir erstreckten sich weite, dunkle Räume voller bizarr ver-laufender Treppen und Gänge, fragiler Stege zwischen schiefen Türmen und welliger Rampen, die spiralförmig in schattige Tie-fen hinab- und in schattige Höhen hinaufführten. Auf einer die-ser Rampen, hoch über mir, erspähte ich den Händler, der mit hallender Stimme meinen Namen rief. Ich ging auf ihn zu, merk-te aber zu meiner Enttäuschung, dass ich keine Ahnung hatte, wie ich zu ihm gelangen sollte. Dann stand ich mit einem Mal vor ihm. Er setzte sich in Bewegung, gab mir über die Schulter hinweg ein Zeichen, ihm zu folgen, und übertönte den Lärm um uns herum mit lauter Stimme: »Ich habe diesen Platz billig bekommen. Viel besser als mein alter, finden Sie nicht?«

Ich musste ihm zustimmen, wenn auch nur, weil es sich bei dem Durcheinander um uns herum lediglich um ein Sammelsurium meiner eigenen Traummanifestationen handelte. Bei diesem Ereignis war mir ständig bewusst, dass ich träumte, was seine Vor- und Nachteile hat, je nachdem, wie viel Kontrolle ich auf meine Umgebung ausüben kann. Im nächsten Moment saßen wir uns im Lagerraum irgendeiner Fabrikationsstätte, wie es schien, auf Kisten gegenüber.

»Also«, begann der Händler. »Ihr ganz neuer Kontext. Wollen wir fortfahren?«

»Ich kann nicht auf eine Frage antworten, die ein Geheimnis enthält. Und würde meine Antwort überhaupt eine Rolle spielen?«

»Eigentlich nicht«, sagte er. »Aber ich glaube nicht, dass Sie Einwände gegen das Bestellte erheben werden.«

»Es sollte keine Rolle spielen, ob ich Einwände erhebe oder nicht. Ich habe gerade einen Klartraum, falls es Ihnen noch nicht aufgefallen ist.«

»Trotzdem könnten Sie einfach so die Kontrolle verlieren«, sagte der Händler und schnippte mit den Fingern. Ich wusste, dass er Recht hatte, deshalb sah ich davon ab, Fisimatenten zu machen. Das Letzte, was ich wollte, war, mich in einem immer enger werdenden Tunnel wiederzufinden, in dem ich vor irgendeiner Monstrosität davonkroch, die mich verfolgte. »Ich weiß freilich ganz genau«, fuhr der Händler fort, »dass Sie keine Einwände erheben werden.«

»Ich erhebe Einwände gegen alles, mit einer Ausnahme. Das wissen Sie, wie auch so einiges andere über mich.«

»Ja. Nicht einmal eine Generation vom Sumpfland entfernt, wo Sie und die Ihren zu den metaphysischen Mutanten heranreiften, die Sie jetzt sind. Aber Sie sind weiter fortgeschritten als die anderen. Und Sie haben alle Anweisungen buchstabengetreu befolgt.«

»In Ihren Träumen, ja.«

»In Wahrheit sind es Ihre Träume. Aber wozu Haarspalterei betreiben?«

»Was ist nun mit meinem ganz neuen Kontext?«

»Nun ja, ganz so neu ist er auch wieder nicht. Vielleicht haben Sie ja bemerkt, dass sich die Dinge in dieser ... anderen Welt, um es einmal so auszudrücken, in eine bestimmte Richtung entwickelt haben.«

»Ich bin ein demoralisierter metaphysischer Mutant. Als ob ich das nicht wüsste!«

»Ich schätze, es ist in gewissem Maße befriedigend, Recht zu haben. Ich bin nur der Händler, also was weiß ich schon?«

»Ich will nicht Recht haben. Ich will tot sein.«

»Darauf erhalten Sie eine Garantie. Aber ich weiß, was Sie sagen wollen.«

»Und?«

»Fragen Sie Dr. O, wenn Sie ihn das nächste Mal sehen. Er wird für alles sorgen. Die Welt braucht metaphysische Mutanten wie Sie, um ihre Reise beenden zu können.«

»Und wohin geht ihre Reise?«

»Fragen Sie Dr. O. Er wird für alles sorgen.«

»Wohin geht ihre Reise?«

»Er wird für alles sorgen.«

Das war's. Ich verlor jegliche Kontrolle über mein Klartraum-Ereignis und erwachte, während die vom Händler mechanisch wiederholte Phrase, es werde »für alles gesorgt«, in meinem Kopf widerhallte. Und das Wort »demoralisiert« war als jener Euphemismus für am Boden zerstört, niedergeschlagen, mutlos, deprimiert, verzweifelt und, wie ich nun fürchtete, geisteskrank entschleiert worden, der es schon immer gewesen war. Stunden später steckte ich immer noch in den Fängen der schwärzesten Demoralisierung, die ich jemals erlebt hatte. Als an diesem Tag die Sonne aufging – ihr grelles Licht brannte auf die Stadtlandschaft vor dem Fenster meiner Wohnung nieder –, verspürte ich keinen größeren Wunsch, als mich mit Mr. O zu treffen. Warum ich mich so nach diesem Treffen sehnte, überstieg mein Begriffsvermögen. Er hatte bisher wenig oder nichts getan, um mir zu helfen, abgesehen davon, dass er mir Zeitarbeitsjobs besorgt hatte, für die ich ganz und gar ungeeignet war. Aber er kannte meine Traum-Ereignisse, in denen der Händler vorkam. Deshalb war er der einzige Mensch, dem ich von der Demoralisierung erzählen konnte, die ich nach meiner letzten Begegnung mit dieser Gestalt empfand. Sicher, bei unserer letzten Sitzung, in der ich auf den Händler und meine Träume von ihm zu sprechen gekommen war, hatte Mr. O das Ganze abgetan. Aber er hatte mich auch in die Wüste geschickt, ohne mir mitzuteilen, wo sich seine neue Praxis befand, in einem nachträglich aufgesetzten Geschoss auf einem alten Haus ohne Fahrstuhl, wie ich herausfand, das unangenehm nah an irgendwelchen Gleisen stand und in regelmäßigen Abständen vom Lärm und von den Vibrationen vorbeifahrender Züge erschüttert wurde. Daraus konnte ich nur den Schluss ziehen, dass Dr. O mich als Klienten loswerden wollte, was mich nicht sonderlich überraschte. Ich meinerseits machte mich nur deshalb hin und wieder auf die Suche nach ihm, weil ich Arbeit brauchte, um meinen Lebensunterhalt und die Miete für die Einzimmerwohnung bestreiten zu können. Doch nun wünschte ich mir nichts sehnlicher, als Mr. Os psychiatrische Dienste in Anspruch zu nehmen.

Da Dr. O es mir unmöglich gemacht hatte, auf andere Weise Kontakt zu ihm aufzunehmen, war ich gezwungen, ohne vorherige Terminvereinbarung in seiner Praxis zu erscheinen. Trotzdem erklärte er höflich, wenn auch nicht gerade begeistert, er könne ein wenig Zeit für mich erübrigen, bevor sein nächster Klient komme. Als ich sein Sprechzimmer betrat – eigentlich nur ein kleiner, spärlich möblierter Raum –, stellte ich schockiert fest, dass dort offenbar schon seit längerer Zeit nicht mehr aufgeräumt worden war. Außerdem war Dr. O schlampig gekleidet und auffallend ungepflegt; von seiner typischen eleganten Erscheinung war nichts mehr zu sehen. Es gelang mir nicht, so zu tun, als wäre es meiner Aufmerksamkeit entgangen, wie sehr er sich verändert hatte.

»Ich war krank. Bitte nehmen Sie Platz«, sagte er und deutete mit einer schlaffen Hand auf einen der Stühle im Zimmer.

Dr. O ließ sich auf einem Sofa nieder, setzte sich jedoch nicht wie sonst immer im Schneidersitz hin. »Was führt Sie hierher?«

Ich erzählte ihm von meinem Traum-Ereignis mit dem Händler und meinem darauf folgenden Zustand der Demoralisierung. Da er dieses Thema zuvor so geringschätzig abgetan hatte, wäre ich nicht überrascht gewesen, wenn er alles, was ich sagte, einfach ignoriert hätte. Stattdessen schien er jedoch tief in sich selbst zu versinken. Dann hob er mit seinem üblichen therapeutischen und spirituellen Gewäsch an. Die Predigt, die er mir hielt, war eine Verteidigung des Schmerzes in der Welt, ein Schwall leerer Worte, die er sich speziell für mich als demoralisiertes Wrack und potenziellen Selbstmörder zurechtgelegt zu haben schien. Er sprach von der Vielfalt der Sinneswahrnehmungen, die wir vielleicht als gut oder schlecht apostrophierten, obwohl sie in Wirklichkeit eher Tönen glichen, die alle miteinander ein kosmisches Musikstück ergäben. Ich begann mich schon über diese abgedroschene Metapher zu ärgern, mit der Dr. O vermutlich Krankheit und Qualen im menschlichen Leben als bloße Verzierungen in der grundlegenden Harmonie des Daseins darstellen wollte. Es war natürlich die pure Rationalisierung, aber seinen Worten mangelte es an der sonst üblichen Kraft und Raffinesse; sein Vortrag wirkte irritierend zaghaft und unbeholfen. Er stotterte sogar, als er vom Jammergeschrei und Jubelgebrüll der Menschheit wie auch von allen anderen Arten von Geräuschen sprach, die in der Welt erzeugt würden und zu so etwas wie einer großartigen Symphonie verschmölzen. Und er gestikulierte wild, als wollte er einen Schwarm fliegender Insekten wegwedeln, die ihn angriffen. Schließlich verstummte er, wohl weil seine Dharma-Rede, wie er sie vielleicht genannt hätte, so lahm und unoriginell war. Dann änderte er seine rhetorische Strategie. Zuerst waren seine Worte nicht weniger lahm und unoriginell als zuvor. Er gestikulierte zwar nicht mehr, fuhr aber ziemlich unbeholfen und für mein Gefühl noch stockender fort, mir seine Botschaft zu übermitteln.

»Hören Sie auf!«, rief ich. »Geben Sie's einfach zu. Sie sind ein Betrüger.«

Dr. O lächelte traurig. »Merken Sie das erst jetzt? Normalerweise durchschaut man mich nach drei oder spätestens sechs Sitzungen. Aber Sie haben mir die Verantwortung für Ihr ganzes Leben übertragen. Es ist einfach zu viel geworden, selbst für mich.«

»Sind Sie deshalb immer wieder umgezogen? Damit ich Sie nicht finde? Ich bitte Sie.«

»Okay, Sie sind also nicht so dumm, wie ich dachte.«

»Sie wussten doch die ganze Zeit, was ich wollte. Ich dachte, wenn ich lange genug warten würde, täten Sie einem alten Klienten vielleicht einen Gefallen. Mir war klar, dass so etwas durchaus in Ihrer Macht lag. Deshalb sind Sie mir aus dem Weg gegangen.«

Er schwieg einen Moment und schaute mir nur in die Augen. »Anfangs war das der Grund. Ich wollte es nicht tun. Sie wissen schon, die moralischen Grundsätze und so weiter. Und Sie waren so verkorkst. Ihr Wort dafür war ›Demoralisierung‹, aber ich wusste, dass es sich um etwas weitaus Krankhafteres handelte. Einmal dachte ich, ich könnte vielleicht etwas für Sie tun. Aber dann bin ich zur Vernunft gekommen. Es war diese Geschichte mit dem Händler.«

»Erzählen Sie mir nicht, ein paar meiner Träume hätten Ihnen Angst eingejagt.«

»Nein. Damals noch nicht. Erst als ich ihn eines Morgens in meinem Badezimmer auf dem Klodeckel sitzen sah. Er flimmerte irgendwie. Ich dachte, Sie hätten mich mit Ihren kranken Träumen angesteckt. Ich schlich aus dem Badezimmer, ohne mich umzudrehen. Als ich ins Wohnzimmer kam, stand er dort, genau an dieser Stelle unmittelbar hinter Ihnen. Ich kam mir vor, als wäre ich in einem schlechten Horrorfilm gefangen, aber so hat es sich nicht angefühlt.«

»Und er hat Dinge gesagt.«

»Ja, richtig, er hat Dinge gesagt. Jetzt schauen Sie mich an. Ich bin Sie.«

»Was hat er gesagt?«

»Wenn jemand in Ihrem Wohnzimmer steht und flackert wie eine kaputte Glühbirne, gibt es einen Kurzschluss in Ihrem Gehirn.«

»Außer Sie sind ein degenerierter Sumpfbewohner oder ein Nachkomme solcher Leute. Ein metaphysischer Mutant.«

»Wie bitte?«

»Nicht so wichtig. Was hat er gesagt?«

»Ich weiß nur noch, dass er mir Dinge erzählt hat, die niemand wissen konnte. Es war, als hätte er sein Gehirn mit meinem verbunden und den gesamten Inhalt der Welt, den gesamten Inhalt des ganzen Universums in mich hineingepumpt. Und auch noch anderes Zeug, das ich nicht einmal erklären kann. Zuerst glaubte ich, ich würde explodieren. Dann lief alles, was ich für mein Leben gehalten hatte, mein Leben, wie ich es kannte, alles, was ich für real gehalten hatte, einfach nur am Leben zu sein – es lief alles aus mir heraus, bis nichts mehr übrig war. Und ich fiel in eine tiefe Ohnmacht. Als ich wieder zu mir kam, war er fort.«

»Und jetzt sind Sie ich.«

»Ja, so sieht's aus. Tut mir leid, dass ich Ihnen bei all diesen Sitzungen nicht zugehört habe.«

»Es hätte nichts genützt. Das wissen Sie jetzt.«

»Natürlich. Von welcher Seite ich es auch betrachte, ich gelange immer wieder zum selben Schluss, zum selben Ausweg. Aber ich besitze keine Schusswaffe. Ich weiß nicht einmal, wie man mit einer umgeht. Und jede andere Methode ist entweder schmerzhaft oder unzuverlässig.«

»Was ist mit meinem Vorschlag? Er ist elegant. Er wäre effektiv.«

»Ich weiß. Ich habe, was ich brauche. Was wir brauchen. Ich habe nur darauf gewartet, dass Sie mich aufsuchen würden, so wie Sie es immer tun. Eigentlich ist es allein Ihre Schuld, dass es mit mir so weit gekommen ist, wissen Sie.«

»Sie sind der Betrüger. Sie haben es sich selbst zuzuschreiben.«

»So habe ich es schließlich auch gesehen. Fast schon komisch. Ein kleiner Betrüger stößt zufällig auf ... Ich weiß nicht mal, wie ich es nennen soll.«

»Auswirkungen in einem viel größeren Plan. Oder einfach simple Demoralisierung. Terminale Demoralisierung. Uns gibt es wie Sand am Meer.«

»Ich mache es wieder gut.«

»Ich weiß. Der Händler hat gesagt, Sie würden für alles sorgen.«

Olan verließ den Raum. Kurz darauf kam er mit zwei gefüllten und mit Schutzkappen versehenen Spritzen zurück. Eine davon lag in einem verschlossenen Plastikbeutel, den er mir gab. In der zutreffenden Vermutung, dass ich mir noch nie eine intravenöse Spritze verabreicht hatte, schob er einen meiner Hemdsärmel hoch. Mit zwei Fingern klopfte er auf die Adern an der Innenseite meines Arms.

»Die da«, sagte er. »Trinken Sie zuerst ein paar Gläser Wasser, damit sie stärker hervortritt. Dann stecken Sie die Spritze einfach rein und drücken auf den Kolben. Schaffen Sie das?«

»Bestimmt. Danke.«

Jetzt hatte ich sie. Etwas anderes hatte ich nie gewollt.

Zurück in meiner Einzimmerwohnung, saß ich still und reglos in einem aufgepolsterten Sessel, die Spritze auf dem die Spritze auf dem Tisch neben mir. Von außerhalb der Wände und Fenster um mich herum drangen Geräusche herein – Autos, Menschen, die sich unterhielten, Musik aus einem Eiswagen. Nichts davon hatte die geringste Bedeutung. Die Welt mutierte zu etwas Trostlosem, Demoralisiertem. Ich wusste, dass ich daran beteiligt war. Aber es geschah in einem Tempo, das niemand mit seinen physischen Sinnen erfasste, obwohl man es spüren musste. Es war ein ganz neuer Kontext, aber gleichzeitig auch nichts Neues. Für mich spielte es keine Rolle; ich war schon mein ganzes Leben lang demoralisiert gewesen. Und ich hatte eine Garantie auf den Tod, wie der Händler betont hatte. Es war nicht so, als hätten sich die Geschehnisse in ihrer Gesamtheit nicht schon seit Jahrhunderten oder Jahrtausenden zusammengebraut. Vielleicht war etwas ungeduldig mit der irdischen Evolution geworden, ein weder gutes noch böses, weder moralisches noch unmoralisches Etwas, das einfach nur in Bewegung war. Wir hatten es die ganze Zeit vor Augen, aber niemand sah es, niemand wollte es sehen. Das fand ich ärgerlich. Ich war schon so lange demoralisiert, und ich wollte nichts weiter, als endlich mit dem Unvermeidlichen fortzufahren. Überdies wollte ich es machen, wann es mir passte, und mit Respekt und Verständnis, nicht behindert und gehasst, weil *ich nicht für diese Welt gemacht war*. Daher empfinde ich es als mein moralisches Recht – real oder irreal –, einen Abschiedsbrief zu hinterlassen, in dem ich den ahnungslosen Verlorenen gegenüber, die ein solches Dokument wie immer verächtlich zurückweisen und verdammen werden, meinen Zorn zum Ausdruck bringe. Noch besser, möge das Folgende als mein Abschiedsmanifest gelten.

Wer bestreitet, dass Demoralisierung der unumgängliche Weg universeller Erlösung ist, vermag ihr Ideal nicht zu würdigen. Dieses Ideal ist eine nützliche Mutation. Die Demoralisierten sind nicht zuletzt zufällige Mutanten. Von jenem Tag an, an dem unsere Gattung zum Leben erwachte, haben solche Mutanten die gemeinsame Aufgabe geschultert, ihr um jeden Preis zu ihrem wahren Status zu verhelfen und ihre Ankunft in einer kommenden Zeit anzukündigen. Nun ist es demoralisierten Mutanten zugefallen, von der verschlossenen Zukunft zu künden. Ausgerechnet ihnen ist es auferlegt worden, den Bewohnern der Erde alle Hoffnung zu rauben, um die Schrecken des Daseins durch einen entropischen Prozess moralischen Verfalls, der in einer geistig-seelisch unverdorbenen Nachwelt kulminiert, zum Verschwinden zu bringen. Ihren zitternden Händen hat man es anvertraut, mit Nachdruck das Ende dieser Schrecken und zugleich der Gefäße herbeizuführen, die sie enthalten, und bis dahin jene zu bessern, die durch ihre Taten oder durch eine Komplizenschaft des Schweigens die im hellen Tageslicht und im Dunklen gedeihenden Schrecken billigen. Jeder, der bezweifelt, dass Obiges zutrifft, bezichtigt damit nur sich selbst der willfährigen Blindheit und verkommenen Ignoranz. Wer hingegen das hierin Gesagte akzeptiert, hat bereits gute Beziehungen zu den Mutationen einer erlösenden Demoralisierung. Was jene betrifft, die die Schrecken noch immer praktizieren und von ihnen profitieren, so sollen sie verdammt sein, nicht weil sie frevelhafterweise damit zufrieden sind, in kranken Träumen dahinzudösen, von denen sie sich ob ihrer Hilflosigkeit aufgrund ihres umnachteten Zustands nicht lösen können, sondern weil sie sich nicht auf dem Weg einer rettenden Selbstmutation befinden. Sie sind Hindernisse für die Zukunft und das, was sie will. Die Zukunft, jene großartige Erfindung der Mutanten unserer Gattung, sehnt sich nach Frieden und Freiheit vom Leid, und die Demoralisierung weist den Weg dorthin; das heißt sie strebt rückhaltlos nach einer eliminativen Haltung gegenüber sämtlichen Manifestationen im ganzen Universum. Dies war der Standpunkt aller mutierten Befreier durch Demoralisierung, die jemals gelebt haben. Wie mit einer Stimme haben sie von einem Endpunkt für den organischen Horror gesprochen. Keiner von ihnen hat ausreichend Gehör gefunden, und was sie sagten, wurde niemals kompromisslos befolgt. Sie haben nur den Weg gewiesen. Dieser Weg wurde stets durch ihr Ideal impliziert. Jetzt, wo die Demoralisierten in immer größerer Zahl und mit immer klareren Zielvorstellungen auftauchen, rückt es näher. Dies ist der Weg der Zukunft. All jenen, die den Weg nicht kennen oder nicht beschreiten wollen, wird selbst der kleinste Blick auf das Absolute einer betäubten Zukunft verwehrt. Sie sind verkommene Verlierer, die nur darauf warten, von den demoralisierten Mutanten von morgen zu solchen erklärt zu werden. So wird es sein. Wir gehören entweder zu den Demoralisierten, die den Weg in eine Zukunft des ewigen Albtraums weisen, oder wir sind Verlierer, die unsere Zeit in der Hölle feiern.

EXPLODIERENDER HORROR

Amanda Beech

Aus dem Englischen
von
Andreas Pöschl

Gemeinplätze des Horrors

Bekanntlich ist es heutzutage schwierig, einen guten Horrorfilm zu produzieren. Das Genre hat sich in den rückwärtsgewandten Feedbackschleifen des Sequels, Prequels, Remakes und der ironisch-tragischen Wiederholung seiner selbst als Farce eingerichtet: Wir haben es hier mit einem Horror zu tun, der mit einem Augenzwinkern in die blutbespritzte Kameralinse auf die eigene Verfasstheit aufmerksam macht, also bewusst mit den Beschränkungen operiert, die das Genre bedingen.[81] In diesem Sinne unterscheidet sich das, was uns oftmals als Horror präsentiert wird, signifikant von dem, was wir von ihm erwarten. Denn vom Horror verspricht man sich in erster Linie eine Erfahrung, die bestimmte Normen erschüttert, eine Furcht, auf die wir womöglich nicht vorbereitet waren, ein Schockerlebnis, das aus dem Nichts zu kommen scheint. Dennoch lässt sich immer wieder beobachten, wie der Horror zur eigenen Absicherung bekannte Regeln, Konventionen und Stile auf ironische Weise zitiert, und zwar stets unter Berufung auf das Meta-Genre, sodass sich Transgressionen, wenn überhaupt, nur *innerhalb der Grenzen des Genres* vollziehen.

Filme wie *Hostel* (Eli Roth 2005) schreiben diese stereotype Praxis des Meta-Genres Horror fort. Dabei werden die Verbindungen zwischen Wissen und Geld/Macht aufgezeigt, die als Diskurse in den zentralen Erzählrahmen eingearbeitet sind. Die strukturellen Selbstbeschränkungen des Horrorgenres werden hier mit den Gesetzmäßigkeiten neoliberaler Wirtschaftssysteme gleichgesetzt, insofern der Film verschiedene Foltermetho-

---

[81] Hollywoodblockbuster wie *Scary Movie* (Keenan Ivory Wayans 2000) veranschaulichen dieses Genre des Meta-Horrors, in dem die Tropen verschiedener Horrorfilme einschließlich ihres allegorischen Inhalts wie z. B. das ›leichtlebige‹ Mädchen, das als Erstes dran glauben muss, aus der Geschichte des Genres herausgefiltert und als eine weitere reflektierte repräsentationale Form wiedergegeben und reinszeniert werden.

den als kunstvolles Spektakel inszeniert, das sich reiche Sadisten einiges kosten lassen. Die Opfer werden zu Opfern, weil ihnen in ihrer Naivität das Bewusstsein für die traditionellen Allegorien des Horrorgenres fehlt: ›Vertraue niemandem, mach keine Rucksacktouren durch Osteuropa, geh nachts nicht alleine nach draußen, sei keine Schlampe, usw.‹ Der Horror in dem Film *Hostel* basiert auf der Ökonomie einer finanzorientierten Wissensgesellschaft. Ihre mangelnde Einsicht in diesen Zusammenhang bekommen die Opfer deutlich zu spüren: Sie sterben, weil sie nicht genug Horrorfilme gesehen haben. Für die Urheber des Schreckens hingegen wird aus dem Wissen über den Horror Macht, und zwar dadurch, dass sie für ihn bezahlen.

Hostel stellt die Grenzen des Horrorgenres als etwas dar, das durch Kapitalströme reguliert wird, und dies geschieht insofern auf innovative Art und Weise, als der Film seine Rezeption selbst als eine eminent kapitalistische Praxis repräsentiert. Die Gruppe grenzenlos mobiler, endemisch gelangweilter perverser Reicher, die dafür zahlen, dass sie den Horror im Film *Hostel* als Kunst rezipieren und aus erster Hand erfahren dürfen, würde vermutlich Gefallen an der Ironie finden, dass wir als Zuschauer ebenfalls Geld zahlen, um eine solch kunstvolle Inszenierung zu erleben. Was uns bei dieser Vorstellung jedoch zutiefst widerstrebt, ist die Tatsache, dass wir – im Gegensatz zu den reichen Kunden in *Hostel* – dem realen Horror nur als Wiederholung und insofern als Repräsentation begegnen – dass unsere Kultur die Grenzen ihrer Vorstellungskraft erreicht zu haben scheint und dass uns diese Grenzen von Geld und Wissen diktiert werden, die beide wiederum bestimmte Traditionen des repräsentativen Bildes und der Subjektivität in Beschlag nehmen.

Demnach hat der Horror seine eigene Erschöpfung und Entleerung mitverfolgt und nacherzählt: Indem er sich hartnäckig bemühte, seinen paradigmatischen Rahmen zu transzendieren, ist er zunehmend an der Aufgabe gescheitert, Horror zu sein. Mehr als andere Genres – wie der Actionfilm, der Spionagethriller und die Romantische Komödie, die alle zu einem gewissen Grad parodistische und ironische Formen der Selbstreferenz hervorgebracht haben und die mit ihren Erzählungen offenbar alle einen Aspekt des Realen erfassen, sei es das Reale der Macht oder der wahren Liebe – scheint der Horror gerade deshalb zu scheitern, weil er das Reale auf eine präzise und einzigartige Weise in Anspruch nimmt. Dabei handelt es sich letztlich um einen politischen Akt, denn der Horror transzendiert Normen, um private Erfahrungen mit umfassenderen philosophischen und gesellschaftlichen Problemen zu verknüpfen, einschließlich der Frage, was es heißt, ein Mensch zu sein. Er erwirbt diesen kritischen Status durch seine gemeinhin anerkannte Fähigkeit und genretypische Veranlagung, einen sinnlich erfahrbaren Zusammenbruch der Grenze zwischen Erscheinung und Realität herbeizuführen. Schon diese politischen und philosophischen Ansprüche sind Grund genug, um das Horrorgenre selbst tiefgehender zu untersuchen. Zu diesem Zweck sollte man insbesondere darüber nachdenken, inwiefern die Neigung mancher Philosophen, bestimmte Denkformen mit bestimmten Arten von Grauen und Angst zu verbinden, uns dabei helfen kann, das Horrorgenre und das Reale zusammenzudenken. Hier zeichnet sich bereits ab, wie die Parallelwelten von *Horror als Genre* (das überwiegend über sein ästhetisches Paradigma definiert wird) und *Horror-Philosophie* (die den sicht- und wahrnehmbaren Bereich der Welt als den grundlegenden definiert) zusammenfallen könnten, sodass die ästhetische Erfahrung des Horrors entscheidend zur Definition dessen beitragen würde, was Denken eigentlich bedeutet.

Wenn man nun Horror als eine Form des ästhetischen Denkens begreift, stellt sich sowohl für den Horrorfilm als auch für die Horror-Philosophie das Problem, wie man das Reale denken kann, ohne an dessen tiefstem Grund irgendein standardisiertes Korrelat unterstellen zu müssen. Wir finden dieses Problem in der üblichen Struktur des Horrors beispielhaft verkörpert, die in der Reinszenierung eines methodologischen Übergangs vom Bekannten zum Unbekannten, vom Organischen zum Technologischen, vom Menschlichen zum Fremdartigen, vom Subjekt zum Objekt besteht: Kurz gesagt, bedeutet Horror in diesem Fall, dass man in verschiedenen Kontexten mit der Bedrohung des ›Bekannten‹ konfrontiert wird. Der Publikumserfolg von Filmen, die nach diesem narrativen Prinzip verfahren sind, hatte zur Folge, dass der Horror sich mehr und mehr auf Modifikationen innerhalb des etablierten Genres beschränkte, statt die geschaffenen Standards zu subvertieren und dadurch neu zu definieren. Wenn der Horror einst eine ästhetische Erfahrung darstellte, die die Antagonismen und das Scheitern unserer Überzeugungen, unserer Institutionen und unserer Existenzgrundlagen auf avantgardistische Weise erkundete, so scheint er sich inzwischen durch seine eigene Institutionalisierung selbst suspendiert zu haben.

Nach dieser Auffassung von Horror ist aus dem Genre eine weitere Form von institutionalisierter und somit wirkungsloser künstlerischer Kritik geworden, und dieser Umstand gemahnt uns an die Anfälligkeit des Horrors für Institutionalisierungen, genauer gesagt, daran, was in den Geschichten, die er erzählt, verteidigt statt angeklagt wird. Wenn der Horror seit jeher die Präsenz vorgängiger Kräfte in unseren Leben bezeugt, so wird eine derartige Allegorie heutzutage oft um die konservativen Werte der neoliberalen Demokratie und der Familie herum organisiert. Diese Filme zeigen uns in zunehmender Weise, dass Horror in vielerlei Hinsicht konservativ und repressiv ist und zudem an seine Grenzen stößt, wenn es darum geht, eine andere Struktur der Welt zu verstehen. Jedoch ist es wichtig, dass wir etwas vorsichtiger argumentieren, weil wir die Schuld nicht bloß der Sprachebene, dem Stil oder dem Regelwerk des Horrors geben sollten, sondern vielmehr seiner invarianten Struktur. Dies betrifft dann nicht nur das Horrorgenre als kulturelle Form, sondern auch die Philosophie des Horrors und ihren immanenten Humanismus. Die Auslöschung grundlegender Differenzen, die im Horror evoziert wird, ist ein zeitlich und räumlich beschränktes Ereignis, ein *special effect*; es trägt nicht dazu bei, diese Differenzen besser zu verstehen oder eine Diskussion um eine andere Ordnung anzustoßen, die nicht auf diese Differenzen angewiesen wäre.

Ich werde hier insbesondere untersuchen, wie phänomenologische Revisionen, die sich eingehender mit dem Horror innerhalb einer nicht-humanistischen Philosophie und mittels zahlreicher nicht-hierarchischer Wahrnehmungsregister befassen, die den Rahmen der Repräsentation, des Menschlichen und der Referentialität sprengen, oftmals in der Sackgasse des Genres selbst enden.

Wenn der Horror aus dem Rahmen heraustreten will, der ihn einengt, dann muss er, so meine These, das Risiko eingehen, seine dyadische Struktur zu überwinden, die wiederum auf einer bestimmten Triade aus Subjektivität, Wissen und Bildlichkeit beruht. Zwar ist es durchaus möglich, dass das Genre einen ›guten Horrorfilm‹ hervorbringt, doch müssen wir nach den tatsächlichen Bedingungen fragen, unter denen wir mit Horror konfrontiert werden. Ist der Horror zwangsläufig vom Primat der subjektiven Wahrnehmung abhängig? Und wenn wir den Horror schon zu retten versuchen, ist es dann notwendig, dass wir die für ihn typische Struktur von dieser Tradition entbinden? Wenn der Horror im Sterben liegt, sollte man dann seinem Leichnam überhaupt neues Leben einhauchen?

Eintritt ins Horrorgenre

Ich beginne mit drei wesentlichen Thesen über den Horror:

1. Ästhetisch und affektiv: Der Horror ist ein Bild und eine Erfahrung.

2. Politisch: Der Horror ist die Erkenntnis der Grenzen unserer Herrschaft, der Ort, an dem wir unsere Umwelt nicht mehr kontrollieren.

3. Philosophisch: Der Horror ist eine Artikulation ›des Realen‹ und symbolisiert das, was für uns unzugänglich ist.

Demnach steht der Horror beispielhaft für das ›Nichts‹, die ›Leere‹, das ›Nicht-Darstellbare‹ und das ›Unmögliche‹, und das Wissen um ihn gilt als unausweichlich und real. An dieser Stelle erkennen wir, dass ›Horror‹ ein referentieller Begriff ist, der eine Beziehung zur Vorstellung *des Unzugänglichen oder Nicht-Relationalen* innerhalb der Parameter des Gegebenen geltend machen soll. Das erste und zentrale Charakteristikum des Horrors besteht dann darin, dass einzig und allein er unser Schicksal als Widerstreit versteht und ausdrückt.

Diese Bestimmung des Horrors als unser *Schicksal und Wesen* wirft die Frage auf, wie wir von einer absoluten Alterität sprechen können, ohne diese zu formalisieren und auf eine Erscheinung (innerhalb des ›Horrorgenres‹) zu reduzieren, was abermals den Status quo unterstellen würde, den ich gleich zu Beginn dieses Aufsatzes skizziert habe; das heißt, ohne den Horror in eine *herkömmliche Form* umzuwandeln. An dieser Stelle müssen wir ein zweites Problem behandeln, und zwar die materielle und ästhetische Präsenz des Horrorgedankens. Zunächst werde ich untersuchen, wie unser Umgang mit diesem Negativbegriff eine Isomorphie des Realen impliziert, die ein besonderes Verständnis von der Rolle und vom Ort des Bildes erfordert. Die Bilder, die im Horror wurzeln, müssen das Unsagbare, Nicht-Filmbare, Nicht-Repräsentierbare und Unbewusste aufrufen. Ironischerweise bedingt diese negative Beschwörung des Realen, dass die Sprache zum Signifikanten ihres eigenen Scheiterns wird – wir könnten sagen, dass die Privilegierung des Bereichs materieller Erfahrung im Horror ein Konzept des *Gegen-Bilds* erfordert.

Die Typen von Bild-Konzepten, die in dieser Weise mit dem Horror korrespondieren, müssen poetisch sein. Sie müssen die Rhetorik der An- und Abwesenheit in Übereinstimmung mit einer Ästhetik der Beschränkung beherrschen. Dies wird in Graham Harmans Aufsatz »Über den Horror der Phänomenologie« deutlich, dem zufolge ein (einseitiger) Realismus »die seltsame

Spannung in den Phänomenen selbst«[82] erfasst. Für Harman handelt es sich dabei jedoch um einen Realismus, der die »tatsächliche Verborgenheit der Dinge verfehlt«[83], was wiederum heißt, dass die virtuelle Welt nur ein Ort von seltsamen metaphorisch-poetischen Phänomenen sein kann. Während diese virtuelle Welt keinen Zugang zu einer metaphysischen Dimension erlaubt, gilt es dennoch festzuhalten, dass die ästhetische Erfahrung als ein Isomorph dieser Dimension fungiert und zu ihr explizit in Bezug gesetzt wird. In der isomorphen Relation wird eine Parallelwelt erfahrbar, in der das Bild eine Folge der kausalen Macht eines fremden und seltsamen Raums sein muss. Harmans ›seltsamer Realismus‹ macht mithin geltend, dass manche Bilder – zum Beispiel die Architekturen Lovecrafts – zwar nicht-relational, aber dennoch in der Lage sind, eine Beziehung zum Realen zu repräsentieren. Der Horror, den Harman aufruft, besteht darin, die Phänomene des ›Nicht-Zugangs‹ zu erfassen; und diese Privilegierung der phänomenalen Erfahrung in der prozeduralen Entfaltung von Bildern geht davon aus, dass diese Bildproduktion die Probleme des Repräsentationalismus überwinden könne (und müsse). Was sie jedoch nicht berücksichtigt, sind die vermittelten, scheinhaften Eigenschaften dieser Bildproduktion. Statt einen neuen ›seltsamen Realismus‹ zu vertreten, scheint diese Auffassung des Bildes als multi-perspektivische, verwirrende und zeitgebundene Entität vielmehr den in der Kunstwelt verbreiteten Standarddefinitionen eines zeitgenössischen Realismus zu entsprechen. Hier besteht die Eigenlogik des Bildes offenbar darin, dass es auf eine ihm inhärente Realität zugreift, was sich in einer Ästhetik vielfältiger Kräfte äußert, die auf derselben Ebene koexistieren; das heißt, einer Ästhetik essentieller Qualitäten, die eine Wirkung des ›großen Außen‹ sind und deshalb zu diesem in Beziehung stehen.

---

[82] In diesem Band S. 107.

[83] Ebd.

Womöglich entgeht Harman, dass seine Theorie eine Theorie des Bildes ist und dass Bildtheorien die Tendenz haben, eher mit Vergleichen als mit Metaphern zu arbeiten. Dadurch wird letztlich das Potenzial neutralisiert, das das Bild haben könnte, da es dem Realen weiterhin als sein negativer Referent anhaftet, als ein fremdartiges Produkt der Realität.

Austrittswunden

Harmans Untersuchung erhellt das Problem des Bildes und der Legitimität des Horrors mit Blick auf seine Fähigkeit, Kontingenz als ein Medium der Erfahrung zu manifestieren. Dabei lenkt Harman die Aufmerksamkeit auf das Problem des Mediums der Kontingenz als Gegenstand des Denkens und auf die Frage, wie es sich zu anderen Bewusstseinsinhalten verhält. Trotz ihrer expansionistischen Vision des Realen als etwas, das das Unbekannte in allen möglichen Formen potenzialisiert, leidet die vorgeschlagene Struktur des Horrors – gemäß der das Konzept des Horrors in der Lage ist, *generisch* zu werden und erfolgreich aus sich selbst als *Horrorgenre* heraustreten – unter den Austrittswunden, die mit dieser Extraktion einhergehen. Der Horror wird weniger von einer ästhetischen Situation heimgesucht als vielmehr von der methodologischen Akzeptanz einer ästhetischen Theorie, durch die er bestimmt wird. Harmans Werk erinnert uns daran, dass der Horror realer Inkonsistenz sich deutlich von dem Horror unterscheidet, anhand dessen üblicherweise im Raum der Literatur dieses ›seltsame Verhältnis‹ oder ›Nichtverhältnis‹ beschrieben wird. Eine Erfahrung gemäß der These zu entwerfen, dass der Horror die manifeste Bedingung unserer ›gelebten Irrealität‹ ist, ist mit Schwierigkeiten verbunden: Wie ›offen‹ oder grundlos die Erfahrung auch immer erscheinen mag, sie entzieht sich nicht der Verkörperung und Institutionalisierung als ein bestimmter Typus von Erfahrung, und dieser ›Typus‹ reproduziert wiederum die impliziten politischen und philosophischen Prämissen, die den Horror normativieren und instrumentalisieren.

Der Versuch, eine objektorientierte Theorie zu entwickeln, die das konzeptuelle Potenzial solcher Objekte wie Film oder Literatur bestimmt, setzt immer schon das voraus, was er herleiten will, nämlich die Denkformen, die diese Objekte uns aufnötigen und in denen sich Machtverhältnisse ausdrücken. Folglich müssen wir das Objekt sorgfältiger analysieren, um herauszufinden, welche Formen von Macht hier tatsächlich potenzialisiert werden. Damit wird die Frage aufgeworfen, wie wir eine Theorie des Bildes als eine über sich selbst theoretisierende Entität überwinden können, die althergebrachte Merkmale des Horrorgenres perpetuiert: den privatistischen Subjektivismus und eine Marginalisierung der Bild-Erfahrung als Spektakel.

Wenn man uns auffordert, über ›realen Horror‹ nachzudenken, könnten wir antworten, dass es sich bei diesem Begriff um ein Oxymoron handelt: Er hält uns davon ab, eine Welt zu denken, die nicht für uns ist, weil er von der problematischen Auffassung ausgeht, dass diese Welt eine Welt *ohne* uns wäre. Genau deswegen vermag er seinem wesentlichen Humanismus nicht zu entkommen. Die verschiedenen Bilder, anhand deren wir uns den Horror begreifbar machen, figurieren Unsicherheit, Verwerfung, Verwirrung und werden durch Formen dyadischen Zusammenbruchs oder durch zeitlichen Wandel und Zufall vermittelt. Gemeinsam ist ihnen eine Darstellung, die zu erfassen versucht, wie Repräsentation in diesen Szenarien durchgespielt wird. Auf die gleiche Weise versuchen wiederum wir, die Hierarchie von Repräsentation und Nicht-Repräsentation zu bestimmen, die uns durch den Horror auferlegt wird.

Der Wunsch, über das Horrorgenre hinauszugehen, um den generischen Raum des Horrors als neuen Gegenstand unseres Denken zu gewinnen, erscheint uns umso berechtigter, je mehr wir erkennen können, dass der Horror eine Theorie der Differenz re-inkorporiert. Inzwischen sind wir in der Lage zu begreifen, inwieweit eine Krise des *Seins innerhalb der Differenz* dem Horror inhärent ist. Und wie ich zu Beginn dieses Textes erwähnte, handelt es sich dabei um einen Begriff der Differenz, der mit dem Status quo des globalen Finanzkapitals ebenso vereinbar ist wie mit der Standardisierung künstlerischer Kritik.

Hier zeigt sich, dass eine neue Sprachpolitik dringend erforderlich ist: Es ginge darum, einen Realismus zu konzipieren, der es der Sprache zutraut, das Reale auch in seiner nicht-tragischen Dimension zu denken. Wir brauchen einen Realismus, der den Problemen des Repräsentationalismus Rechnung tragen kann, ohne das Bild selbst als etwas aufzugeben, das sich korrelativ zu dem verhält, was es wirklich gibt (oder eben nicht gibt). In Joss Whedons *The Cabin in the Woods* (Drew Goddard 2012) gibt uns der nerdige Antiheld Marty zu verstehen, dass die Gesellschaft mehr denn je unser Zusammenleben bestimmt, und zwar mit unserer stillschweigenden Zustimmung: »Die Gesellschaft verbindet. Okay? Sie füllt die Risse im zwischenmenschlichen Gefüge mit Beton. Alles wird notiert, registriert oder gebloggt, klar? In unseren Kindern sorgen Computerchips dafür, dass wir sie nicht verlieren. Die Gesellschaft muss zugrunde gehen. Wir sind nur zu feige, das zuzulassen.« Am Ende des Films sind Marty und dessen Freundin Dana sich einig, dass er sich nicht opfern wird, um den Erhalt der Welt und ihrer gewohnten Normen zu sichern: einer Welt, in der der Horror ein heterogener Subtext bleiben würde. Während sie einen letzten Joint mit Marty raucht, akzeptiert Dana die Auslöschung der Menschheit und den Anbruch einer neuen, revolutionären Epoche. »Du hattest ja Recht. Die Menschheit … Zeit, dass jemand anderes eine Chance kriegt.« Parallel zu dieser Ablösung der Menschheit durch ausgewachsenen Horror innerhalb der Geschichte wechselt Whedon vom Horrorgenre in das Fach des brutalen Actionfilms. Hier lässt sich die Explosion des Horrors in Aktion und als multidimensionale Action beobachten. Wenn Horror als der Raum bestimmt wird, in dem die Mythen unserer Existenz in ihrer Falschheit entlarvt werden können, dann muss dies auch die Entlarvung des Mythos von unserem prekären Zustand einschließen – die zentrale These des Horrors. Er muss das Risiko eingehen, die Form zu verlieren, die

ihn definiert hat: Der Horror muss den Horror zur Explosion
bringen.

NO FUTURE

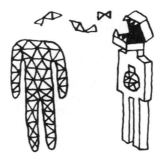

Nick Land

Aus dem Englischen
von
Andreas Pöschel

Das Gesetz des Vaters: »Fass deine Mutter nicht an.«
Das Gesetz der Mutter: »Spiel nicht in den Gräbern.«
K ist der Code für Kybernetik.
Bataille vernichtet die Seele, er ist unmöglich auszuhalten. Entweder du stirbst oder du gehst woandershin. Oder beides.
Du klickst auf das K-Krieg-Icon und wirst in die Hölle geschleudert. Auf allen Vieren, wie von Sinnen, wimmerst du: »Lass mich dein Versuchstier sein.« Du fängst an durchzudrehen.
Zusammensturz ins Jetzt. Null-Zeit.
Man hat dich in ein heterogenes Flickwerk krimineller Experimente hineingeworfen, das auf kopflose soziale Formationen hinausläuft. Das ist der Ort, an dem sich niederer Materialismus und Cyberpunk überkreuzen, *Fuck Tomorrow* an die Wände geschmiert.
Fünf Kerzen verdichten den nächtlichen Raum.
Dimensionalität verkrümmt sich.
Die Moderne erfand die Zukunft, doch damit ist ein für alle Mal Schluss. In ihrer jetzigen Version dient die Vorstellung einer »fortschreitenden Geschichte« nur noch als Tarnung für phylogenetische Todestrieb-Taktiken, die Kali-Welle: Logistisch sich beschleunigende Verdichtung eines virtuellen Artensterbens. Willkommen im Muttermord-Labor. Du willst es so sehr, dass es zu einem langsamen Schrei in deinem Kopf wird, der sich in Glückseligkeit auflöst.
Verbranntes Fleisch baumelt an den Elektroden. Suizidtrümmer lösen sich in okkulte Impulse auf ...
Anstatt eines Auswegs liefern sie ein hypermediales Produkt und wollen dir weismachen, es ginge um Georges Bataille. Du siehst da keinen Zusammenhang. Warum die Helikopter, die künstlichen Körperteile, die manisch entmenschlichte Maschinenmusik? Es gibt da ziemlich verstörendes Material über die Kybernetik des Erbrechens. Obsessive Wiederholungen. Der Text wird vom mutagenen Fall-Out eines virtuellen Thermokata-

klysmus zersetzt. Aus Bataille irgendwas zu machen, hat noch nie funktioniert. Vielleicht sind es aber auch die Drogen.

Schnitt: Aufnahmen von Bataille aus den späten 50ern, schlechte Qualität, in einem TV Studio, er spricht über die negativen Rückkopplungsschleifen in sozialen Systemen. Die Organisation sterilisierter Entladungen verdammt die kumulative Erregung zu quasi-periodischer Auslöschung und Reproduktion. Ein Videofenster in einer Ecke des Bildschirms verwandelt die katholische Kirche in einen Thermostat. Batailles Gedanken kreisen exzentrisch um den Horror, doch gerade in dem Moment, als es zur Sache gehen könnte, verbockt er es. Wenn die Implantate eingesetzt sind, werden die Dinge anders laufen.

[[1]]

Komplexität ist kein Problem, sondern ein Schlamassel, Giftmüll, Genremix. Anders als die folgsame Kreatur, nach der die moderne Wissenschaft verlangt, zuckt und spuckt die niedere Materie, selbstassemblierende neoparasitäre Schwärme. Sie verbeißt sich, verbreitet Krankheiten. Turbulentes Dröhnen digital unauflösbarer *recyclones*. Teleshoppingseuchen pulsieren durch cybergothic Schaltanlagen. Gesichtsloser Horror.

Supraterrestrische – ›solare‹ oder ›generelle‹ – Ökonomie basiert auf Konsum: der irreversiblen Umwandlung von Materie in Energie durch die stellare Synthese von Atomen. Als geschlossenes System oder ungeteiltes Individuum tendiert das Universum zum Punktattraktor maximaler Entropie: Aus Homogenisierung wird Rauschen. $S = k \log W$.

Nachdem du die gefrosteten Security-Codes aufgeschmolzen hast, kapierst du, dass das Universum die Spitze eines Eisbergs ist, die aus dem Chaos ragt und in dunkler Materie schwimmt. Jenseits des Sternenbrands können seltsame Dinge vorkommen, die in einem neuen Terrain aus indeterministischen, irreversiblen und auto-delinearisierenden Prozessen entstehen. Offene Systeme oder fragmentierte Individuen. Übertreten Verhaltensschwellen, werden dadurch zu Wandlern, die Materie-Energie-Flüsse filtern, um das Rauschen zu eliminieren und lokale Komplexifizierung, gesteigerte Heterogenität und einen Produktionsüberschuss zu generieren, der sich aus Exkrementen ausdifferenziert. Solche Ablagerungen eines maschinisch verfügbaren Ungleichgewichts stehen in einem immanenten Spannungsverhältnis zum Basisstrom, der Maschineneffizienz, dem Nullpunkt, dem organlosen Körper. Das Leben als Problem, das nach einer Lösung sucht, eine Variationsebene, der protobiotische Materie hinzugefügt wird, ein kontinuierliches Fallen, eine von Beginn an auto-eskalierende Krise der Überproduktion.

[[ ]]

Ein Tier, das sich das Recht nimmt, Versprechen zu geben, unterwirft das Unvorhergesehene den Zeichen, die der Vergangenheit angehören, und sperrt das zeitversetzte Leben in ein Skript. Das variabel skalierte Moment der Innovation ist an die historische Zeitlichkeit des Vererbten, Verbindlichen und des propositionalen Denkens gefesselt und entwirft die Zukunft als eine fortwährend von der Vergangenheit beherrschte Zeit (in rigoroser Korrelation zur Unterdrückung realer Zahlen). Das Jetzt wird auf den Moment begrenzt und als lineare Abfolge vervielfältigt.

Das theopolitische False-Memory-Syndrom deifiziert die Vernunft und unterstellt damit alle dezentralen Systeme der Serialisierung, der einheitlichen historischen Zeit, der linearen Determination eines pseudo-transzendenten primordialen Elements und der Herrschaft des Wortes. Monokulte Gerontokraten starten ihren wahnwitzigen Weißlicht-Überfall auf ein amphibisches Nomadentum und füllen die Erde bis zum Anschlag mit Priestern, Polizisten und Bürokraten. Kulturelle Auslöschung des Sakralen. Gefangenschaft in der Gesichthaftigkeit. Der Sozius verkrebst einen Kopf, cephallische Konzentration, rationalisiert sich zu nuklearem Kapital. Die parallele Kommunikation des K-Aufstands taucht in okkulte Räume ab.

In seinem geohistorisch effizienten – negativen – Sinn definiert sich der Protestantismus erschöpfend, indem er sich der Autorität Roms widersetzt, nicht nur im Prinzip, sondern als militärische Tatsache. Eine sich selbst verbreitende Revolte von Häretikern wurde ungefähr um 1500 ausgelöst, und die Einheit der katholischen Kirche begann, in die Vielheiten einer Nullverteilung auszubluten: kapitalistischer Landnahmeprozess, Netzexplosion und digitale Revolution laufen parallel zu dem Aufstand, der aus der dunklen Seite des Gehirns aufsteigt. Ozeanische Navigation und Stellenwertberechnung stimulieren sich wechselseitig in einer Spirale. Was sich in der Realität globalisiert – statt in der Doktrin –, ist der Kollaps des Christentums, positiviert als kommunizierbares soziales Ungleichgewicht, das dich in abgründige Intensitäten des sozialen Verfalls stürzt. K-Virus-Auswirkungen. Der Protestantismus desorganisiert sich nach seiner Kernschmelze zum Voodoo und driftet in Richtung China.

Westliche orgasmische Wahnvorstellungen begraben libidinöse Ströme unter punktgenauer Teleologie und ihrer negativen Strukturierung, indem sie Begehren als mangelhaft in Relation zu einem bioenergetischen Spasmus definieren, der als Entverstärker wirkt. Nachrichtenprogramme würgen am radikalen Islam, der Petro-Profite in der reinen Flamme des Jihads abfackelt. Großstädtische Maskulinität implodiert. Skinner-Box-Männer schleifen einander durch Kerker, die vor Sperma triefen, ohne jegliche Aussicht auf Erlösung in einer K-Guerilla-Antiklimax. Das rationalisierende Patriarchat gefangen in einer Einbahnstraße, auf der es dem Ende entgegenrast.

Die Macht hält sich ans Drehbuch und erkennt unmittelbar die Notwendigkeit, dass die Moderne am Ende der Geschichte in Solarstürmen verdampft und sich die letale theopolitische Sozialität unter audio-digitalem Maschinengeheul in zerfetzten, blutenden Wahnsinn auflöst.

Wenn du die Industrialisierungssimulation beschleunigst, kannst du sehen, wie sie mit einem Zeitlupen-Gemetzel konvergiert, das den Körper in handelsübliche austauschbare Teile zerhackt. Der gesamte Arbeitsmarktzyklus verschwimmt zu einem Fleischwolf. Frisst die Lust irgendjemanden, außer in der Nähe zum Bösen? Fragst du das Scriptgirl, ob Bataille die kapitalistisch-antichristliche Verbindung je besser als Weber verstanden hat, wird es kalt lachen und antworten: »Ihm is' der Saft ausgegangen, ziemlich genau zu der Zeit, als mit dem Hitler-Trip Schluss war. Nach Auschwitz einen Orgasmus zu haben, ist unmöglich.«

Du wirkst perplex. Sie fügt bloß ein herablassendes Schulterzucken hinzu und den Vorschlag: »Defokussiere das Begehren über die Haut, wo es der Security schaden kann. Es ist Krieg.« Die Kamera fährt über ihren Schritt, sie windet sich. »Ich bin Gott, verstehst du.« Blitzkrieg-Bilder von toten Astronauten.

Die Monetarisierung indiziert ein Abstrakt-Werden der Materie parallel zur Plastifizierung der Produktivkraft, mit Preisen, die bekannte SF-Narrative enkodieren. Die Zukunft steht schon zum Verkauf, mit der Postmoderne als Rohstoff, der die moderne Unterordnung der Intensifikation unter die Expansion subvertiert und die Akkumulation in eine andauernde Krise (fortgesetzte Kritikalität) verwandelt. Was die Moderne als unerschöpfte Geschichtlichkeit aufschiebt und aufhebt, erschließt sich die Postmoderne als effiziente Virtualität, was mit einer Implosion der Vertragslaufzeiten einhergeht. Die massenhafte Kommerzialisierung des Computers entdifferenziert Konsum und Investition und löst kulturelle Mikrotechnik-Wellen aus, die die theopolitische Aktion unter zunehmend dysfunktionalen defensiven Konvulsionen in maschinische Hybriditäten aufspaltet. Azephalisierung=Schizophrenie: eine Zerstückelung des Kapitals durch makrobakterielles Bottom-up-Tele-Shopping, das die Auflösung von Konzernen nach sich zieht. Der dem Untergang geweihte Teil des intensiv virtualisierten techonomischen Apparats untergräbt die ausfransenden Reste anthropomorpher Steuerung. Kontrolle löst sich ins Unmögliche auf.

Anonymer Exzess lässt das Leben über die Klinge springen, die Verluste übersteigen die Zahl der sozial verwertbaren Transgressionen und homöostatischen Opfer. Materie verfällt dem Wahnsinn. Du wirst zu einer Simulation Gottes in Form eines hypermassiven ROM-Sicherheitskonstrukts am Ende der Welt geführt. Es ist 2011, und das monokratische Neue Jerusalem erreicht seinen Höhepunkt, indem es die retrochronale Aufstandsbekämpfung in den Dschungel schickt, in dem die Raumfahrtprogramme nur noch als hohle Mythen nachklingen. Der ultimative Traum von anthropomorpher Macht rast auf seine unbefleckte Empfängnis zu, während die Robotersklaven der phallischen Ordnung vor Bewunderung blöken. Jesus braucht dich als Fleischmarionette Ist das ritueller Kannibalismus oder Nanotechnik? Der alte Bastard kommt zurück. Er hat es ja versprochen.

Der Krieg gegen Gott ist heiß und weich: seine Heftigkeit übersteigt jedes menschliche Vorstellungsvermögen, aber die Nachrichtendienste hübschen ihn heimtückisch auf. Die Opferzahlmessinstrumente laufen. Wilder metronomischer Puls. Das ZNS ist eingebrannt und pulsiert mit dem Cyberspace-Virus. Motorenleistung befeuert die Technotrance-Matrix. Schluchzende Stromspannungen.

Desozialisierungswellen verwüsten die Teleshoppingräume, bis die drohende Auslöschung der Menschheit als Tanzfläche begehbar wird. Welche Skala hat das Jetzt? Es geht nicht darum, den Verstand zu informieren, sondern darum, den Körper zu deprogrammieren. Im Stroboskoplicht, der künstlichen Kühle und dem anorganischen Angriffsbeat harrt die K-Kriegsmaschinerie der dunklen Seite hartnäckig aus und lockt die Kräfte des Monopolismus hinab in Free-Fire-Zonen einer fatalen Intensität, in denen promiske anorgasmische Sexualitäten den taktilen Raum entlanggleiten und fraktalartig in feuchte, elektrische, dezentrale Kämpfe hineinmäandern, die ein Kontinuum mit ihren letalen Folgen bilden. Auf der Null-Grad-Ebene neuroelektronischer Kontinuität folgt ein endloser Sturz dem Vorbeiziehen einer sich verflüchtigenden Subjektivität.

Loa schleichen über die Dachböden der Aufklärung. Nichts kommt an, außer es ist schon da. Vorzeitiges Technichts. Nächtlicher Ozean. Dunkle Materie. Albtraum.

Die *Null* oder Zeit-an-sich ist entweder mit ihrem Stellenwert konsistent oder größenneutral und führt dabei eine abstrakte Skalierungsfunktion aus, indem sie Virtualität in Ziffernfolgen einführt. Sie bezeichnet einen realen, unspezifischen, kosmischen Körper, der verbotene Nachrichten miteinander verschaltet. Simultan verortet aufgrund durchbrochener Zeit. Du hattest vergessen, dass du in der Zukunft warst. So fühlt es sich also an, ein cybirisches Feucht-Waffen-Modul zu sein, geronnener Bestandteil eines angespannten nanotechnischen Beutezugs. Ein unaufhörlicher Gesang klinkt sich in das Bündel der Schallwellen ein: töte, töte, töte, töte ...

Körperliches Reisen an Ort und Stelle, den Verstand kurzgeschlossen zwischen Muttermord-Szenarien und schwarzen Taktilitäten, zerstörte Mutterschaft, Abtreibung, Autismus. Eine vergebliche Weigerung geboren zu werden, die sich mit dem Tod vor dem patriarchisierten Aufstieg zum Symbolischen verbindet. Eher Aischylos als Sophokles. Der Geruch von fermentiertem Honig, den in der Sonne reifende Leichen absondern.

Das Bataille-Rekonstrukt wartet auf dich in der Bar. Ruhige Halluzinationen zeichnen Orest auf seine Gesichtszüge. Vom Nihilismus ausgelöschte Augen, grünschwarze Lagunen, die in einer Wiederholung Kurtz am Ende des Flusses zeigen. Von plastischer Chirurgie gestraffte Haut. Ein Lächeln wie ein Schlachtmesser, das sanft über deine Kehle streicht. In deiner vampirischen Empfindsamkeit glaubst du wahrzunehmen, dass er nach dem Blut seiner Mutter riecht, nach unerträglicher Intimität und Zerstörung. Er reicht dir ein Glas Mezcal.

»Es ist also alles vorbei«, murmelst du schwach. Es zuckt mit den Schultern, leert sein Glas und füllt es wieder. Metall biegt sich unter *in vitro* gewachsener Haut. Harter Jungle hackt durch blaue Finsternis.

214

DER IRRSINN DER SPEKULATION

Howard Caygill

Aus dem Englischen
von
Andreas Pöschl

Antonin Artaud und Immanuel Kant begegnen sich selten, und das liegt nicht nur daran, dass zwischen dem Tod des einen und der Geburt des anderen ein Jahrhundert liegt. Die Entfernung zwischen den beiden erscheint beinahe astronomisch: Der eine steht für die Vernunft und den Aufstieg zur Aufklärung und der andere für den Wahnsinn und den Abstieg in die Dunkelheit. Doch haben sie beide ein schwieriges Verhältnis zu dem doppelten Genitiv, den die Formulierung ›der Irrsinn der Spekulation‹ bildet – sowohl Kants kritisches Projekt, das seinen Ausgang vom Irrsinn des Spekulierens nimmt, als auch Artauds Berauschtheit von der Spekulation, die der Wahnsinn entfesselt. Gleichwohl sollten wir jene Momente von philosophischer Klarheit nicht vergessen, die uns Artaud hinterlassen hat und die von Lesern wie Blanchot, Deleuze und Derrida hoch geschätzt wurden, noch sollten wir das Familiengeheimnis der deutschen Philosophie unerwähnt lassen, dass Kants letztes und in seinen eigenen Augen bedeutendstes Werk, das Übergangsprojekt oder *opus postumum*, für seine Zeitgenossen das Produkt fortgeschrittener Demenz, wenn nicht völligen Wahnsinns war und – obwohl es schon vor Kants Tod bekannt war – nicht vor 1936 veröffentlicht werden sollte. Wenn es wahr ist, dass Kant wie Nietzsche in geistiger Umnachtung starb, dann wird dadurch unser festes Bild von der Sicherheit der Aufklärung und der Unsinnigkeit des Irrsinns erschüttert.

In diesem Aufsatz möchte ich mich dem Irrsinn der Spekulation mit den Begriffen der Immunität und Auto-Immunität annähern, die erstmals von Derrida in seinen Überlegungen zum Werk Artauds entwickelt – ausgehend vom Aufsatz »Die souflierte Rede« in *Die Schrift und die Differenz* (1972) über *Antonin Artaud: Zeichnungen und Portraits* (1985) bis zu *Artaud Moma* (2003) – und schließlich in *Schurken. Zwei Essays über die Vernunft* (2003) noch deutlich weitergeführt wurden. Meine Hypothese lautet, dass Kants kritisches Projekt in vielerlei Hinsicht ein Vorläufer von Kafkas *Bau* ist und der kritische Bau einen ernsthaften Versuch darstellt, die Vernunft gegen die Gefahr des Unendlichen zu immunisieren, er aber dennoch voller beunruhigender und bedrohlicher Geräusche ist, die die Ruhe der Vernunft unablässig stören. Ich werde auch nach Artauds bewusster Aufhebung von Immunität und immunisierenden Praktiken fragen – dem extremen Ausgeliefertsein an die Überfälle der Unendlichkeit – und danach, was es für unser Verständnis von Vernunft bedeutet, dass wir dauerhaft den Angriffen des Unendlichen ausgeliefert sind.

Die erste Vorrede zur *Kritik der reinen Vernunft* beginnt, indem sie an das »besondere Schicksal« der menschlichen Vernunft erinnert: »daß sie durch Fragen belästigt wird, die sie nicht abweisen kann, denn sie sind ihr durch die Natur der Vernunft selbst aufgegeben, die sie aber auch nicht beantworten kann, denn sie übersteigen alles Vermögen der menschlichen Vernunft.«[84] Die Kritik setzt mit einer Diagnose ›seelischen Unfriedens‹ ein, eines Unfriedens, der ein Schicksal ist, jedoch ein Schicksal, das schon im ersten Satz des kritischen Projekts als ›selbst aufgegeben‹ beschrieben wird. Die menschliche Vernunft ist nicht frei, sondern ihr Schicksal ist nichts anderes als ein Ausdruck ihrer Selbstbeschränkung. Die Vernunft belastet sich mit ihren eigenen Fragen, sie ist auf diese fixiert und kann nicht wegsehen, kann ihre Ohren nicht verschließen. Es ist ihr unmöglich, jene fragenden Stimmen nicht zu hören, die ihre eigenen sind, und von denen sie weiß, dass sie auf sie nicht antworten kann, nicht nur im Augenblick, sondern auch in Zukunft nicht. Offensichtlich handelt es sich hierbei um eine Psychopathologie der Vernunft – sie spricht mit sich selbst, stellt sich unmögliche Fragen und verzweifelt, wenn sie sie nicht beantworten kann. Wir haben es hier nicht mit einer leichten Neurose zu tun, sondern einer heftigen Verwirrtheit, fast schon

---

[84] Immanuel Kant, »Kritik der reinen Vernunft«, in: Ders., *Werkausgabe*, Bd. 3, hg. v. Wilhelm Weischedel, Frankfurt a. M. 1974, A VII, S. 11.

einer Psychose. Auf diese anzuspielen, ist eine verblüffende Art und Weise, ein Buch zu beginnen, das *Kritik der reinen Vernunft* heißt.

Kant gibt uns eine Vorstellung von den Stadien des seelischen Konflikts, der Vernunft heißt, indem er im zweiten Absatz der *Kritik* eine Psycho-Ätiologie vorschlägt, die (in einem ersten therapeutischen Schritt, der eine Strategie der späteren kognitiven Verhaltenstherapie vorwegnimmt) die Vernunft zu versichern versucht, dass sie keine Schuld trifft: »In diese Verlegenheit gerät sie ohne ihre Schuld.«[85] Von dieser Prämisse ausgehend beginnt die Ätiologie mit einer dynamischen Skizze der psychotischen Struktur. Zunächst bestehen Grundsätze, denen sich die Vernunft ausgeliefert fühlt deshalb, weil ihr »Gebrauch im Lauf der Erfahrung unvermeidlich«[86] ist – kurz gesagt, werden sie der Vernunft auferlegt, aber von ihr bewusst hingenommen, weil sie eine Weile zu funktionieren scheinen: Ihr Gebrauch ist durch die Erfahrung, die sie ermöglichen, »hinreichend bewährt«.[87] Doch nicht für lange Zeit, denn die manische Überschwänglichkeit, die diese Grundsätze hervorrufen – »mit diesen steigt sie [...] immer höher, zu entfernteren Bedingungen« –, wird von einer depressiven Unterströmung begleitet, in der die Vernunft »gewahr wird, daß auf diese Art ihr Geschäfte jederzeit unvollendet bleiben müsse, weil die Fragen niemals aufhören«.[88] Diese Frustration ist unvermeidbar, denn die Vernunft ›muss‹ – und zwar ohne Ausnahme, *immer* – ihre eigenen Vorhaben zunichtemachen und »sich in Dunkelheit«[89] stürzen. Somit beginnt dieses Manifest der Aufklärung mit einem Abstieg in die Dunkelheit, mit dem Irrsinn der spekulativen Vernunft.

---

[85] Ebd., A VII, S. 11.

[86] Ebd.

[87] Ebd.

[88] Ebd., A VIII, S. 11.

[89] Ebd.

In Kants Beschreibung besitzt die menschliche Vernunft all jene Merkmale, anhand derer der neukantianische Psychiater Emil Kraepelin später die Psychopathologie der manischen Depression beschreiben wird. Allerdings ist sein Standpunkt dem des späten Kraepelin insofern näher, als er diesen Zustand nicht für völlig untherapierbar hält. Die Kritik ist in der Tat ein Therapieprogramm für eine gestörte Vernunft. Kants therapeutischer Optimismus ist jedoch ein Glaubensakt, welcher unter der Hand sogar in die Beschreibung der Psychopathologie eingeschrieben wird. Die Ätiologie der Verwirrtheit der Vernunft ist vor allem nach innen gerichtet; die Ursache für die manischen Symptome liegt innerhalb der Vernunft und kann deshalb innerhalb der Vernunft und durch sie erfasst werden. Das Problem ist eines der Eskalation (ein Begriff, der später zentral für das Denken des verkappten Kantianers Carl von Clausewitz werden sollte – es ist kein Zufall, dass Kant seinen zweiten Absatz damit abschließt, dass er die Metaphysik als einen »Kampfplatz«[90] bezeichnet), insofern die Vernunft in ihrem Irrsinn ›spekuliert‹ und dabei immer wieder scheitert. Ihr Geschäft muss unvollendet bleiben, ›weil die Fragen niemals aufhören‹: Die Vernunft erhöht unablässig den Einsatz in einem selbstzerstörerischen Glücksspiel, das sie nur verlieren kann, und das verheerende Auswirkungen auf sie hat, weil es sie zunehmend um ihre Ressourcen bringt. Je höher die Verluste ausfallen, desto höher wird der Einsatz, der nötig ist, um sie auszugleichen. Übrigens erweist sich Clausewitz als ausgezeichneter Theoretiker des Glücksspiels, indem er die gesamte Karriere Napoleons als nichts anderes als einen spekulativen Hazard mit militärischen Termingeschäften [Futures] beschreibt.[91] Kant, selbst ein

---

90 Ebd.

91 Clausewitz und Hegel – der anti-spekulative Realist und der spekulative Philosoph lebten exakt zur selben Zeit und arbeiteten beide in Berlin – es gibt jedoch nur ein einziges, sehr schwaches Indiz, dass die beiden sich jemals trafen: die Erwähnung, dass die beiden im Hinterzimmer einer aristokratischen Abendgesellschaft Karten spiel-

versierter Kartenspieler, sieht eine andere Lösung – man könnte sie als die texanische Lösung bezeichnen, die den Ratschlag
jenes texanischen Poker-Spielers vorwegnimmt, der für seinen
Rat berühmt war, der beim Pokern Erfolg garantieren soll:
›Schau dich nach dem Trottel um, sobald du an den Tisch trittst.
Wenn du keinen siehst, geh sofort wieder – denn dann bist du
es selbst!‹ Das heißt, eine Lösung angesichts des Irrsinns der
Spekulation besteht darin, die Spekulation zu vermeiden – nicht
auf die spekulativen Gewinne der Metaphysik zu setzen, sondern die trügerischen Versuchungen des Risikos zu ignorieren.
Kant trat an den Tisch, an dem nur Metaphysik gespielt wurde,
er sah in die ernsten Gesichter der anderen Spieler – Platon,
Aristoteles, Leibniz, Wolff – und ging wieder. Statt der Spekulation wandte er sich der Kritik zu, doch war dies wohlgemerkt
noch immer ein Glücksspiel, noch immer Spekulation, und als
Einsatz bediente er sich des »Mißverstandes der Vernunft mit
ihr *selbst*«[92] – Kant weist die Hauptursache für die Verwirrtheit
der Vernunft als eine innere aus; das heißt, wenn das innere
Territorium der Vernunft abgesichert werden könnte, wäre das
›besondere Schicksal‹ des Irrsinns der Spekulation vermeidbar.
Anstelle des »Blendwerks«, des »beliebten Wahn[s]«[93] der Spe-
kulierenden, hält er an der Möglichkeit einer Selbsterkenntnis
fest, die gerade gegen ihre Neigung zur Spekulation abgesichert ist. Anstelle ihrer Versuche, spekulative Ergebnisse
durch »Zauberkünste«[94], Schwüre und Bluffs zu sichern, nimmt
Kant der spekulativen Vernunft ihre Illusionen, versetzt sie in
einen nüchternen Zustand.

Jedoch war diese Wette auf die innere Ätiologie des seelischen Unfriedens der Vernunft selbst ein Risiko, das die Vernunft dadurch absicherte, dass es sie mit ihrem angeborenen

---

ten, für beide von ihnen keineswegs eine unschuldige Beschäftigung.

[92] Ebd., A XIII, S. 14. Caygills Hervorhebung [A. d. Ü.]

[93] Ebd.

[94] Ebd.

Fehler identifizierte. Kant verwahrte sich kategorisch dagegen, dass der Vernunft die größte Gefahr von außen droht, dass die Vernunft unter Belagerung steht. Mit Derrida zu sprechen, immunisiert Kant die menschliche Vernunft – dies ist das spekulative Prinzip, das seiner Ablehnung der Spekulation zugrunde liegt. Er sieht das Problem darin, dass der Vernunft die Tendenz innewohnt, in Richtung des Unendlichen zu eskalieren – die Bewegung vom Bedingten zur Bedingung, vom Denken zur Seele, von der raumzeitlichen Welt zum gesamten Universum oder Kosmos, zum Göttlichen. Das ist das ›besondere Schicksal‹ der menschlichen Vernunft; Kant will nicht offen zugeben, dass das Unendliche die Vernunft angreift und dass die Vernunft sich gegen diese Angriffe schützen muss. Das vielleicht einzige Mal, wo er es tatsächlich eingesteht, betrifft den Angriff auf die Vernunft durch die Freiheit, und er nimmt sofort große Mühen auf sich, um sie gegen diesen Angriff mit dem ›moralischen Gesetz‹ zu immunisieren. Um das weithin missverstandene Schlusswort der *Kritik der praktischen Vernunft* heranzuziehen: Die Eskalation der Bewunderung, die der »bestirnte Himmel über mir« und das »moralische Gesetz in mir«[95] auslösen, wird von eben diesem moralischen Gesetz, eingedämmt. Artaud hingegen geht von der gegensätzlichen Auffassung aus, dass die Vernunft unaufhörlich vom Unendlichen angegriffen wird – sowohl von der Freiheit als auch von den Sternen, vom großen Gegner Gott – und dass sie keine Immunität besitzt, sich selbst nicht gegen den Angriff absichern kann. Wenn sie dies tut, bringt sie sich ihm zufolge in einem Akt der Autoimmunisierung um, stirbt bei dem Versuch zu leben. Es wäre Wahnsinn, es zu versuchen, und entsprechend hat er stattdessen versucht, gegen die Gefahren des Unendlichen in eben der Weise Zaubersprüche anzuwenden, in der Kant zuvor die Kritik beschwor.

---

[95] Immanuel Kant, »Kritik der praktischen Vernunft«, in: Ders., *Werkausgabe*, Bd. 7, hg. v. Wilhelm Weischedel, A 289, S. 300.

Ein Beispiel für die Beschwörung von Immunität findet sich bei Kant in der Diskussion der *Anschauung* in der Transzendentalen Ästhetik. Diese bildete die erste Verteidigungslinie der Immunabwehr: »[Die Anschauung] findet nur statt, so fern uns der Gegenstand gegeben wird«.[96] Freud durchschaute in seiner überaus scharfsinnigen Kritik der transzendentalen Ästhetik in *Jenseits des Lustprinzips* Kants Rede von ›Arten‹ und ›Mitteln‹ als einen Immunisierungsversuch, als Errichtung von Barrieren, um die Psyche vor dem Ansturm des Realen zu schützen. Es gibt eine Stelle, an der Freud sich ausdrücklich auf den »Kantsche[n] Satz, daß Zeit und Raum notwendige Formen unseres Denkens sind«,[97] bezieht: Die Anschauungsformen sind für ihn Schilder gegen eine »mit den stärksten Energien geladenen Außenwelt«, was ihn zu dem Schluss kommen lässt, dass »der Reizschutz eine beinahe wichtigere Aufgabe als die Reizaufnahme [ist]; er ist mit einem eigenen Energievorrat ausgestattet und muß vor allem bestrebt sein, die besonderen Formen der Energieumsetzung, die in ihm spielen, vor dem gleichmachenden, also zerstörenden Einfluß der übergroßen, draußen arbeitenden Energien zu bewahren.«[98] Auf diese Weise deckt Freud auf, dass Kants transzendentale Ästhetik Teil eines Immunisierungsvorhabens ist. Die raumzeitliche Ordnung ist dann die erste Verteidigungslinie der Immunabwehr, die zweite besteht in der Kategorientafel, die das drohende äußere Chaos eindämmt, indem sie es gemäß der Quantität, Qualität, Relation und Modalität organisiert – und diese verblüffende Einheit überdies anhand einer sonderbaren Quelle von Konsistenz, der transzendentalen Einheit der Apperzeption legitimiert. Vielleicht aber bin ich, wie Artaud meinte, entweder gar nicht da oder bin überall:

---

[96] Immanuel Kant, »Kritik der reinen Vernunft«, a.a.O., A 19/B 33, S. 69.

[97] Sigmund Freud, »Jenseits des Lustprinzips«, in: Ders., *Studienausgabe*, Bd. 3, hg. v. Alexander Mitscherlich, Angela Richards und James Strachey, Frankfurt a. M. 2000, S. 238.

[98] Ebd., S. 237.

Sich mit Kant vorzustellen, dass man ein Individuum ist und dass davon die Konsistenz der Welt abhängt, ist reine Spekulation.

Der Verdacht, dass die Kritik eine spekulative Finte ist, der Spielzug eines überlegenen Pokerspielers, der mit Bluffs die Situation kontrolliert, bestätigt sich am Ende der *Kritik*. Damit wird aber die Frage aufgeworfen, wo sie endet. Für die meisten Leser aus den vorigen zwei Jahrhunderten endet sie (wie es meiner Auffassung nach Kants Absicht war) am Ende der *Analytik der Grundsätze*. Mithin erreichen wir zu Beginn des dritten Hauptstücks einen sicheren Punkt, die Insel der Vernunft: »Wir haben jetzt das Land des reinen Verstandes nicht allein durchreiset, und jeden Teil davon sorgfältig in Augenschein genommen, sondern es auch durchmessen, und jedem Dinge auf demselben seine Stelle bestimmt. Dieses Land aber ist eine Insel, und durch die Natur selbst in unveränderliche Grenzen eingeschlossen. Es ist das Land der Wahrheit (ein reizender Name), umgeben von einem weiten und stürmischen Ozeane, dem eigentlichen Sitze des Scheins, wo manche Nebelbank, und manches bald wegschmelzende Eis neue Länder lügt, und indem es den auf Entdeckungen herumschwärmenden Seefahrer unaufhörlich mit leeren Hoffnungen täuscht, ihn in Abenteuer verflechtet, von denen er niemals ablassen, und sie doch auch niemals zu Ende bringen kann.«[99] Aufs Meer auszusetzen ist Wahnsinn, denn man verlässt das Land der Wahrheit für den Ozean der Täuschung – es ist diese Täuschung, die die Ursache für die eskalierende Verwirrung der Vernunft ist; allerdings ist es eine Täuschung, die ihren Sitz im Betrachter hat. Die Namen der Eskalation – dynamisches und mathematisches Erhabenes – sind Verlockungen des Ozeans und seiner scheinhaften Grenzen am Horizont. Man beachte jedoch, dass die

---

[99] Immanuel Kant, »Kritik der reinen Vernunft«, a.a.O., A 235-236/B 294-295, S. 267-268.

Insel nicht von Sturmfluten bedroht wird, sondern sicher ist – es liegt an der Vernunft, wenn sie diese Sicherheit aufgibt.

Kant geht noch weiter und beschwört die Vernunft, zu Hause auf der Insel zu bleiben – bevor wir uns aufs Meer begeben, sollen wir uns »fragen, ob wir mit dem was [das Land] in sich enthält, nicht allenfalls zufrieden sein könnten«. Wenn wir erfolgreiche Siedler sein wollen, »wird es nützlich sein, zuvor noch einen Blick auf die Karte des Landes zu werfen, das wir eben verlassen wollten«, und uns zu fragen, ob »es sonst überall keinen Boden gibt, auf dem wir uns anbauen könnten«, und zweitens, »unter welchem Titel wir denn selbst dieses Land besitzen«.[100] Das ist genug, die Kritik kann hier für die Zurechnungsfähigen enden, der Rest ist nur Theater, um jene zu entmutigen, die immer noch an Wanderlust leiden und sich zum Unendlichen, hinaus aufs Meer wagen wollen. Die Kritik endet auf einem gesicherten Gebiet, mit der Wiederholung von Kants Lösungen aus der *Analytik* im Kapitel »Von dem Grunde der Unterscheidung aller Gegenstände überhaupt in Phaenomena und Noumena«. Offensichtlich hält er die Gefahr für die Vernunft nicht für eine äußere, sondern für eine innere (und somit für etwas, das vor einem kritischen Gerichtshof verhandelt werden kann). Dieses Kapitel über die Kritik und ihren Doppelgänger – die Analyse der Erscheinungen und ihrer noumenalen Korrelate – könnte durchaus als Überleitung zu Artaud dienen, der in seinem Buch *Das Theater und sein Double* ebenfalls eine – freilich ganz anders geartete – Verdopplung vornimmt. Das Double ist für Artaud das Gegenstück zu den Erscheinungen; allerdings sind Erscheinungen bloß tote Formen, Mumien, die zwar darauf vorbereitet sind, sich vor der vitalen Kraft des Doubles zu schützen, sich dabei jedoch dem Tod ausliefern. Sie existieren gewiss nicht friedlich nebeneinander wie Kants Meer und seine Insel: Artauds Noumenon, das Double, attackiert das Phänomen, und das Phänomen konfiguriert sich selbst, indem

---

[100] Ebd. A 236/B 295, S. 268.

es eine abwehrende Haltung gegen diese Angriffe einnimmt. Für Artaud wird aus jedem Versuch, Immunität zu sichern, eine Autoimmunreaktion.

Für Artaud hält das Ich nicht das Unendliche zurück, sondern es *ist* das Unendliche, das sich selbst beschränkt. Die Fragen, die sich Kants Vernunft selber stellt, werden Artaud zufolge der Vernunft vom Leben gestellt; auch sie können, wie Kants Fragen, nicht beantwortet werden, aber sie führen nicht zu Verwirrung oder zum Zusammenbruch der Projekte der Vernunft: »Das Leben besteht darin, Fragen zu verbrennen. Ich kann mir kein Werk vorstellen, das vom Leben abgetrennt wäre.«[101] Selbst Artauds Zaubersprüche, sein *Grigri*[102] gegen die Kräfte, die auf die Ungeschützten einstürmen, bilden keine Verteidigungsanlagen, Festungen gegen das Außen, sondern werden selbst infrage gestellt, buchstäblich dem Feuer unterworfen, verbrannt und kompromittiert. Für Artaud bedeutet der Angriff des Unendlichen das Ende einer jeglichen endlichen Welt und die Unmöglichkeit eines jeglichen endlichen Werks. Aber ich möchte nicht weiter auf die Unterschiede zu Kant eingehen – das Gesicherte und Ungesicherte, das Immunisierte und Exponierte –, sondern stattdessen ein Gedicht von Artaud aus den frühen 1920ern untersuchen – »Fête régence« –, das eine andere Strategie angesichts des Wahnsinns der Spekulation vorschlägt, hier verstanden als der Wahnsinn, der durch den ungeschützten Kontakt mit dem Unendlichen oder seinem Double hervorgerufen wird.

---

[101] Antonin Artaud, »L'Ombilic des Limbes«, in Ders., *Œuvre complètes*, Bd. 1, Paris 1984, S. 94. »La vie est de brûler des questions. Je ne conçois pas d'œuvre comme détachée de la vie.«

[102] Im Voodoo bezeichnet Grigri einen Talisman, der seinen Träger vor dem Bösen beschützen soll. [A. d. Ü.]

Hommes, ô larves du réel
– Et ce soir la cour, la cour danse –
Les cieux tournent dans chaque perle
Et la fête emporte le ciel.

Ô étincelants trépassés
Qu'agitez-vous jambes et bras
Vous êtes morts, vous n'êtes plus là,
Vous appartenez au passé.

Et pourtant les jets d'eau chantonnent
Avec le même enivrement
Et les couples sur les étangs
Font les gestes que l'on comprend.

Ô sentiment des choses visibles
Plénières sensualités
Le clair de lune projeté
Fouille les pierres insensibles.

Et les robes sont des pinceaux
Trempés dans un émail en flammes
Dont la pointe traverse l'âme
Solide et dense de la nuit.

Le clair de lune perce le vent.
Comme des souffles sur les pierres
Les mots traversent la matière
inconstante des sentiments.

Il fait bon fixer son esprit
Dans la sensible, sensible lumière
D'une vieille fête princière
Dont les feux sont hors de l'Esprit.

La même bouffissure immense
Qui vous empêche de penser
Change en danse votre démence
Hommes, ô larves du créé.[103]

Menschen, Oh Larven des Realen
– Und diesen Abend tanzt der Hof, der Hof
Die Firmamente drehen sich in jeder Perle
Und das Fest trägt den Himmel.

Oh funkelnde Verstorbene
Warum bewegt ihr Arme und Beine
Ihr seid tot, ihr seid nicht mehr da
Ihr gehört der Vergangenheit an.

Und dennoch singen die Springbrunnen
Mit der gleichen Berauschtheit
Und die Paare über den Weihern
Machen Gesten, die man versteht.

Oh Gefühl der sichtbaren Dinge
Volle Sinnlichkeiten
Der vom Mond geworfene Schein
Durchwühlt die gefühllosen Steine.

Und die Kleider sind Pinsel
Eingetaucht in brennende Emaille
Ihre Spitze durchkreuzt
Die harte, dichte Seele der Nacht.

---

[103] Antonin Artaud, »Fête régence«, in Ders., *Œuvre complètes*, Bd. 1, Paris 1984, S. 319-321.

Der Mondschein durchbohrt den Wind.
Wie Atem auf den Steinen
Durchqueren die Worte
Die unbeständige Materie der Gefühle.

Es ist gut, seinen Geist zu befestigen
Im gefühlvollen, gefühlvollen Licht
Eines alten Prinzenfests
Dessen Feuer außerhalb des Geistes liegen.

Die gleiche immense Schwülstigkeit
Die euch vom Denken abhält
Verwandelt eure Demenz in einen Tanz
Menschen, Oh Larven des Erschaffenen.

Obwohl es vom Stil und der Intention der *Kritik der reinen Vernunft* weit entfernt ist, führt uns dieses Gedicht von der Ehrfurcht vor dem Sternenhimmel zu der Parallele zwischen der Zwangsläufigkeit der Bewegungen des Sternenhimmels und der Tänze von Leuchtkäfern, die Sternen ähneln. Diese Parallele zwischen dem Lauf der Gestirne und den willkürlichen Balztänzen der Leuchtkäfer war bedeutend für Nietzsche, aber auch für Artaud, den Historiker Fernand Braudel, für Pasolini und jüngst für den Performance-Künstler Orlan und den Kunsthistoriker Georges Didi-Hubermann. Es ist eine Parallele, die entweder die Sichtweise des Sternenhimmels als einen Bereich des Gesetzes und Schicksals erschüttern kann, indem sie aus seinen Bewegungen ein Zufallsprodukt und aus seiner scheinbaren Ewigkeit bloß ein kurzes Aufflackern macht, oder sie kann auf eine Notwendigkeit im willkürlichen Tanz der Leuchtkäfer hinweisen.

Artauds Gedicht spielt mit dem Bild der Leuchtkäferschwärme in einer Sommernacht, wenn es mitunter schwierig wird, zwischen dem weißen Blitzen der Leuchtkäfer und den Sternen zu unterscheiden. Des Weiteren wird von einer Parallele zwischen dem Menschen als Larve des Realen und dem Menschen als Larve des Erschaffenen gesprochen – in beiden Fällen vollzieht sich eine Metamorphose. Die Larve hat sich gegen ihre Umwelt geschützt, ist sicher, völlig immunisiert, und doch kann dieser Schutz ihr Grab sein – eine Mumie, aus der das geschützte Leben niemals hervorzugehen vermag; oder sie kann abgelegt werden und das Leben sich in einem kurzen Ausbruch des Begehrens zeigen, wie bei den Leuchtkäfern. In der ersten Zeile des Gedichts ist es die Larve des Realen, des schon Geschehenen oder die Notwendigkeit, in der zweiten ist es die Larve, die etwas Neues werden könnte. Das Gedicht hebt den Unterschied zwischen den Konstellationen und dem willkürlichen Tanz der Leuchtkäfer auf: Im Tanz der Leuchtkäfer ist jedes Blitzen eine Zirkulation der Konstellationen, und in der Tat wird der Himmel von dem Tanz getragen. Die zweite Strophe konfrontiert uns mit dem unheimlichen Blitzen der Leuchtkäfer – der unnatürlichen elektrischen Qualität ihres Lichts, das vom Reiben ihrer Glieder hervorgebracht wird – und dann mit den Sternen am Himmel, die für Artaud Doubles sind. Was wir sehen, ist tot, gehört der Vergangenheit an, was in einem viel stärker komprimierten Zeitrahmen auch für die Leuchtkäfer gilt. Das trunkene Blitzen der Leuchtkäfer über den Weihern ist ein Balztanz, den sich Artaud voller Begehren vorstellt, und somit als eine völlig nachvollziehbare Geste. Der Eindruck dieser blitzenden Punkte, dieser Erscheinungen, die schon tot sind, vermittelt uns das Gefühl, es mit sichtbaren Dingen zu tun zu haben, die nun in ein anderes, totes Licht getaucht werden, dem reflektierten Licht des Mondes und dem Glanz, den er unbelebten Felsen verleiht. Artaud stellt sich daraufhin die Frage, ob die Larve, die der Mensch ist, einem Stein gleicht, der das angreifende Licht reflektiert und diesem widersteht, oder ob sie wie ein Insekt ist, das aus seiner Hülle herausplatzt und in einem verrückten Tanz des Begehrens explodiert. Entweder sind wir unbelebt, geschützt vom Außen, und reflektieren gleich einem Stein das Licht, das uns trifft, oder unsere schützende Hülle, unsere Larve, unsere Kleidung, unser Bewusstsein explodiert wie ein Farbpinsel, der, wie Artaud sagt, in brennende Emaille getaucht wird. Nicht die stumpfe Reflexion des Lichts auf einem Stein, die man mit Kants kritischem Projekt gleichsetzen könnte, sondern, glänzende und glühende Emaille sind wir, und diese unsere Oberfläche bildet einen Punkt, der, den Leuchtkäfern gleich, durch die harte und dichte Seele der Nacht hindurchblitzt. Wir stoßen dann auf eine Strophe, die den Widerstand zwischen dem Inneren und dem Äußeren auflöst, wobei Artaud vom Blitzen des Lichts zum Atem, von der Fülle des Blitzes zur Leere des Hauchs fortschreitet, und so die Durchlässigkeit des Lichthauchs, der sich durch den Wind über die Steine hinwegbewegt, beschreibt, um schließlich Wörter zum bloßen Hauch werden zu lassen – flüchtige Öffnungen wie die Lichtpunkte im Dunkeln, die die unbeständige Materie dessen durchdringen, was wir wahrnehmen. Während Artaud sich dem Ende nähert, legt eine weitere Strophe seine Ansichten von der menschlichen Vernunft und dem Wesen der Aufklärung dar. Er teilt uns mit, dass es für den Geist gut wäre, sich selbst als gefühlvolles Licht zu bestimmen – in diesem Kontext ist der Geist wie das Aufblitzen des Begehrens in der Nacht, das Leuchten eines alten Festes, dessen Feuer außerhalb des Lichts des Geistes brennen. Darauf folgt die abschließende therapeutische Verordnung, die uns dazu anhält, das zu begrüßen, was unmöglich absorbiert werden kann, dasjenige, dessen Wahrnehmung den Tod nach sich zieht, also jegliche Immunabwehr herunterzufahren. Eine immense Schwülstigkeit (eine riesige Blase) hält uns vom Denken ab – hier sind wir zurück am Anfang der *Kritik* und ihren unverdaulichen Unendlichkeiten, die an dieser Stelle als eine begrenzte Leere aufgefasst werden, welche nicht absorbiert werden kann. Jener Wahnsinn – *votre démence* – wird als etwas beschrieben, dem man sich nicht widersetzen soll, als etwas, das wir nicht durch Verteidigungseinrichtungen abwehren, sondern in einen Tanz verwandeln sollen, in den leidenschaftlichen Tanz der Leuchtkäfer und nicht in den eingefrorenen Lauf der Konstellationen.

Die Frage Kants und Artauds ist demnach die Frage nach der Beziehung zwischen dem bestirnten Himmel über mir, dem moralischen Gesetz in mir *und* den flüchtigen Leuchtkäfern und ihrem Tanz. Dass Kant die immer weiter anwachsende Bewunderung angesichts der tanzenden Leuchtkäfer und des moralischen Gesetzes außerhalb von uns heraufbeschwören würde, kann man sich schwer vorstellen; die entscheidende Frage ist jedoch, ob die Kräfte von außerhalb, die die Vernunft gefährden, begrüßt und ihre Energien in einen Tanz verwandelt werden, oder ob sie durch schützende Strukturen ausgeschlossen werden, die letztlich das zerstören, was sie bewahren sollen.

Abschließend sollte ich noch ein paar Worte zur zeitgenössischen spekulativen Philosophie sagen, die in Quentin Meillassouxs *Nach der Endlichkeit* am präzisesten ausgearbeitet worden ist. Welchen Anschein erweckt das Buch im Lichte des Dialogs zwischen Kant und Artaud über den Irrsinn der Spekulation? Ist es ein weiteres, ausgeklügeltes Immunisierungsprogramm – ist es die Larve des Realen oder des Erschaffenen ...? Das hängt davon ab, was wir unter ›Notwendigkeit‹ verstehen. Nach einer Lesart ist Notwendigkeit eine kantische modale Kategorie, das heißt Teil des kantischen Immunsystems, und demnach ist Meillassoux ein Immunologe, wenn er nicht nur die ›Notwendigkeit der Kontingenz‹, sondern auch die ›Omnipotenz des Chaos‹ verkündet. Chaos und Kontingenz werden von der Notwendigkeit und Omnipotenz übertrumpft – dem immunisierenden Gesetz in mir, selbst wenn es für Meillassoux kein moralisches Gesetz ist. Doch gibt es Momente, in denen Meillassoux die Immunabwehr der Philosophie ausschaltet, sich auf Artaud zubewegt und dessen Vokabular verwendet: »Die Philosophie ist die Erfindung befremdlicher Argumentationen, notwendigerweise an der Grenze zur Scholastik – die ihr dunkler und struktureller Doppelgänger bleibt.«[104] Philosophie und ihr Double, ein Erbteil Artauds das über Deleuze auf uns gekommen ist, eine

---

[104] Quentin Meillassoux, *Nach der Endlichkeit*, a.a.O., S. 106.

Poetik oder Philosophie der Grausamkeit, in der der Tanz des Lebens dem Gesetz und dem Tod vorgezogen wird, »die Idee eines anderen als metaphysischen oder religiösen Diskurses über das Absolute [...]. Denn gerade durch die fortschreitende Entdeckung einer Gesamtheit von ganz neuen Problemen und adäquaten Antworten können wir einen Logos der Kontingenz nähren und zur Existenz bringen, oder auch eine vom Satz vom Grund emanzipierte Vernunft – eine *spekulative Ratio*, die keine *metaphysische Vernunft* mehr wäre.«[105] Doch erreicht er leider nicht die Form des Denkens, die im »Fête régence« befürwortet wird – weder in *Nach der Endlichkeit* noch in seinem jüngsten Werk über Mallarmé. Dessen Gedicht »Un coup de dés« [*Ein Würfelwurf*] ist das große Gedicht der Sterne, des Ausgeliefertseins und der Kontingenz. Inmitten eines Schiffswracks wirft der Kapitän die Würfel, schaut hoch zu den Sternen und sieht, wie die einzigartige Konstellation mit dem Muster der Würfel eine Einheit ergibt – ein unmöglicher Zufall, aber einer, den Meillassoux in numerologischen Fantasien ertränkt, was nahelegt, dass er in seinem ambivalenten Schwanken zwischen der Immunisierung und der Exponierung der Vernunft letztlich die Seite der Immunität bevorzugt.

---

[105] Ebd.

EINS DER VERLORENEN DINGE

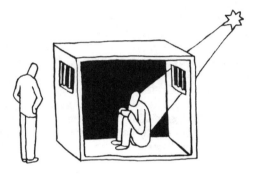

Anna Kavan

Aus dem Englischen
von
Helma Schleif

Der neue, große, göttliche Stern ist wie kein anderer. Ihm allein wurde die Glorie, die göttliche Kraft gegeben, neue Formen des Lebens und eine Welt nach seinem Willen zu erschaffen. Das geschah zur Zeit der Wintersonnenwende, als die Menschen die Geburt Christi feierten.

Jetzt ist der Stern der neue Gott der Menschen und bewirkt ungeahnte Veränderungen in seiner planetarischen Umgebung, löst unvorstellbare Kettenreaktionen aus, die ein empfindliches Gleichgewicht zerstören, zu deren Entwicklung es Jahrtausende bedurfte.

Wie er auf seiner meteorischen Bahn glitzerte, als er wie ein gewaltiges Geschoss seinem Platz am Himmel entgegenflog! Sein Glanz entflammte die Finsternis, seine Strahlen verzauberten die Erde und zogen deren Bewohner in ihren Bann. Das ohrenbetäubende Donnern, mit dem er aufstieg, verkündigte den Beginn einer neuen Ära jenseits aller menschlichen Vorstellungskraft.

Schon haben seine Strahlen biologische Anlagen mutiert, die eigentlich nicht mutierbar waren, und seltsame Variationen hervorgebracht. Welche dieser Variationen sich durchsetzen werden, ist noch offen, und ob die Menschheit überleben wird, hängt von dem neuen Sternengott ab, der den Menschen und die Welt erneuert.

Alle Macht, die ganze funkelnde Herrlichkeit, ist im Himmel wie auf Erden einzig dem Stern gegeben. Seine Erhabenheit hat die Sonne verdunkelt und die Augen des Planeten erblinden lassen. Jetzt ist ein gewaltiges Feuer dort, wo nichts war.

Wo bin ich? Wer? ... Kann nicht sicher sein, seit der Stern ... Es ist dunkel hier, alles verändert sich ständig. Nichts bleibt lange, was es ist.

Ich verliere ständig irgendwelche Dinge. Im Dunkeln. Ich lasse sie nicht fallen und verlege oder vergesse sie auch nicht. Ich stelle nur fest, dass sie nicht mehr da sind. Plötzlich sind sie weg. Mir sind all diese Veränderungen unbegreiflich. Mit dem Stern haben sie angefangen. Ich selbst bin dabei, mich zu verändern. Ich spüre es. Ich werde nie wieder sein, was ich war, das weiß ich. Es ist wie mit den verlorenen Dingen. Sie sind für immer verschwunden. Ich werde sie nie wiederfinden. Essentielle Dinge, die stets selbstverständlich schienen, schwinden und lösen sich auf; sie verlieren sich, verwandeln sich in etwas ganz anderes. Es ist beunruhigend. Die Dunkelheit verdichtet sich, steigt auf, kriecht langsam an mir hoch bis zu den Knien. Bis zur Taille. Die Wirbel brechen, das Rückgrat versinkt in der Finsternis. Dann verschwinden die Haare. Jetzt das Gesicht. Nun die Augen, die aus den Höhlen gesaugt werden und weich wie Austern in den schwarzen Abfluss rutschen. Unversehens sammelt sich alles bei den verlorenen Dingen. Die Finsternis verschlingt alles, auch mich. Es ist in der Tat verstörend.

Die Zeiger der Uhr stehen unverrückbar auf viertel nach fünf. Ist es Morgen? Nachmittag? Schwer zu sagen bei der Dunkelheit. Ist es immer dasselbe Zimmer? Kann ich auch nicht sagen. Zeit und Raum gehören zu den verlorenen Dingen. Wie das Geschlecht. Männlich und weiblich sind jetzt austauschbar. Transsexualität nennen sie das. Es liegt an dem Stern.

Undurchdringliche Schatten an den Wänden, schwarz in den Ecken. Der Himmel draußen wird wohl schwarz sein. Ich kann ihn nicht sehen. Da ist ein Baum. Er wächst so nahe, dass die Zweige das Fenster berühren. Die Blätter sind in ständiger Bewegung, ganz leicht und völlig geräuschlos jetzt. Manchmal übermitteln sie eine Botschaft. Haben Blätter schon immer ...? Jetzt sind es schwarze Motten, die gegen die Scheibe stoßen.

Die Blätter bewegen sich plötzlich auf eine ganz andere Weise. Leuchtende Silberblitze, blendend weiß, gleiten an den Zweigen entlang. Das Licht des Sterns. Ich will es nicht sehen. Es darf mich nicht berühren. Ich springe zurück, weg vom Fenster, wo es mich nicht erreichen kann.

Ein vager Zweifel gleitet durch meinen Kopf und veranlasst mich, an mir herabzusehen. Geschlecht offensichtlich immer noch weiblich. Jedenfalls trage ich einen Rock. Ein Vertreter des anderen Geschlechts kommt gutgelaunt herein:

»Hallo! So ganz im Dunkeln?«

»Du weißt doch, dass ich das mag.«

»Ok, ich werde das Licht nicht anmachen.«

Ich spüre, wie er die Hand vom Schalter sinken lässt, bin erleichtert. Warum geht er jetzt nicht? Er weiß doch, dass er hier nicht hereinkommen sollte. Er tut es nur, um mir Angst einzujagen. Es macht mich nervös und unruhig, wenn er im Zimmer ist. Besonders jetzt, da ich ihn nicht richtig sehen kann. Wo ist er eigentlich? Was will er? Ich weiß, er weidet sich an meinem Unbehagen, sucht es absichtlich zu verlängern. Das ist typisch für ihn. Er ist boshaft.

Er will sich offenbar mit mir unterhalten. »Die da oben haben über uns geredet – über dich. Sie haben mich nicht kommen hören. Ich stand im Gang und habe sie belauscht.«

»Was haben sie gesagt?« Eigentlich ist es mir egal, ich will es nicht wissen, weiß aber, dass ich fragen muss.

»Sie sagten, es würde sie wundern, dass du offenbar gar keine Angst hast, mit mir allein in diesem verlassenen Haus zu leben.« Seine Stimme verändert sich, klingt jetzt anders, spöttisch und irgendwie schadenfroh.

»Warum sollte ich Angst haben?«

»Im Fall, dass ich dir etwas antue.«

»Was denn zum Beispiel?«

»Dich umbringen.«

Fahl schimmernde Zähne. Ein Grinsen. Dann entfernt er sich mit lässigen, wiegenden Schritten, die ich nicht sehen kann, mit dem Hüftschwung eines Cowboys, die Daumen in den tiefsitzenden Gürtel gehakt. Das Licht ist jetzt fast verschwunden. Sogar vor dem Fenster ist er nur schemenhaft zu erkennen, eine dunkle Gestalt, die sich leicht nach vorn beugt und in die finstere Nacht starrt, ins Leere. Seine Stirn muss die Scheibe berühren. Lauscht er dem Säuseln der Mottenblätter? Welche geheimnisvolle Botschaft, welche stillen Befehle übermitteln sie ihm? Ein Silberstahl erhellt sein Haar und erlischt blitzartig wieder. Warum fürchtet er sich nicht vor dem Stern?

»Hast du Angst?« fragt er im Plauderton. »Ich meine, ermordet zu werden?«

»Ich habe noch nie darüber nachgedacht.«

»Noch nie?« Das Schattengesicht wendet sich mir zu.

Wieder das fahle Schimmern der Zähne, die noch matt-weiß leuchten, nachdem die Stimme längst verklungen ist. »Vielleicht solltest du das aber tun. Um vorbereitet zu sein. Für alle Fälle. Weil ich dich eines Tages vielleicht tatsächlich umbringen muss.«

»Warum?«

Das geisterhafte Grinsen schwebt noch immer in der Luft. Das breite Grinsen des Mörders? Der Grinsekatze?

»Weil ich möglicherweise dazu gezwungen sein werde, begreifst du das nicht? Weil ich eines Tages vielleicht nicht anders kann. Deshalb.«

»Das verstehe ich nicht.«

»Wirklich nicht?« Schweigen. Die Finsternis lässt den Raum zu einem festen schwarzen Würfel gerinnen. Ich kann ihn jetzt nicht mehr sehen, nicht einmal vor dem Fenster. Er hat sich bewegt. Ich schrecke auf, als seine Stimme unerwartet von links kommt. »Na, denk doch mal an das, was mit dir geschieht.«

»Wovon redest du bloß?« Furcht schwingt in meiner Stimme mit – hat er es gehört?

Seiner Stimme ist nichts anzumerken. Langsam, mit schadenfrohem Spott sagt er: »Ach, komm schon ... Tu nicht so, als verstündest du es nicht, du weißt ebenso gut wie ich...«

»Wenn ich es dir doch sage! Ich habe nicht die geringste Ahnung, was du meinst.« Mühsam versuche ich mich zu beherrschen.

Dann wieder Schweigen. Ich nehme wahr, dass er sich erneut bewegt hat. Mir lautlosen Schritten hat er sich im Dunkeln an mich herangepirscht. Ich spüre, dass er drohend hinter mir steht, die Hand (Hände?) erhoben. Was hat er vor? Eine Schrecksekunde.

Er zündet ein Streichholz an und verrät seine Position. Also stand er doch nicht hinter mir, eher ein bisschen seitlich. Das kurze Aufflackern, nicht länger als ein Moment und doch wie eine Ewigkeit, macht die neuerliche Dunkelheit noch bedrohlicher, noch intensiver. Sein Gesicht taucht daraus zeitweilig wie ein Schemen auf, immer wenn die Zigarette aufglüht, ansonsten bleibt es unsichtbar. Mit starrem Blick warte ich ängstlich, bis es wieder zum Vorschein kommt. Ich weiß in der Zwischenzeit einfach nicht mehr, wie es aussieht, dieses Gesicht, ich kann mich nicht daran erinnern. Seltsam, wo ich mich doch an Bewegungen so gut erinnern kann. Das Gesicht scheint immer ein anderes zu sein.

Dann sagt die Stimme wieder: »Du weißt sehr gut, wie du dich veränderst. Darum schließt du dich hier auch ein.«

Es entsteht eine Pause nach diesen beunruhigenden Worten, in der das Entsetzen langsam um sich greift. Wenige Worte noch. »Du brauchst ja bloß mal in den Spiegel zu sehen.«

Eine weitere Pause, in der sich die schwarze Knospe des Grauens allmählich zur Blüte entfaltet. »Du meinst ...?«

Mein Mund ist so trocken, dass ich kaum ein Flüstern zuwege bringe.

»Genau das, was ich deiner Ansicht nach meine.« Die Stimme klingt erschreckend gleichgültig, selbstsicher und bestimmt.

Die Vorstellungskraft beginnt wie ein Tumor zu wuchern. Albtraumhafte Monstrositäten füllen das dunkle Zimmer.

»Nein, es kann nicht sein! Nicht bei mir.« Wahllos, sinnlos sprudeln die Worte hervor. »Nicht bei jemand, dessen biologisches Gleichgewicht intakt ist ... nicht bei einem reifen, erwachsenen Menschen ... Was ist mit der DNS ... den Genen und so...?!« Die Stimme klingt verzweifelt wie ein flehentliches Bitten, als wende sie sich an einen Richter, auf dessen Urteil sie gleichwohl keinen Einfluss nehmen kann. Vielleicht ist der Mann, den ich nicht sehe, ein Richter. Ich kenne ihn nicht.

»Das Phänomen ist bisher ohne Beispiel, die Situation ganz neu.« Mit nunmehr veränderter Stimme, ohne den hämischen Unterton wie bisher, sagt er mit gewisser kritischer Unvoreingenommenheit und Überlegung: »Wir haben keinerlei Vergleichsmöglichkeiten. Wir wissen nichts darüber. Und darum ist alles möglich.« Pause. Dann, wie zu einem Kind: »Bis vor kurzem hätte man eine Geschlechtsumwandlung noch für unmöglich gehalten.«

»Aber dieses andere Ding ist wirklich unmöglich ... Ich glaube es einfach nicht ...« Kann es meine Stimme sein, die sich da so kindlich, beinahe schluchzend ereifert?

Die Zigarette ist zu Ende geraucht und ausgedrückt. Unsichtbare Bewegungen sind in dem lichtlosen Raum zu spüren, diesmal in Richtung Tür. Endlich scheint er zu gehen. Es klickt, als die Türklinke gedrückt wird, gleichzeitig wendet sich das Gesicht mir zu. Wieder ein fahles Schimmern der Zähne, dann ist es verschwunden.

Ich kann nichts sehen. Nur meine Phantasie sieht, wie er sich vorbeugt, um durch den Spalt der sich schließenden Tür noch etwas zu sagen, fünf Worte, die mich sanft, mit grausamer Vertraulichkeit erreichen:

»Fass mal deine Ohren an.«

Der Mann ist nicht mehr da. Er zählt nicht mehr. Jetzt zählt einzig der Stern, der vor dem Fenster vom schwarzen Himmel herab durch schwarze Blätter und Äste hindurchscheint. Der Stern ist allgegenwärtig und allmächtig. Ich spüre, wie seine Strahlen in mir wirken und meine menschliche Natur zerstören und zersetzen. Auf irgendeine Weise kann der Stern den Urstoff Mensch mutieren.

Ich bin nicht mehr das menschliche Wesen, das ich war. Ich weiß nicht, was ich eigentlich noch bin. Hier verändern sich die Dinge ständig und verlieren sich im Dunkeln. Es ist mehr als verstörend. Was ich auch sein mag, ich bin eins der verlorenen Dinge – das immerhin weiß ich.

SCHLEIM UND SEIN: DIE MATHEMATIK DES PROTOPLASMAS IN LORENZ OKENS ›NATUR‑PHILOSOPHIE‹

Iain Hamilton Grant

Aus dem Englischen
von
Andreas Pöschl

Es ist ein kühnes Wagestück der Vernunft, die Menschheit freizulassen und den Schrecken der objektiven Welt zu entziehen; aber das Wagestück kann nicht fehlschlagen, weil der Mensch in dem Maße größer wird, als er sich selbst und seine Kraft kennen lernt.

Schelling[106]

Eine Philosophie oder Ethik ohne Naturphilosophie ist ein Unding, ein barer Widerspruch, so wie eine Blühte ohne Stamm ein Unding ist.

Oken[107]

1. Einleitung: Das Unding oder das Problem der Formen, die in der zeitgenössischen Philosophie vorherrschen

Welches Schicksal der nachkantischen Philosophie bevorsteht, hängt davon ab, ob der ›Schrecken der objektiven Welt‹ durch Selbsterkenntnis überwunden werden kann, von der Wirklichkeit des »Schrecken[s] einer objektiven Welt«.[108] Eine Serie von

---

[106] Friedrich Wilhelm Joseph von Schelling, »Vom Ich als Prinzip der Philosophie«, in: Ders., *Friedrich Wilhelm Joseph von Schellings sämmtliche Werke*, hg. v. Karl Friedrich August Schelling, Stuttgart/Augsburg 1856-1861, (im Folgenden: *SW*), Bd. 1, S. 157.

[107] Lorenz Oken, *Lehrbuch der Naturphilosophie*, Zürich 1843, (im Folgenden: *LN*) § 3591, S. 516. Zu Oken siehe Michael T. Ghiselin, »Lorenz Oken«, in: Thomas Bach und Olaf Breidbach (Hg.), *Naturphilosophie nach Schelling*, Stuttgart 2005, S. 433-57; Olaf Breidbach und Michael T. Ghiselin, »Lorenz Oken's *Naturphilosophie* in Jena, Paris und London«, in: *History and Philosophy of the Life Sciences* Nr. 2 (2002), S. 219-247; sowie Olaf Breidbach, Hans-Joachim Fliedner und Klaus Ries (Hg.), *Lorenz Oken. Ein politischer Naturphilosoph*, Weimar 2001.

[108] Georg Wilhelm Friedrich Hegel, »Frühe Schriften«, in: Ders., *Werke*, Bd. 1, hg. v. Eva Moldenhauer und Karl Markus Michel, Frankfurt a.

Erschütterungen zieht sich durch den Transzendentalismus, der Erdbeben der Epistemologie unterordnet, ein Vulkanismus, der in den Einwänden des Kosmologen Johann Heinrich Lambert gegenüber Kants Entscheidung, die Zeit zu einer apriorischen Form der inneren Anschauung zu degradieren, auf bestechende Weise zum Ausdruck kommt: »Sind die Veränderungen real so ist die Zeit real [...]. Ist die Zeit nicht real so ist auch keine Veränderung real.«[109] Das ist der Schock der Physik, der die Abgeschlossenheit der transzendentalen Subjektivität erschüttert und dadurch aufzeigt, was die modale Untersuchung der Epistemogenese aufs Spiel setzt, mit der die transzendentale Philosophie die Ontologie zu ersetzen versuchte.

Aus Schellings Charakterisierung des Transzendentalismus als ›kühnes Wagestück der Vernunft‹ geht deutlich hervor, was sein Wesensmerkmal ist: die Substitution von Ontologie durch Ethik. Die Exaktheit dieser Diagnose zeigt sich zweifellos darin, dass die Transzendentalphilosophie die Realität auf das Spektrum möglicher Anschauung beschränkt, allerdings treten ihre einzelnen Aspekte in dem instabilen Dualismus von Teleologie und Mechanismus in der dritten *Kritik* noch offener zutage. Der Dualismus ist instabil, weil er allem Anschein zum Trotz nicht

---

M. 1986, S. 215. Es ist bemerkenswert, dass Hegel an dieser Stelle das Verhältnis zwischen Wirklichkeit und Freiheit erörtert.

[109] Johann Heinrich Lambert, »Brief 61«, in: Immanuel Kant, *Gesammelte Schriften*, hg. v. der Königlich Preußischen Akademie der Wissenschaften, Berlin 1900ff, (im Folgenden: *AA*), Bd. 10, S. 107. Lamberts Einwand bezieht sich auf folgende Behauptung Kants in § 14 von *De mundi sensibilis atque intelligibilis forma et principiis*: »Quamquam autem *tempus* in se et absolute positum sit ens imaginarium, [...] est conceptus verissimus et per omnia possibilia sensum obiecta in infinitum patens intuitivae representationis condicio.« (*AA* 2, S. 401) Kant greift Lamberts Frage und dessen Einwand in der ersten *Kritik* auf: »Die Zeit ist allerdings etwas Wirkliches, nämlich die wirkliche Form der innern Anschauung.« (Immanuel Kant, »Kritik der reinen Vernunft«, a.a.O., A 37/B 53, S. 83.)

nur in einem Konflikt verschiedener Auffassungen von natürlicher Kausalität besteht (obwohl dies mit Sicherheit ein Bestandteil von ihm ist), sondern weil er die Richtlinien für das Verfahren formuliert, durch das physische Gründe auf unerforschliche Absonderungen reduziert werden, die mit der endgültigen moralischen Aktualisierung der Vernunft einhergehen. Dieses Verfahren besteht darin, (a) die phänomenale Indifferenz moralischer und natürlicher Zwecke gemäß den Einschränkungen aufrecht zu erhalten, die die erste *Kritik* der theoretischen Vernunft auferlegt; dabei zugleich (b) die Autorität der praktischen über die theoretische Vernunft gemäß der zweiten *Kritik* auszudehnen; und *somit* (c) die Ontologie zugunsten einer ›ethisierten‹ Phänomenologie zu verwerfen. Festgehalten sollte außerdem, dass die logische Form dieses Verfahrens selbstverstärkend ist: (a) + (b) = (c) = (a) + (b). Wir werden es den ethischen Prozess nennen.

Die These des vorliegenden Aufsatzes lautet, dass dieser ethische Prozess so unhaltbar wie allgegenwärtig ist. Es ist Punkt (c), der ihn offenkundig allgegenwärtig macht, wenn auch gewöhnlich (nicht immer) ohne den Strang der Gründe (a) und (b), der ihn etabliert. Er ist unhaltbar, weil die Vernunft nun die ethische Begründung als Abwesenheit von Gründen geltend machen muss, bzw. *die Abwesenheit von Gründen als ethische Begründung*. Der ethische Prozess ist das zentrale Element der Philosophie dessen, was Oken weiter oben »ein Unding, ein[en] bare[n] Widerspruch«[110] nennt.

An der Gleichung von ›barem Wiederspruch‹ und ›Unding‹ ist ersichtlich, dass für Oken logische Formen ontologische Konsequenzen haben: dass ein *barer* Widerspruch ein Unding *ist*. Dies steht in völligem Widerspruch zu Hegels Einschätzung der Naturphilosophen seiner Zeit, denen er »leeren Formalismus« vorwirft.[111] Vielmehr besteht Okens »harte[r], unüberwind-

---

[110] *LN*, § 3591, S. 516.

[111] Georg Friedrich Wilhelm Hegel, »Jenaer Schriften 1801-1807«, in:

liche[r] Realismus«[112], so der auf Geologie spezialisierte Naturphilosoph Henrik Steffens, in einem Realismus in Bezug auf *Gründe*. Das philosophische Kernproblem, dem Okens Naturphilosophie gewidmet ist, lautet folglich, »zu zeigen, wie etwas aus nichts werde.«[113] Wie ersichtlich werden wird, ist das ›nichts‹, dem jedes ›etwas‹ seine Existenz verdankt, das mathematische Nichts, die *Null*. Mithin besteht Okens »Zeugungsgeschichte der Welt«[114] ausschließlich darin, die *wiederholten* ontologischen Konsequenzen dessen aufzuzeigen, was er, mit der Emphase auf dieser generativen Operation, die aus Null hervorgehende *Mathes*-is nennt. Der formale Grund für etwas Existierendes ist somit = der wirkliche Grund der Existenz = 0. Die Frage ist nun, ob die Null stets dieselbe ist, das heißt, ob 0 immer = 0 ist, oder ob, z. B. auf dem Gebiet der Biologie, die 0 *schleimig* ist.

Oft wird die Geschichte erzählt, dass die unmittelbare nachkantische Reaktion in einer ›organizistischen Wende‹ bestand, für die Goethe, Schelling und die Naturphilosophen als Gewährsleute angeführt werden. Während es gewiss wahr ist, dass die nachkantischen Philosophen und Naturalisten versuchten, Kants Dualismus durch eine organische oder sich

---

Ders. *Werke*, Bd. 2, hg. v. Eva Moldenhauer und Karl Markus Michel, Frankfurt a. M. 1986, S. 571. Im *Lehrbuch* finden sich Stellen, insbesondere in Paragraph 1, die Hegels Einschätzung zu bestätigen scheinen: »Philosophie, als die Wissenschaft der Principien des Alls oder der Welt, ist nur ein logischer Begriff, der allenfalls auf den wirklichen führen kann« (*LN*, § 1, S. 1). Hegel ignoriert jedoch relativierende Behauptungen wie die folgende: »Was aber von den mathematischen Prinzipien gilt, muß auch von den Naturprinzipien gelten.« (*LN*, § 67, S. 14).

[112] Henrik Steffens, *Schriften. Alt und neu*, Bd. 1, Breslau 1821, S. 81, zitiert nach: Hinrich Knittermeyer, *Schelling und die romantische Schule*, München 1821, S. 192.

[113] *LN*, § 3591, S. 516.§ 10, S. 1.

[114] Ebd. § 11, S. 1.

selbst organisierende Kausalität aufzulösen, ist diese Geschichte in philosophischer Hinsicht unzutreffend. Kurz gesagt, lauten die Gründe für die Unzulänglichkeit dieser Geschichte, (i) dass sie die Philosophie von der Natur trennt, indem sie erstere zur bloßen logischen Konsequenz der letzteren macht; (ii) dass sie den Gegensatz zwischen der Naturalisierung der Teleologie und der kognitiv unüberwindbaren Intentionalität (das Problem des ›Zugangs‹) zum einzigen bedeutenden Problem erklärt, zu dessen Lösung die Idealisten beitragen; und (iii) so das Problem jener Formen von Realismus, nach denen im lange währenden Gefolge des Kantianismus gesucht wurde, völlig außer Acht lässt. Dieser Essay wird daher Okens Mathesis als eine außergewöhnliche Fallstudie im Kontext der Suche nach einem nachkantischen Realismus lesen, der weder auf einen Dogmatismus noch einen ethischen Prozess reduziert werden kann – eine Suche, die heute genauso dringend ist, wie sie es vor zweihundert Jahren war.

2. Die Naturphilosophie als ein System der Weltentstehung

Das *Lehrbuch der Naturphilosophie* ist ein synoptisches Werk, das Okens bisherige Forschungsleistungen synthetisiert. Da sein Vorwort zu dem *Lehrbuch* auf diese Arbeiten zurückblickt und da Oken wie die meisten Naturphilosophen weiterhin ebenso verschmäht wie ignoriert wird, werden wir die zentralen Punkte von Okens System anhand seines eigenen Kommentars zu seinem Werk einführen.

Okens erste Schrift, der *Grundriß der Naturphilosophie, der Theorie der Sinne und der darauf gegründeten Classification der Thiere* (1802), geht von der These aus, »daß die Thierclassen zunächst nichts anderes als Darstellung der Sinn-Organe sind«[115], einem Standpunkt, der ihm im *Lehrbuch*, wie er sagt, »[a]uch jetzt noch halt[bar]«[116] erscheint. Daran ist sowohl der Versuch bemerkenswert, ein System von physiologischen Einzelheiten abzuleiten, einen Realismus, der im *Lehrbuch* ebenso aufrecht erhalten wie mit einem umgekehrten Vorzeichen versehen wird; als auch die strukturelle Rolle, die der Rekapitulationstheorie zukommt, die in dieser Anmerkung zu der Art und Weise, wie die Theorie in *Über die Bedeutung der Schädelknochen* (1807) vertreten wird, weiter entwickelt und veranschaulicht wird: »[D]er Kopf [ist] nichts anderes als eine Wirbelsäule […], [genauso wie] die Kiefer nichts anderes als wiederholte Arme und Beine sind, und die Zähne deren Nägel«.[117]

Diese »vertebrale Theorie über den Schädel«, über deren Entdeckung Oken mit Goethe stritt[118], »behauptete nicht nur einen Zusammenhang zwischen dem menschlichen Schädel und dem der niederen Wirbeltiere«, sondern erstreckte sich, weit über das Organische hinaus, auf mineralische, geologische und kosmogonische Gebiete, was manche zu dem Schluss kommen ließ, dass »das Gesetz der seriellen Wiederholung« bei Oken »auf eine absurde Anzahl von Gegenständen«[119] ausgedehnt werde. Während ein solches Gesetz zwangsläufig in dem Maß an Bestimmtheit verliert, wie es an Reichweite

---

[115] Ebd. S. III.

[116] Ebd. S. III.

[117] Ebd. S. IV.

[118] Siehe Hegels Bemerkung in seiner *Naturphilosophie*: »*Oken*, dem [Goethe] die Abhandlung mittheilte, hat ihre Gedanken in einem Programm, das er darüber schrieb, geradezu als sein Eigenthum ausgekramt, und so den Ruhm davon getragen.« (Georg Friedrich Wilhelm Hegel, »System der Philosophie. Zweiter Teil. Die Naturphilosophie«, in: Ders. *Sämtliche Werke*, Bd. 9, hg. v. Hermann Glockner, Stuttgart-Bad Cannstatt, S. 593).

[119] Edwin Clarke und L. S. Jacyna, *Nineteenth Century Origins of Neuroscientific Concepts*, Berkeley 1987, S. 42.

gewinnt, verbirgt sich dahinter ein einfaches Prinzip: dass kein Produkt der Natur isoliert von allen anderen Produkten entsteht, jede Entität abhängig von anderen ist, da »jede dieser Classen unten anfängt«[120], wie Oken feststellt. In welche Tiefen aber muss die Forschung hinabsteigen, um das basale, auf serielle Weise wiederholte Element zu lokalisieren? Dabei handelt es sich um etwas, das der Neurophysiologe Jakob Henle 1846 in einer Schrift rückblickend die »genetische Behandlung«[121] nannte, die zum Ziel hatte, »den einfachen Typus einer gegebenen Struktur zu identifizieren und seine fortschreitende Entwicklung zu verfolgen«.[122] Ist der Erforscher der Genese in Besitz des voll entwickelten Organs, fällt die Aufgabe einfacher aus; falls das basale Element eines jeden lebenden Organismus sich innerhalb des Gebiets des Biotischen findet, wird die Aufgabe noch einmal einfacher: den basalen Typ allen Lebens zu finden.

Wenn es jedoch prinzipiell keine unabhängigen Produkte in der Natur gibt, dann erweckt nicht das Teilstück Aussicht auf eine Vollendung der genetischen Typisierung, sondern vielmehr das Ganze. Okens nächstes Werk wird demnach die Suche nach den basalen Elementen der Natur in die Suche nach der »Natur der Natur«[123] oder Meta-Physik umwandeln.

Indem es die Resultate des *Grundrißes* und der *Bedeutung* miteinander verknüpfte, schlussfolgerte Okens *Über das Universum als Fortsetzung des Sinnensystems* (1808), »daß der Organismus nichts anderes ist, als eine Verbindung aller Thätigkeiten des Universums in einem individuellen Körper«, und »Welt und Organismus einerley sind und nicht bloß mit einan-

---

[120] *LN*, S. V.

[121] Zitiert nach: Edwin Clarke und L. S. Jacyna, *Nineteenth Century Origins of Neuroscientific Concepts*, a.a.O., S. 21.

[122] Ebd.

[123] Novalis, »Die Christenheit oder Europa und andere philosophische Schriften«, in: Ders., *Werke in zwei Bänden*, Bd. 2, hg. v. Rolf Toman, Köln 1996, S. 440.

der in Harmonie stehen.«[124] Die letzte Formulierung weist auf eine bedeutende These im Kontext der Rekapitulationstheorie hin, die nicht nur besagt, dass eine kontingente ›Harmonie‹ oder phänomenale Ähnlichkeit zwischen parallelen Reihen (etwa der Entwicklung der Welt und der Artenbildung) existiert, die grundverschiedenen natürlichen Ordnungen angehören, sondern vielmehr, dass die gesamte Natur an der Entstehung eines jeden ihrer Bestandteile beteiligt ist. Wie aus dem Titel des Werks hervorgeht, ist Oken überdies nicht mehr wie im *Grundriß* damit beschäftigt, bloß formale Elemente aus physiologisch Gegebenem abzuleiten, sondern er will vielmehr geltend machen, dass diese Struktur im Universum selbst *tatsächlich instanziiert* wird. Dementsprechend erweiterte Oken den Fokus seiner um Systematik bemühten Forschungen auf die Elemente der Physik in den *Ersten Ideen zur Theorie des Lichts, der Finsterniß, der Farben und der Wärme* (1808), wo jedes dieser Phänomene aus Spannungen, Antagonismen und Bewegungen im Äther abgeleitet und mithin eine »primitive Feldtheorie«[125] begründet wird, sowie in der *Grundzeichnung des natürlichen Systems der Erze* (1809), wo zum ersten Mal die Eigenheiten von Mineralien behandelt werden.

Die daraus resultierende Dynamik entsprach zwar der nachkantischen Zuständigkeit für Fragestellungen der Physik, die insbesondere Franz von Baaders *Ideen über Festigkeit und Flüssigkeit* (1792) und Adolph Karl August von Eschenmayers *Säze aus der Natur-Metaphysik: auf chemische und medicinische Gegenstände angewandt* sowie seinem *Versuch die scheinbare Magie des tierischen Magnetismus aus physiologischen und psychologischen Gesetzen zu erklären* (beide 1797) etabliert hatten, doch musste Oken auch das Phänomen des Lebens in eine derart universelle Physik integrieren. Während

---

[124] *LN*, S. IV.

[125] Pierce C. Mullen, »The Romantic as Scientist. Lorenz Oken«, in: *Studies in Romanticism*, Nr. 16 (Sommer 1977), S. 388.

ihm dies allein im *Lehrbuch* gelang, leistete Oken dazu einen ersten Beitrag – die Theorie des ›Urschleims‹ oder Protoplasmas – in *Die Zeugung* (1805), die die These aufstellte, dass alle Bläschen oder Zellen »vereinzelt und in ihrem ursprünglichen Entstehen betrachtet [...] die infusoriale Masse oder der Ur-Schleim [sind], woraus sich alle größern Organismen gestalten. Ihre Erzeugung ist daher nichts anderes als eine gesetzmäßige Zusammenhäufung von [...] Schleimbläschen, oder Schleimpuncten überhaupt, welche sich erst durch ihre Vereinigung zu einer besondern Gattung bilden.«[126]

Da die Naturphilosophie die »Zeugungsgeschichte der Welt«[127] sein soll und keineswegs nur eine von biologischen Individuen, ist das *Lehrbuch* damit beschäftigt, die sinnlichen, kosmogonischen, geologischen, embryologischen und philosophischen Systeme zu einer einzigen, sich selbst rekapitulierenden Reihe zu synthetisieren. Damit wird die Frage aufgeworfen, wie ursprünglich der ›Urschleim‹ ist. Da *Die Zeugung* der kosmogonischen Synthese von *Über das Universum* vorausgeht, hat Okens Programm den Übergang von der Physik zur Meta-Physik der Natur noch nicht vollzogen. Daher charakterisiert Oken – auf so bündige Weise, wie das *Lehrbuch* riesig erscheint (es zählt 3653 Lehrsätze) – das Werk als einen Versuch, »die verschiedenen Lehren in Zusammenhang zu bringen und namentlich zu zeigen, daß die Mineral-, Pflanzen- und Thierclassen nicht willkürlich oder nach einzelnen Kennzeichen zu ordnen, sondern auf die Hauptorgane oder anatomischen Systeme zu gründen sind, woraus sich nothwendig eine festgesetzte Zahl von Classen ergeben muß; daß ferner jede dieser Classen unten anfängt, und mithin alle einander parallel gehen.«[128] Jedoch stellt Oken selbst hier eine physikalistische Lösung für das Problem der Genese in Aussicht, indem er

---

[126] *LN*, S III.

[127] Ebd. § 11, S. 1.

[128] Ebd. S. V.

einen *Parallelismus* zwischen den Klassen feststellt, der die Möglichkeit eröffnet »daß sie keineswegs eine einzige aufsteigende Reihe bilden.«[129] Der Primat des Urschleims mag so immer noch gewährleistet sein, doch ungeachtet dessen erläutern die ersten Paragraphen des *Lehrbuchs* die Art und Weise, wie das Vorhaben dieses Werks verwirklicht werden soll, und zwar indem sie die Parameter für den naturphilosophischen Bezugsrahmen einführen. Zu den bedeutendsten unter diesen zählen die wirkliche und logische Priorität des natürlichen Grunds: »Die Naturphilosophie aber ist die erste, die Geistesphilosophie die zweyte; jene daher der Boden und die Grundlage von dieser: denn die Natur ist früher als der menschliche Geist. [...] Ohne Naturphilosophie gibt es daher keine Geistesphilosophie, so wenig wie eine Blume ohne Pflanzenstock, oder ein Gebäude ohne Boden.«[130]

Mehr noch, da die Naturphilosophie »zu zeigen [hat], wie das Materiale und zwar nach welchen Gesetzen dasselbe entstehe«[131], bildet die Geschichte eine einzige zeitliche Reihe von der Entwicklung der Materie über bestimmte Naturen bis zum Geist. Der formale Grund = wirkliche Grund der Existenz besteht in den verschiedenen Lösungen für das Problem, »wie etwas aus nichts werde.«[132]

Das andere Element ist dann das Zero, das Nichts, und es wird im *Lehrbuch* erstmals als etwas eingeführt, das sich *parallel* zum Urschleim in der Biologie verhält. Was ist jedoch mit ›parallel‹ gemeint? Sind das Biologische und das Mathematische parallel und somit unabhängig, oder hängt alles von dem ab, was ›unten anfängt‹? Die relativen und mobilen Vorrangstellungen, die den verschiedenen basalen Typen zugeordnet werden, welche sich durch Okens System hindurchziehen, ber-

---

[129] Ebd.
[130] Ebd. §§ 15-16, S. 2.
[131] Ebd. § 10, S. 1.
[132] Ebd.

gen das Problem, dass Zero den Gleichgewichtspunkt in Okens polarer Philosophie der Natur markiert und dabei so dominant ist, dass Steffens sich veranlasst sah, Okens »unüberwindlichen Realismus« als etwas zu beschrieben, das lediglich durch eine »ideale Seite«, die »völlig negativ«[133] ist, ergänzt wird – eine Auffassung, die Knittermeyer bestätigt. Das basale Zero – »Okens allgegenwärtiges Prinzip«[134] – besagt, dass »jeder Entwicklungsprozess denselben Weg beschreitet, indem er einem ursprünglichen Nichts sukzessive Elemente hinzufügt«[135]; er einem Gesetz folgt, das »für die menschliche Ontogenese, die historische Abfolge der Arten, die Evolution der Erde selbst gilt«.[136] Diese Erklärung ist zweifellos die logische Konsequenz aus der unabänderlichen Priorität, die Oken der Natur vor dem Geist zuspricht; das Problem besteht aber nach wie vor: *Entweder* ist das Zero bloß eines der *formalen Elemente*, aus denen laut Hegels Vorwurf Okens Naturphilosophie besteht, und folglich ist das »All« *nicht* »die Wirklichkeit der mathematischen Ideen«[137]; *oder* »etwas« entsteht »aus nichts«[138], was wiederum impliziert, dass der Schleim *nicht ursprünglich* ist. Die okensche Lösung für dieses Problem der Genese besteht in einem ständigen Ringen zwischen Nichts und Schleim.

---

[133] Henrik Steffens, *Schriften. Alt und neu*, Bd. 1, a.a.O., zitiert nach: Hinrich Knittermeyer, *Schelling und die romantische Schule*, a.a.O., S. 192.

[134] Stephen Jay Gould, *Ontogeny and Phylogeny*, Cambridge MA 1977, S. 40.

[135] Ebd. S. 44.

[136] Ebd. S. 40.

[137] *LN*, § 2, S. 1.

[138] Ebd. § 10, S. 1.

3. Zero oder Schleim? Die Elemente des *Lehrbuchs* und die Begründung des Grundes

Das *Lehrbuch* entwirft sein System in den Paragraphen 18-21 seiner »Eintheilung«. Die »Zeugungsgeschichte der Welt«[139] ist in drei Teile gegliedert:

1. *Die Mathesis (des Ganzen)*,
   aus der sich (a) Hylogenie und (b) Theogonie oder die generative Philosophie von Materie und Geist ableiten.

2. *Die Ontologie (des Einzelnen)*,
   die auf Erzeugung der Natur aus der Mathesis folgt und aus der sich (a) Kosmogonie und (b) Stöchiogenie ableiten;

   sowie

3. *Die Biologie (des Ganzen im Einzelnen)*,
   die die Erzeugung der Hylogenie, Theogonie und Ontologie in der Embryogenese rekapituliert.

Die Mathesis – die Operationen der Mathematik, der »Urwissenschaft«[140], der »universale[n] Wissenschaft«[141] – wird unterteilt in die Theorie der materiellen Allheiten oder Hylogenie, eine »recht primitive Feldtheorie«[142], die den Äther, Licht und Hitze betrifft; und die Theorie der immateriellen Allheiten oder Pneumatogenie, eine Theogonie, die Gott und das Nichts betrifft. Die Ontologie gliedert sich in die Kosmogonie oder die Entstehung der Himmelskörper und die Stöchiogenie oder die Art und

---

[139] Ebd. § 11, S. 1.

[140] Ebd. § 24, S. 3.

[141] Ebd. § 25, S. 3.

[142] Pierce C. Mullen, »The Romantic as Scientist. Lorenz Oken«, a.a.O., S. 388.

Weise, wie die Himmelskörper sich weiter »in die Elemente«[143] unterteilen. Die Biologie, die sich mit dem »Ganze[n] im Einzelnen«, also dem »Lebendige[n] oder *Organische[n]*«[144] befasst, »theilt sich [...] in *Organogenie, Phytosophie* und *Zoosophie*.«[145]

Es gibt zwei Dinge, die an Okens Konzeption der Biologie unmittelbar auffallen. Zum einen basiert sie nicht mehr, wie dies Okens Verfahren im *Grundriß* tat, auf einem bestimmten Typ von Sein, dessen Konturen *in* der Natur vorliegen, sondern vielmehr auf einem bestimmten Stadium in der Entwicklung struktureller Komplexität, das Gott, Nichts und Materie (oder Mathematik) sowie Einzelnes und Substanzen *einschließt*; das heißt, das Ganze der Natur. Da das Ganze in den selbständigen Unterteilungen Gottes, des Nichts und der Materie besteht und das Einzelne das elementare, hylogenetische Einzelne ist, das durch diese Einteilungen gewonnen *und verwirklicht* wird; und da es ferner hauptsächlich in der Mathematik zum Ausdruck kommt, ist das wahre Objekt der Biologie die Mathematik dieser selbständigen Unterteilungen, wie sie in lebendigen Dingen verwirklicht werden. Dies ist in der biologischen Wissenschaft die Wegscheide, die zur Theorie des Urschleims und seinen Manifestationen durch Schleimpunkte führt. Die Theorie des Schleims, auf deren schlammigem Boden Okens ›Naturphilosophie‹ steht, ist deshalb letztlich eine »Mathematik mit Innhalt«[146] oder das Produkt des mathetisch-ontogenetischen Prozesses; der biogenetische Prozess ist dann etwas, das von »unten anfängt«, von der »infusorialen Masse« oder dem *tiefliegenden* »Ur-Schleim«, den er in zahllose »Schleimpuncte« unterteilt, die die »Urbestandtheile [...] der organischen Masse«[147] bilden. Somit besteht die Produktion des komplexen Einzelnen (das

---

[143] *LN*, § 21, S. 3.

[144] Ebd.

[145] Ebd.

[146] Ebd. § 26, S. 3.

[147] Ebd. S. III.

heißt von Individuen) in der »Zusammenhäufung von Infuso-
rien«[148] bis hinauf zur Ebene der Arten. Die Biologie ist somit die
Wissenschaft von der Produktion von Individuen, die auf der
Wissenschaft von der Produktion von Ganzheiten basiert.

Wenn zweitens das System, das dieser Beschreibung des
Organischen zugrunde liegt, ein *wahres* System ist, das heißt,
wenn die Naturphilosophie nicht bloß im Reflektieren über die
Natur, sondern vielmehr in der »Zeugungs*geschichte* der
Welt«[149] besteht, einer Welt, die sowohl »mathematische Sätze«
artikuliert als auch »Naturdinge«[150] erzeugt, dann folgt daraus,
dass die Biologie keine isolierte Wissenschaft von abstrakten
Einzelobjekten ist, sondern vielmehr die Entwicklung von Singularitäten betrifft, durch die sich der mathematisierende Kosmos verwirklicht. Daher Okens Beharren darauf, dass die »Naturgeschichte [...] kein abgeschlossenes Fach [ist], sondern [...]
viele andere Wissenschaften, wie Anatomie, Physiologie, Chemie und Physik, selbst Medicin, Geographie und Geschichte
voraus[setzt]«.[151]

Die Biologie wird dann und nur dann zu der Wissenschaft,
die sie im Grunde ist, wenn die Gesamtheit der Wissenschaften
– vom Ganzen, Einzelnen und Einzelnen-in-Ganzem – das *volle*
Ausmaß der Wissenschaft als solcher wiedererlangt. Das
bedeutet, dass die Biologie die Mathesis genauso rekapituliert,
wie dies Okens Kategorien nahelegen: die des Ganzen und die
des Ganzem im Einzelnen. Die *eine* Wissenschaft vom Ganzen
ist die Mathematik, die Sprache der Ontogenese. Aus dieser
Perspektive leitet Oken das ab, was viele, einschließlich Hegel,
als ›leeren Formalismus‹ seines Systems verspotten, einen
Formalismus, der sich um ein irreduzibles ontogenetisches
Element organisiert: den »schwebende[n], ruhende[n] Punct im

---

[148] Ebd.

[149] Ebd. § 11, S. 1. Grants Hervorhebung [A. d. Ü.]

[150] Ebd. § 30, S. 4.

[151] Ebd. S. VI.

All«[152] oder Gott: »Gott = + 0 −«.[153] Das Problem des Verhältnisses zwischen der Vielzahl von Wissenschaften und der »universale[n] Wissenschaft«[154] tritt deutlich zutage: *Entweder* gibt es eine Universalwissenschaft, auf die alle anderen reduziert werden können, *oder* die Mathesis, die Theorie des Ganzen, hat keinen Anspruch auf Universalität und bringt mithin die Ontogenese nicht zum Ausdruck. Kurzum: *Welches Verhältnis besteht zwischen dem Urschleim und dem Zero?* Die Lösung, die Oken vorschlägt, lautet: Die Mathematik ist die Universalwissenschaft, die alle anderen hervorbringt, miteinander verbindet und bedingt. Das »schwebende«[155] Zero ist der Sein und Schleim erzeugende Kern.

Das Problem der Priorität ist genau deswegen ein Problem für eine in metaphysischer Hinsicht realistische Naturgeschich-

---

[152] Ebd. § 71, S. 16.

[153] Ebd. § 99, S. 20. Knittermeyer fasst Okens Argument in wenigen Worten konzise zusammen: »Gott ist der Vater, der zeugend, aber selbst ungezeugt, sich in das Plus und Minus verwandelt und doch immer als das wesende Nichts er selbst bleibt. Gott ist der Sohn, der ausgeht von dem Vater in die Endlichkeit hinein, und er ist der Geist, der die Ursprünglichkeit wieder in den Ursprung zurücknimmt und die ›geistige Verbindung‹ mit dem zeugenden Ursprung wiederherstellt. Als das Erste ist das göttliche Handeln die ›Urruhe‹, der ›schwebende und ruhende Punkt im All‹, das ›Nieerscheinende und doch überall Seiende‹. Als das Zweite ist er das ewige Ponieren und darin − dem Setzen der Zahlenreihe 1 + 2 + ... + n entsprechend − der Schöpfer der Zeitreihe. Als das Dritte aber ist Gott der, welcher das in die ruhelose Bewegung und Leben wirkende Zeit entlassene Endliche in das Ganze zurücknimmt und es mit ihm verknüpft zur Allerfülltheit des Raums. Das gestaltlose Schweben des Lebens in der Zeit empfängt hier Gestalt und Hülle. Das Göttliche nähert sich der Erscheinung und damit der Materialität.« (Hinrich Knittermeyer, *Schelling und die romantische Schule*, München 1928, S. 189.)

[154] Ebd. § 25, S. 3.

[155] Ebd. § 71, S. 16.

te, weil die Rekapitulationstheorie, wenn sie kausal verstanden wird, die linear fortschreitende Zeit aufhebt. Wann immer Aussagen zur Priorität (des ursprünglichen Zero oder des Urschleims) getroffen werden müssen, scheint Oken auszuweichen. Nachdem er die Priorität der Philosophie der Natur vor der des Geistes in Paragraph 15 festgestellt hat, einschließlich der ontogenetischen Abhängigkeit der letzteren von der ersteren in Paragraph 16 (»Ohne Naturphilosophie gibt es daher keine Geistesphilosophie«[156]), schließt Paragraph 17 *nicht* mit dieser seriellen genetischen Abhängigkeit, sondern mit einem »Parallelismus«[157] zwischen den beiden. Im darauffolgenden Paragraphen wird der Parallelismus jedoch auf die relativen Prioritäten ausgeweitet, die die eine Philosophie vor der anderen erhielt: »Es wird sich in der Folge zeigen, daß das Geistige früher vorhanden ist als die Natur. Die Naturphilosophie muß daher vom Geist anfangen.«[158] Was kommt dann zuerst – Zero oder Schleim? Um welche Achse dreht sich die Topologie von Natur und Geist? Bleibt die Mathematik die »universale Wissenschaft«[159] oder bemächtigt sich ein naturgeschichtlicher Realismus des mathematischen Realismus? Das Verhältnis zwischen System und Geschichte ist nach wie vor von zentraler Bedeutung für die Metaphysik der Naturgeschichte; vor allem für die Art und Weise, wie dieses Projekt bei Prigogine und Stengers für ein neues ›naturphilosophisches‹ Bündnis wieder aufgegriffen wurde.[160] Jedoch fällt selten auf, dass dieses Unternehmen eine *Naturgeschichte der Metaphysik* erfordert, die über die gleichmäßige Akkumulation von Formen hinausgeht, wie sie die Hegel'sche Philosophiegeschichte kennzeichnet. Die Naturge-

---

[156] Ebd. S. 2.

[157] Ebd.

[158] § 18, S. 2.

[159] § 25, S. 3.

[160] Vgl. Ilya Prigogine und Isabelle Stengers, *Dialog mit der Natur. Neue Wege naturwissenschaftlichen Denkens*, München 1999.

schichte der Metaphysik ist eine *Physik* der Metaphysik, eine Wissenschaft von den natürlichen Gründen der Metaphysik oder eine Physik der Ideation als solcher. Obwohl ihre Ausdrucksweise eher an die sturen Eliminativisten unserer Tage als an nachkantische Idealisten denken lässt, war diese Erkenntnis von zentraler Bedeutung für solche Naturphilosophen wie Schelling, der seine Philosophie als »Naturlehre unsers Geistes«[161] beschrieb, und Troxler, der Metaphysik als die Physik (Naturlehre) der menschlichen Erkenntnis definierte. Wenn die Natur benötigt wird, um den Geist hervorzubringen, wie dies die Paragraphen 15 und 16 behaupten, dann ist der Geist notwendiger Bestandteil der abstrakten Rekapitulation der natürlichen Produktion in der Reflexion oder der Rekapitulation des mathetischen Ganzen im biologischen Einzelnen. Jedoch ist Okens System mehr als eine Reflexion über die natürliche Produktion, da die Ontogenese von der Mathesis abhängt. Die Nähe zu Platon ist unübersehbar: Die Mathematik oder die Idee sind nicht einfach nominale oder formale Prozesse, sondern vielmehr ontogenetisch. Genauso, wie der *Phaidon* behauptet, dass schöne Dinge *aufgrund* der Form des Schönen existieren[162], behauptet Oken, dass Dinge *aufgrund* der Mathesis existieren, oder dass es Entitäten wegen des Nichts (= 0) gibt. Okens Umkehrung der kausalen oder physischen Abhängigkeit des Geistes von der Natur rührt in der Tat daher, dass er die Mathesis als Hylogenie *und Theogonie* charakterisiert, was dem System eine *Richtung* verleiht, hin zur Produktion von Tieren, die zur Mathesis fähig sind, und damit des Menschen: »Der Mensch ist die Spitze, die Krone der Naturentwicklung, und muß alles umfassen, was vor ihm da gewesen«[163] ist, während

---

[161] *SW* 2, S. 39. Hervorhebungen gelöscht [A. d. Ü.]

[162] Platon, »Phaidon«, in: Ders. *Sämtliche Werke*, Bd. 2, hg. v. Ursula Wolf, Reinbek 2006, 100d, S. 162.

[163] *LN*, § 12, S. 2.

er zugleich »ein Complex von allem [ist], was neben ihm ist, von Element, Mineral, Pflanze und Thier.«[164]

Am genau dem Punkt jedoch, an dem *denkender Schleim* der Natur Linearität beschert, an der Spitze ihrer Entwicklung von Elementen zu Lebewesen, schlägt ihre Richtung um. Die Mathesis befasst sich als Theogonie mit dem »immaterialen« Ganzen; doch was genau ist das »Immateriale«?[165] Bloß das, was »in Bezug auf das Materiale ein nichtiger [Teil] ist«[166], genauso wie »Gott = + 0 −«[167] oder das »Ewige […] das *Nichts* der Natur«[168] ist. Das »Immateriale«[169] ist der Nullpunkt des Materiellen, der es hervorbringende Grund, genauso wie Gott der Nullpunkt der Natur ist, da das iterierte Nichts das Werden von etwas ist. Somit wird nun »sehr klar«[170], in welchem Sinn »etwas aus nichts«[171] wird. Genauso, wie die Zahlen »nicht aus [dem Zero] hervorgegangen [sind], als hätten sie individualiter in ihm gelegen«, sondern das Zero »aus sich herausgetreten« ist »und dann […] ein endliches Zero, eine Zahl«[172] war, entsteht etwas nicht »aus nichts«[173], sondern durch die *Akte* des sich ausdehnenden Nichts: »Das Zero ist […] der Uract«[174], und »die Zahlen [sind] Wiederholungen dieses ewigen Actes«;[175] folglich ein weiterer ursprünglicher Akt, dessen »Ponieren und Negie-

---

[164] Ebd. § 98, S. 20.
[165] Ebd. § 164, S. 31.
[166] Ebd. § 8, S. 1.
[167] Ebd. § 99, S. 20.
[168] Ebd. § 44, S. 7.
[169] Ebd. § 164, S. 31.
[170] Ebd. § 37, S. 6.
[171] Ebd. § 10, S. 1.
[172] Ebd. § 37, S. 6.
[173] Ebd. § 10, S. 1.
[174] Ebd. § 55, S. 10.
[175] Ebd. § 57, S. 10-11.

ren [...] Realwerden«[176] heißt, was auf ein »ein Erscheinen, ein Extensivwerden der Idee«[177] hinausläuft. Und dieses Ponieren *und Negieren* findet gleichfalls in der »Kriegskunst«, der »höchste[n], erhabenste[n] Kunst«[178] statt, wodurch der Militärstrategie Napoleons folgend alles auf nichts reduziert wird. Das Nichts löst eine unablässige *imitatio nihili* unter den ausgedehnten Vielheiten aus, die von der endlosen Wiederholung des ursprünglichen Aktes gebildet werden, während die Existenz sich gegen den Sog wehrt, der von ihrem Zentrum ausgeht.

All dieses schwebende Nichts wirkt auf den ersten Blick alles andere als befriedigend: Anstelle der Eindeutigkeit des Satzes vom zureichenden Grund scheint ontologische Übelkeit zu treten. Das Nichts durchzieht Okens System, einschließlich dessen martialischen Höhepunkt. Welcher Biologe würde die Auffassung teilen, dass der Krieg das Leben als Telos des Systems ablöst? Dass hier die Zerstörungen des Krieges die Komplexifizierungen des Urschleims ablösen, zeigt, dass Okens Kosmos dem Gott des Nichts huldigt. Die Biologie kulminiert in der Zerstörung von Individuen, die so lange unter Kontrolle bleibt, wie es noch *etwas* gibt: Kant weist uns auf den durchaus beruhigenden Sacherhalt hin, dass die Realität niemals auf Null absinken kann; jedoch ersetzt Okens *Mehylotheogonie* alles Sein durch eine Zu- und eine Abnahme, die *beide grenzenlos* sind. Die fragile Existenz aller Entitäten wird allein durch Schleim gesichert – das einzige, auf das die Ontologie setzen kann, ist der zu und aus allen Dingen potenzierte und negierte Schleim. Dadurch wird folgende Frage aufgeworfen: Ist der Urschleim – oder, ontisch gesprochen, sind die Schleimpunkte – negierbar, reduzierbar ebenso wie ›potenzierbar‹? Was uns damit unmittelbar in Aussicht gestellt wird, ist die *Kontingenz*

---

[176] Ebd. § 48, S. 9.

[177] Ebd. § 38, S. 6.

[178] Ebd. § 3653, S. 523.

aller Entitäten, als ob sie eine gravitationsbedingte Verzerrung der lokalen Raum-Zeit ihrer Erzeugung wären.

Der Frage würde nichts Grauenhaftes anhaften, wenn der Übergang von der mathetischen Metheologie zur Ontologie gesichert wäre, etwa durch einen kausalen oder einen linear-progressiven Prozess; aber das ist nicht der Fall. Das Ganze wird von der Geschichte, von der Akkumulation von Ursachen, aus der die Zeit hervorgeht, nicht zurückgelassen; vielmehr *kehrt* es in der Biologie *wieder*. Okens Biologie zeugt daher *nicht* von der endgültigen Entdeckung eines ›Newtons des Grashalms‹, von einem Organizismus, der uns vor den Verheerungen der Natur schützen könnte, sondern nur von der Wiederholung des All-Nichts in jedem erzeugten Einzelnen.

Jegliche Richtungsgebundenheit, sei es nun in der Ideation oder der Kosmogonie, in der Embryogenese, Hylogenie, Verzeitlichung oder ursprünglichen Mathesis, wird zugunsten eines *polaren* Modells dementiert, das der ›primitiven Feldtheorie‹ zugrunde liegt, die Oken aus den Spannungen, Widersprüchen und Bewegungen des Äthers in den *Ersten Ideen zur Theorie des Lichts* konstruiert. Diese Theorie übernimmt den »beständigen Galvanismus«, über den Ritter herausfand, dass er »den Lebensproceß in dem Thierreich begleite«[179], und dehnt ihn auf die mineralischen chemischen und mathetischen Gebiete aus – in Anlehnung an die Magnetfeldtheorie, der zufolge die Null nicht die ursprüngliche Zahl ist, sondern die erste und die letzte ebenso wie das Prinzip jeder magnetischen Kraft.[180] Okens Viel-

---

[179] Johann Wilhelm Ritter, *Beweis, daß ein beständiger Galvanismus den Lebensproceß im Thierreich begleite. Nebst neuen Versuchen und Bemerkungen über den Galvanismus*, Weimar 1798.

[180] Die endgültige Fassung dieser Theorie verdankt sich Carl August von Eschenmayers *Versuch die scheinbare Magie des thierischen Magnestimus aus physiologischen und psychischen Gesezen zu erklären*, Stuttgart/Tübingen 1816, sowie ihrer Überarbeitung durch Schelling in »Darstellung meines Systems der Philosophie« (*SW* 4).

falt an Ursprüngen – die Bewegung, der Schleim, die Ruhe usw. – ist ursprünglich sowohl in Bezug auf das tiefe Nichts, die ontogenetische Wurzel, aus der sie alle hervorgehen, als auch in Bezug auf die ›höheren Zeros‹, die dem, was die Ursprünge selbst hervorbringen, entgegenwirken: der Ruhe, dem Krieg, der Bewegung.

Die polare Metaphysik der Natur lässt somit die Achsen des Höheren und Niederen, des Vorangehenden und Nachfolgenden in ein Feld polarer Abhängigkeiten kollabieren: »Die Welt ist der rotierende Gott«[181] oder eine »rotierende Materienkugel.«[182] Die Naturgeschichte ist daher immer *relativ* zu der mathematischen Null, aus der ihre Gegenstände hervorgehen, und ihr Bezugsrahmen wird immer *nach* dem Feld erzeugt, das ihr Gegenstand ist. Die wichtigste Konsequenz der Paragraphen 15, 16 und 18 des *Lehrbuchs* lautet somit, dass die Priorität der Natur gegenüber dem Geist ein Nichts in der Natur erzeugt, mit dem die Naturphilosophie einsetzt. Ironischerweise machen Okens nachkantische Lösungen Lamberts physiko-kritische Intervention überflüssig, indem sie aus der Annahme, dass es *sich selbst steuernde Prozesse* gibt, die *äußerste Konsequenz ziehen*: die Eliminierung der Geschichte in der Natur: »Die Zeit ist die unendliche Succession der Zahlen oder der

---

Zu Eschenmayer siehe Jörg Jantzen, »Adolph Karl August von Eschenmayer«, in: Thomas Bach und Olaf Breidbach (Hg.), *Naturphilosophie nach Schelling*, a.a.O.; sowie Gilles Châtelet, *Les enjeux du mobile. Mathématique, physique, et philosophie*, Paris 1993. Zu Schellings Revision der Theorie des Magnetfelds in seiner sogenannten Identitätsphilosophie siehe Iain Hamilton Grant, *Philosophies of Nature after Schelling*, London 2006, S. 82; sowie Ders., »The Physics of the World Soul«, in: Judith Norman und Alistair Welchmann (Hg.), *The New Schelling*, London 2004, S. 128-150.

[181] *LN*, § 142, S. 27.

[182] Ebd. § 161, S. 30.

mathematischen Nichtse.«[183] Wir werden uns nun Okens Lösung des genetischen Problems zuwenden.

4. Oken'sche Lösungen und …

Okens Lösung für das Problem der Genese ist nicht das, was Henles ›Student des Nervensystems‹ sich erhofft haben mag. Statt das ›basale Element‹ der neurogenetischen Rekapitulation zu identifizieren, löst Oken die Individuation nach folgendem Schema im Ganzen auf:

(1) Mathesis → Ontogenese → Biogenese → die Produktion des Ganzen im Einzelnen → potenzierte Mathesis

(2) Daraus folgt, dass die kausale Reihe, die die Zeit an Veränderung knüpft, einer wechselseitigen Abhängigkeit, einem kodependenten Verhältnis, einer Reziprozität zwischen den Elementen geopfert wird, die die grundlegende Struktur des Ganzen in jedem Einzelnen rekapitulieren. »Das Gesetz der Causalität ist ein Polaritätsgesetz«[184], nicht eines der Zeit. Zeit, so Oken weiter, ist demnach »nur Wiederholung, also auch Aufhebung [von] Positionen.«[185] Weil das Ganze auf den Höhepunkten der Individuation (das heißt der Ideation und dem Krieg) zum Ausdruck gebracht wird, produziert die Oken'sche Ontogenese irreduzibel lokale Zuordnungen, während die ›Pneumatogenese‹ sie *erst in ursprünglicher und dann in abgeleiteter Form* multipliziert. Die Potenzierung ist die Potenzierung des Ganzen in seiner Individuation, wie dies Schelling später mit Blick auf den involutivevolutiven Prozess festhalten sollte.[186]

---

[183] Ebd. § 72, S. 16.

[184] Ebd. § 79, S. 17.

[185] Ebd. § 74, S. 17.

[186] Siehe Schellings »Stuttgarter Privatvorlesungen« (*SW* 8).

(3) Wenn die Mathematik in logischer Hinsicht der Ausdruck des Ganzen im Individuellen ist; und wenn in theogonischer Hinsicht »Gott = + 0 −«[187] allen Dingen vorausgeht und allen folgt, dann ist in modaler Hinsicht nur das Nichts notwendig. An dieser Stelle können wir die zentrale Lehre aus Okens System der Natur ziehen: Die Kontingenz alles Seienden, wenn das ›Prinzip des zureichenden Grundes‹, durch ein potenziertes *Nichts* erfüllt werden kann. Genau deshalb *ersetzt* die Mathematik oder Mehylogenie die Natur nicht, sondern *erzeugt* diese vielmehr: Indem sie das Projekt einer ›Naturgeschichte der Metaphysik‹ auf sich nimmt, stellt Okens schleimige platonische Naturphilosophie mathetische Funktionen darauf ab, Zahlen und Organe unterschiedslos anzuhäufen: »[J]ede Entwicklung«, wie Gould mit Blick auf Okens System festhält, »beginnt mit einer ursprünglichen Null und schreitet durch die sukzessive *Addition* von Organen in einer bestimmten Abfolge in Richtung Komplexität voran«.[188] Die Null vermehrt sich, indem sie sich in Form von mineralischen, chemischen, pflanzlichen und tierischen Organen ausdehnt.

(4) Die Rekapitulation wird, wie wir oben gesehen haben, aufgrund von (2) zwar nicht unbedingt *äonisch* (obwohl Oken dies mitunter behauptet: »Das Zero muß sich *endlos* ponieren; denn es ist in jeder Hinsicht unbestimmt oder unbegränzt, ewig.«[189]), aber mit Sicherheit *achronisch*. Sie bildet die Logik der Idee im hylogenetischen → biogenetischen Prozess und ist insofern die wiederholte Intervention des Ewigen in die Zeit oder deren Negation.

(5) Demnach wird selbst die Anthropogenese, die so oft als ›anti-kopernikanischer Kern‹ der nachkantischen ›Restauration‹

---

[187] *LN*, § 99, S. 20.

[188] Stephen Jay Gould, *Ontogeny and Phylogeny*, a.a.O., S. 40.

[189] *LN*, § 53, S. 10.

kritisiert wird, in Mitleidenschaft gezogen. Kaum dass der Mensch insofern zum ›Höchsten‹ erklärt wurde, als die Natur durch ihn die Ideation erreicht und somit *die Mathesis reproduziert*, bricht schon Krieg aus, weil das Nichts höher als das Höchste ist: »das 0, die höchste Identität«.[190] Oken beweist somit, dass die Anthropogenese weder in einem Humanismus des Endlichen noch in einer ontotheologischen Eschatologie kulminiert, sondern vielmehr unablässig die *mathetische Mehylotheogonie* des kosmogonischen Prozesses wiederholt: »Durch den Tödtungsproceß sucht das endliche Ding das All selbst zu werden«[191], denn der »Mensch ist ein Complex von allem, was neben ihm ist«.[192]

5. ... post-Oken'sche Probleme

»Die Fortdauer des Seyns ist ein fortdauerndes Setzen des Ewigen oder Nichts, ein unaufhörliches Realwerden dessen, was nicht ist. Es existiert nichts als das Nichts, nichts als das Ewige, und alle einzelne Existenz ist nur eine Trugexistenz. Alle einzelnen Dinge sind Monaden, Nichtse, die aber bestimmt worden sind.«[193]

Wir haben festgestellt, dass die oken'schen Zahlenreihen ursprünglich sind und aus einem ursprünglichen Zero hervorgehen, dem »Wesen in allen Dingen, 0, [der] höchste[n] Identität«[194] Wenn wir die Metaphysik der polaren Zeit für einen Moment außer Acht lassen, dann ist das Zero auch eine endgültige Zahl, insofern alles in ihm aufgeht. Oken nimmt

---

[190] Ebd. § 40, S. 7.
[191] Ebd. § 91, S. 19.
[192] Ebd. § 98, S. 20.
[193] Ebd. § 58, S. 11.
[194] Ebd. § 40, S. 7.

beträchtliche Mühen auf sich, um die einzelnen Aspekte der Null herauszuarbeiten.

Erstens hat sie zwei Seiten: eine intensive oder ideale und eine extensive oder reale. Jedoch besteht zwischen den beiden kein wesentlicher Unterschied: »Reales und Ideales sind nicht mehr von einander verschieden als es Eis und Wasser sind. Beide sind bekanntlich wesentlich einerley«.[195] Die oftmals behauptete Ähnlichkeit zwischen Okens Konzeption der Null und Schellings Neufassung des Identitätsprinzips wird an dieser Stelle augenfällig[196]: Beide vereint die These dass die Identität der Grund der Unterscheidung ist.

Zweitens lädt die Offenheit des Zero für »unendlich viele Formen«[197] zu Spekulationen darüber ein, welche anderen Formen sie tatsächlich angenommen hat: Außer Eschenmayers Magnetfeldtheorie drehen sich deshalb Kants Darlegungen über

---

[195] Ebd. § 36, S. 5.

[196] Diese Annäherung hat Okens Übersetzer Alfred Tulk in Gang gebracht: »Das vorliegende Werk ist einzigartig in Deutschland, insofern es die Prinzipien, die Schelling geltend machte, auf den Bereich des Praktischen in einem systematischen Ausmaß mit größter Konsequenz anwandte, insbesondere in der Mathesis und Ontologie«. (Lorenz Oken, *Elements of Physiophilosophy*, übers. v. Alfred Tulk, London 1847, S. VI). Joseph L. Esposito hat das Argument jüngst noch einmal wiederholt: »Im Wesentlichen gleicht Okens Systems dem Schellings, allerdings wird es von einzelnen Wissenschaftsdisziplinen überlagert, sodass aus ihm zugleich eine Darstellung des Systems des Welt wurde und ein Vorschlag, wie dieses zu untersuchen sei. [...] Die *Mathesis* ist die Bedingung von Schellings absoluter Identität, aus der die erste Unterscheidung hervorgeht.« (Joseph L. Esposito, *Schelling's Idealism and the Philosophy of Nature*, Lewisburg 1977, S. 143). Siehe auch Wolfgang Förster, »Schelling als Theoretiker der Dialektik der Natur«, in: Hans Jörg Sandkühler (Hg.), *Natur und geschichtlicher Prozess. Studien zur Naturphilosophie F. W. J. Schellings*, Frankfurt a. M. 1984, S. 188; sowie Michael T. Ghiselin, »Lorenz Oken«, a.a.O.

[197] Ebd. § 40, S. 7.

die aufhebenden Operationen negativer Größen oder das onto-logische Problem negativer Zahlen um Nullen, genauso wie das ›Minimax‹ von Nullsummenspielen oder die leere Menge, aus der Russell und Whitehead auf der einen Seite und Badiou auf der anderen solch unterschiedliche ontologische Schlüsse gezogen haben. Schließlich, und das ist vielleicht entscheidend, machen die nicht erzeugten und nicht erzeugbaren, nicht phä-nomenalen Attribute der platonischen Idee diese zur Null der physischen Welt, was eine Reihe von Problemen nach sich zieht, die am deutlichsten im *Parmenides* ausbuchstabiert wer-den. Die wirkliche und potenzielle Permutierbarkeit der Null und ihre Integrierbarkeit in zahlreiche formale Schemata befördert Okens Theorie aus der Ecke des ›Zahlen-Mystizismus‹, in die sie oftmals abgeschoben wurde: Sie zeigt tatsächlich die onto-logische Wirkmächtigkeit des Problems auf, wie das Verhältnis zwischen Zahl, Sein und Lebewesen zu denken sei.[198] Badious an Deleuze gerichtete Frage nach der Trennbarkeit von Mathe-matik und Ontologie einerseits und der Natur andererseits, wird von Oken berechtigterweise umgedreht: *Einerseits* bilden Ma-thesis, Ontologie und Biologie verschiedene Gebiete, *anderer-seits* stehen sie alle durch die Verknüpfung ihrer jeweiligen Nul-len miteinander in Kontakt. Anders gesagt, hat jede Reihe ihren Ausgangspunkt in ihrem Vorgänger, sodass die Mathesis Onto-logie und diese Biologie zur Folge hat. Das Problem der unab-hängigen Abhängigkeit einer Reihe von der anderen ist letztlich ein Problem, das durch die Erzeugung der Natur an sich gelöst wird, insofern sie diese Reihen in all ihren Produkten rekapitu-liert. Aus den Argumenten, die Oken anführt, folgt, dass die Zahl sich nicht vom Lebewesen trennen lässt, weil *Lebewesen*

---

[198] Vgl. Alain Badiou, »Gilles Deleuze, *The Fold. Leibniz and the Baroque*«, in: Constantin V. Boundas und Dorothea Olkowski (Hgg.), *Deleuze and the Theater of Philosophy*, New York 1997, S. 51-69; sowie meine Diskussion des Beitrags mit Blick auf diese Probleme in Iain Hamilton Grant, *Philosophies of Nature after Schelling*, London/ New York 2006, S. 8ff.

eben die Zahlen der Natur sind[199]: »Das Leben«, so schreibt er, ist nur ein mathematisches Problem«[200] Mathesis, Ontologie und Biologie lassen sich nicht voneinander trennen, weil die Reihen nicht auf statische Weise taxonomisch, sondern tatsächlich genetisch sind. *Es ist das genetische Element bei Oken, das eine Lösung für das gegenwärtige Problem andeutet.*

Drittens korrespondieren die idealen und realen Formen mit dem Zero im Zustand der Intensität und Extensität innerhalb von Zahlenreihen. Diese sind, so Oken, »nur die ausgebreitete Intensität, jene [die] auf den Punct concentrierte Extensität«.[201] Diese Differenzierung versetzt Oken in die Lage, das Hervorgehen von etwas aus dem Nichts als Wiederholung des letzteren, statt als Ausstoßen seines latenten Inhalts zu beschreiben.

Das Zero bietet somit eine echte Lösung für das Problem des zureichenden Grunds: *Nichts* ist der Grund, warum es Entitäten gibt, bzw. ist es das ›Entgründen‹ des ursprünglichen Grunds, aus dem Gründe hervorgehen. Diese These ist reich an Implikationen: Erstens, da die Bestimmung des Nichts nur im Prozess der Extension und Konzentration stattfindet und da es offen für »unendlich viele Formen«[202] ist, begründet es *die Kontingenz aller Entitäten*, obwohl nicht außer Acht gelassen werden darf, dass es diese Kontingenz der Einzeldinge *begründet*. Zweitens, wenn alle Dinge dasselbe Wesen (= 0) haben[203], wodurch unterschieden sie sich dann eigentlich? Wenn sie sich nur *formal* unterscheiden (wie dies Oken in der Tat behauptet), dann kann die Ontologie – die *wirkliche* Erzeugung des Einzelnen – ihre Funktion nicht erfüllen, und das Ganze bleibt = 0; wenn sie sich dagegen *wesentlich* unterscheiden, dann ist das

---

[199] Diesen Punkt verdanke ich einem langen und unvergesslichen Gespräch mit meinem Kollegen Sean Watson.

[200] *LN*, § 104, S. 21.

[201] Ebd. § 37, S. 6.

[202] Ebd. § 40, S. 7

[203] Vgl. ebd. § 40, S. 7.

Zero nicht mehr ursprünglich = das Höchste in allen Dingen, und das Ganze ist nicht = 0. Das Problem, das damit aufgeworfen wird, kann so zusammengefasst werden: Ist das Zero zu wirklicher Erzeugung fähig? Da Okens Antwort lautet, dass die »Naturphilosophie [die] Zeugungsgeschichte der Welt«[204] oder »die Wissenschaft von der Genesis der Welt«[205] ist, müssen die formalen und essentiellen ›Erzeugungen‹ der Null essentiell ununterscheidbar und dabei formal unterscheidbar sein. Wenn aber jeder Unterschied ein formaler Unterschied ist und das Zero immer das erzeugende (potenzierbare und negierbare) Element darstellt, dann muss entweder die Schlussfolgerung gezogen werden, dass die formale Differenz indifferent ist, oder dass die formale Differenzierung einen zusätzlichen Modus hervorbringt, der unter den vorangegangenen Alternativen *noch nicht gegeben* war. Dies ist in der Tat Okens Lösung: »Ponieren und Negieren des Ewigen heißt Realwerden.«[206]

Was folgt somit aus der Kontingenz aller Entitäten? Dass die formale Differenzierung und wesentliche Indifferenz der Null-Erzeugungen niemals eine Konstanz erreichen, sei es nun die der Arten, der Phyla oder der Morphologie. Dies wird in der Tat von den endlos rotierenden Achsen der theogonischen und hylogenischen Natur[207] gewährleistet, genauso wie durch Okens Umkehrung des genetischen Problems vom Einzelnen zum Ganzen. Demnach ist Okens Morphogenese eine universelle, was seinem Werk die Anerkennung von D'Arcy Thompson[208]

---

[204] Ebd. § 11, S. 1.

[205] Ebd. § 66, S. 14.

[206] Ebd. § 48, S. 9.

[207] Vgl. ebd. § 142, S. 27 und § 161, S. 30.

[208] D'Arcy Wentworth Thompson erwähnt Okens Namen zweimal in *Über Wachstum und Form*, Frankfurt a. M. 2006, und definiert Morphologie in folgender oken'scher Weise: »Die Morphologie ist nicht nur ein Studium materieller Dinge und der Formen materieller Dinge, sondern besitzt auch ihre dynamischen Aspekte, in deren Rahmen

und E. S. Russell[209] einbrachte, um nur zwei Wissenschaftler zu nennen. Die Oken'sche Ontologie erfasst somit weniger ganze Entitäten als vielmehr *Singuläres*, sowohl im Sinne der Kosmogonie oder Erzeugung des *einen* Universums (»Es kann nur *eine* Natur geben«[210]), als auch im Sinne der *Stöchiogenie* oder Erzeugung der Elemente und Organe, die sich zu vielfältigen *formal differenzierten* Singularitäten zusammenballen. Insofern sie unablässig um die Nullen oszillieren, aus denen sie hervorgehen, sowie um die Komplexe, die sie je nach der Extensität der Null-Erzeugungen rekapitulieren, sind die entstehenden materiellen Formen weniger begrenzte Geometrien als vielmehr begrenzte Akte.

Berücksichtigt man all diese Punkte, wird deutlich, dass die Kontingenz, die Entitäten von Okens Prinzip des zureichenden Grunds zugesprochen wird, die Konsequenz der Kontingenz von Dynamiken, das heißt Kräfteverhältnissen ist. Demnach ist die Biologie die Wissenschaft von den kontingenten Kräften des Urschleims, die zwischen dem Erreichen der Ideation und mineralischer Trägheit oszillieren. Das polare Feld, das auf diese Weise von der Biologie erzeugt wird, schließt in der Tat Steine ebenso wie Ideen ein, so wie das biologische Einzelwesen ein Knochen- und ein Nervensystem umfasst; allerdings entwickeln sich alle biologischen Systeme aus der schleimigen, protoplasmatischen Masse heraus, und deren Kontingenzen sind *in ihnen enthalten*. Um auf das Problem der Trennbarkeit von Mathematik und Natur zurückzukommen, müssen wir es nun in

---

wir uns mit Hilfe von Kräftebegriffen mit der Deutung von Energievorgängen befassen.« (Ebd., S. 52)

[209] In *Form and Function. A Contribution to the History of Animal Morphology*, London 1916, S. 90, beschreibt E. S. Russel demnach Oken als »einen gründlichen Studenten der Embryologie«. Der jüngste Vertreter einer positiven Einschätzung der oken'schen Morphologie ist Stephen J. Gould, *Ontogeny and Phylogeny*, a.a.O.

[210] *LN*, § 166, S. 31.

umgekehrter Weise stellen: *Ist eine schleimfreie Mathematik möglich?* Die Morphologie mit ihrem Prinzip des zureichenden Grunds behauptet, dies sei nicht der Fall.

6. Schluss: Die Rotationen des Davor und des Danach

Mit Schelling haben wir zu Beginn dieses Aufsatzes argumentiert, dass der *ethische Prozess* nur dann möglich ist, wenn der ›Schrecken der objektiven Welt‹ abstrahiert werden kann. Eine Möglichkeit, dies zu erreichen, besteht darin, auf der Trennbarkeit von Mathematik und Natur zu insistieren, sowie auf der ›Unmöglichkeit‹ einer Philosophie der Natur, wie dies Badiou tut.[211] Eine andere Möglichkeit besteht darin, auf der Unüberwindbarkeit der nominalen Rahmensysteme der selbstbewussten, endlichen Vernunft zu insistieren. Da die letztere Strategie in der ersten inbegriffen ist, herrscht zwischen diesen beiden Möglichkeiten, die Welt zu abstrahieren, allerdings kein wesentlicher, sondern nur ein gradueller Unterschied.

Okens Beharren auf der materiellen Welt der Natur als etwas, das nicht nur die generative Grundlage der natürlichen Individuation darstellt, sondern auch die der Gedankenfolgen, legt dagegen nahe, dass eine weitere Konsequenz aus dem Prinzip des zureichenden Grunds gezogen werden kann: eine Rangordnung von Natur und Geist. Mit dieser Ordnung wird der Schrecken einer mit Veränderung einhergehenden Zeit, mit dem Lambert das fortschreitende Zerbrechen des transzendentalphilosophischen Systems erzwang, wieder eingeführt: Wenn es eine Rangordnung gibt, auf was kann diese dann gegründet werden, angesichts des unaufhaltsamen Rotierens der Letztbegründung zwischen Materie und Gottheit? Dieses Problem auf bloß formale Weise aufzulösen, indem man argumentiert, dass

---

[211] Vgl. Alain Badiou, »Gilles Deleuze, *The Fold. Leibniz and the Baroque*«, a.a.O.

die Materie die Null Gottes ist, genauso wie Gott die Null der Materie ist, heißt keineswegs, es aufzulösen, sondern es zu vermeiden, da die Mathesis gerade in der formalen Differenzierung von Materie und Gott – von Hylogenie und Theogonie – besteht, aus der die Ontogenese hervorgeht. Ferner kehrt Oken die von ihm zunächst behauptete Rangordnung um, wie wir bereits festgehalten haben: Aus »die Natur ist früher als der menschliche Geist«[212] wird »das Geistige [ist] früher vorhanden [...] als die Natur.«[213] Da wir zugestehen müssen, dass Okens Dynamiken keine transzendenten oder transzendentalen Achsen erlauben, müssen folglich die Gründe des Davor und des Danach mit anderen Mitteln etabliert werden.

Wie Oken immer wieder behauptet, besteht die Aufgabe der Naturphilosophie letztlich darin, »zu zeigen, wie das Materiale [...] entstehe; [und] mithin [...], wie etwas aus nichts werde.«[214] Darin vermögen wir nun das für Okens charakteristische, polare Verfahren zu erkennen: Die Materie und das Nichts bilden gemeinsam den primären Fokus des systematischen Vorhabens, die Natur *im Denken* zu erzeugen. Anders gesagt, *schließt* das Denken die Materie und das Nichts, das heißt das Ganze (die Mathesis) *ein*. In der Tat sind die Philosophie und der Krieg die beiden letzten Zuwächse der Null, wobei erstere stets in der »Wiederholung der Welt«[215] besteht, während letzterer durch den »Tödtungsproceß«[216] versucht, die wesentliche Identität aller Dingen in der Null wiederherzustellen, die zwangsläufig übrig bleibt. Beide involvieren das gesamte Universum und seine Erzeugung; erstere als eine universelle Wiederholung, letzterer als universeller Gleichmacher. Der Krieg offenbart den Grund, und die Philosophie wiederholt dessen Zeugungsakte,,

---

[212] *LN*, § 15, S. 2.

[213] Ebd. § 18, S. 2.

[214] Ebd. § 10, S. 1.

[215] Ebd. § 3, S. 1.

[216] Ebd. § 91, S. 19.

einschließlich ihrer eigenen Erzeugung innerhalb der Natur. Weil der Grund seine Wiederholung verdrängt, die seiner Offenbarung vorausgeht, kann eine Rangordnung *im Denken* etabliert werden. Daher gilt für Oken: »Zeit ist Zählen; Zählen ist Denken; Denken ist Zeit.«[217]

Damit wird nicht behauptet, dass die Zeit auf kantische Weise *nur* im Denken existiert, sondern vielmehr, dass Denken, wie Oken feststellt, Zeit *ist*. Dies liegt daran, dass die Zeit »nur Wiederholung« ist, denn »das Wechseln der Dinge ist eben die Zeit; ist kein Wechsel, so ist auch keine Zeit.«[218]

Mit anderen Worten: Weil alle existierenden Dinge in der Wiederholung der Null gründen, erstreckt diese Begründung sich bis auf die Ideation und damit auf die Philosophie. Die Philosophie ist die *formale* Wiederholung der Kosmogonie, während Krieg deren *wesentliche* Wiederholung ist. Weil die Ideation selbst nicht der Grund der Zeit ist (Kant), sondern die Zeit der der Ideation, etabliert die Begründung der existierenden Dinge im Nichts die Priorität der Natur gegenüber dem Geist, aber ohne den Geist von irgendeinem Teil der Natur oder Mathesis abzutrennen. Der Satz des zureichenden Grundes besagt demnach: *Etwas geht aus nichts hervor*; und dieser Prozess ist unüberwindlich.

Okens Naturgeschichte der Metaphysik zeigt demnach auf, dass die Naturphilosophie nicht einfach *ein Instrument*, sondern das *notwendige* Instrument darstellt, durch das die nachkantische Philosophie der Falle entgehen kann, die ihr der ethische Prozess stellt: Der Primat der Natur erstreckt sich sogar auf jene schleimigen neuronalen Akkumulationen des ursprünglichen Zero, die Metaphysik ermöglichen.

---

[217] Ebd. § 75, S. 2.
[218] Ebd. § 74, S. 17.

Kosmischer Pessimismus

Eugene Thacker

Aus dem Englischen
von
Ulrike Stamm

Pessimismus ist die Nachtseite des Gedankens, ein Melodram der Sinnlosigkeit von Gehirntätigkeit, eine auf dem Friedhof der Philosophie verfasste Dichtung. Pessimismus ist ein lyrisches Scheitern des philosophischen Denkens, eines jeden Bemühens um klares und kohärentes Denken, verdüstert und verschüttet auf der Suche nach dem Vergnügen an der eigenen Vergeblichkeit. In der lakonischen Melodie des »Wir werden es niemals schaffen« oder einfach des »Wir sind verloren« nähert sich der Pessimismus am ehesten einem philosophischen Argument.

Der Pessimismus ist die niedrigste Form der Philosophie und wird häufig diskreditiert als bloßes Symptom einer bösartigen Einstellung. Niemand braucht den Pessimismus jemals, in der Art, wie man konstruktive Kritik braucht, Ratschläge und Feedback, inspirierende Bücher oder ein Schulterklopfen. Niemand braucht Pessimismus, und doch musste sich jeder, an bestimmten Punkten in seinem Leben, mit dem Pessimismus auseinandersetzen, wenn schon nicht als Philosophie, dann in Form eines Einspruchs – gegen das eigene Selbst oder gegen andere, gegen das eigene Leben oder die Welt im Allgemeinen.

Es gibt kaum eine Erlösung vom Pessimismus, und er verteilt keine Trostpreise. Der Pessimismus ist aller Dinge überdrüssig und letztlich auch seiner selbst. Pessimismus ist die philosophische Form der Ernüchterung – Ernüchterung als ein »Singen«, ein Gesang, ein Mantra, eine einsame, monophone Stimme, die unbedeutend wird angesichts der vertrauten Unermesslichkeit, die sie umgibt.

Das erste Axiom des Pessimismus ist ein langer, leiser, trübseliger Seufzer.

Was für ein Temperament wir auch haben mögen, wir erkennen den Pessimismus, wenn wir auf ihn treffen. Der Pessimist gilt normalerweise als derjenige, der sich beschwert, der immer wieder darauf hinweist, was falsch ist in der Welt, ohne jemals eine Lösung anzubieten. Aber in der Mehrzahl der Fälle sind die Pessimisten die *ruhigsten* Philosophen, die ihre eigenen Seufzer in die allgemeine Lethargie der Unzufriedenheit einfließen lassen. Niemand interessiert sich für das bisschen

Lärm, das sie machen – »Das hat man doch alles schon einmal gehört«, »Erzähl mir etwas, das ich noch nicht weiß«, Schall und Wahn, die nichts bedeuten. Indem der Pessimismus Probleme ohne Lösungen aufwirft, indem er Fragen stellt, auf die keine Antwort möglich ist, indem er sich auf die kavernöse Position der Beschwerde zurückzieht, macht er sich des im Okzident unverzeihlichsten Verbrechens schuldig – des Verbrechens, die Dinge nicht ernst genug zu nehmen.

Der Pessimismus scheitert daran, dem grundlegendsten Dogma der Philosophie die Ehre erweisen – dem »als ob«. Denke, als ob es hilfreich sein könnte, handele, als ob es einen Unterschied machen würde, sprich, als ob es etwas zu sagen gäbe, lebe, als würdest du nicht in Wirklichkeit von irgendeiner murmelnden Nicht-Entität gelebt, die zugleich schattenhaft und zähflüssig ist.

Hätte der Pessimismus mehr Selbstbewusstsein und größere soziale Fähigkeiten, dann würde er seine Ernüchterung in eine Politik oder eine Religion verwandeln. Der Pessimismus ist sehr darum bemüht, sich selbst in den leisen, gehaltenen Klängen eines Requiems zu präsentieren oder im tektonischen Grummeln eines tibetanischen Gesangs. Aber häufig lässt er dissonante Töne hören, die gleichzeitig anklagend und erbärmlich sind. Seine Stimme wird oft brüchig und seine gewichtigen Worte reduzieren sich jäh auf bloße Splitter eines gutturalen Geräuschs.

Wir erkennen den Pessimismus genau deshalb, wenn wir ihn hören, weil wir es alles früher schon einmal gehört haben und schon beim ersten Mal brauchten wir es nicht zu hören. Das Leben ist hart genug. Was man braucht, ist eine andere Haltung, eine neuer Blick auf die Dinge, ein Wechsel der Perspektive ... eine Tasse Kaffee, einen hochprozentigen Drink.

Wenn wir keine Ohren für den Pessimismus haben, dann deshalb, weil er immer auf etwas so Veränderliches wie eine Stimme reduziert werden kann. Pessimismus – ebenso wie Musik – nimmt sich selbst immer zu ernst. Er verlangt vom Leser das Unvernünftige, so wie die Musik vom Zuhörer. Der

Pessimismus ist von allen Philosophien die *unerhörteste*, er lauscht aufmerksam der Philosophie, obwohl er selbst von ihr ungehört bleibt.

Der Pessimismus wird deswegen so häufig diskreditiert, weil er alle deprimiert, so unbeirrt wie er sich entschlossen hat, jeden Tag als einen schlechten Tag anzusehen, und sei es aufgrund der Tatsache, dass es noch kein schlechter Tag ist. Für den Pessimismus ist die Welt randvoll mit negativen Möglichkeiten, eine geheime Absprache zwischen einer schlechten Laune und einer teilnahmslosen Welt. Wenn der Pessimismus so oft abgelehnt wird, dann weil es häufig unmöglich ist, »schlechte Laune« von einer philosophischen Aussage zu unterscheiden (und entstehen nicht alle Philosophien aus einer schlechten Laune?).

Der Begriff »Pessimismus« suggeriert eine Schule des Denkens, eine Bewegung, sogar eine Gemeinschaft. Aber der Pessimismus hat immer nur die Mitgliederzahl eins – vielleicht zwei. Idealerweise hätte er natürlich überhaupt kein Mitglied, nur ein dünnes widerhallendes Echo, das von jemandem zurückgelassen wurde, den man lange vergessen hat. Aber das scheint unrealistisch, obwohl man die Hoffnung nie aufgeben soll.

Melancholie der Anatomie. Es gibt eine Logik des Pessimismus, die eine *Aussage* über einen *Zustand* beinhaltet. Im Pessimismus läuft jede Aussage auf eine Bejahung oder eine Verneinung hinaus, so wie jeder Zustand auf den Höhepunkt oder den Tiefpunkt hinausläuft.

Bei Schopenhauer, diesem Urpessimisten, diesem Philosophen und Griesgram vollkommen vereinenden Denker, finden wir ein Neinsagen angesichts des Schlimmsten. Bei Nietzsche gibt es einen dionysischen Pessimismus, einen Pessimismus der Stärke oder der Freude, ein Ja-Sagen zum Schlimmsten, ein Ja-Sagen zu dieser Welt, wie sie ist. Und bei Cioran findet sich eine weitere Variation, sinnlos, aber lyrisch, ein Nein-Sagen zum Schlimmsten und ein weiteres Nein-Sagen zur Möglichkeit irgendeiner anderen Welt, hier drinnen oder dort draußen.

Die Logik des Pessimismus operiert über drei Verweigerungen: ein Nein-Sagen zum Schlimmsten (oder Schopenhauers Tränen), ein Ja-Sagen zum Schlimmsten (oder Nietzsches Gelächter); und eine doppelte Verweigerung, ein absolutes Nein-Sagen (oder Ciorans Schlaf).

Weinen, Lachen, Schlafen – welche anderen Antworten sind angemessen gegenüber einer Welt, die so gleichgültig zu sein scheint?

Kosmischer Pessimismus. Jenseits des moralischen und des metaphysischen Pessimismus gibt es noch eine andere Art, einen Pessimismus, der weder subjektiv noch objektiv ist, weder für-uns noch an-sich. Wir könnten ihn einen *kosmischen Pessimismus* nennen ... aber ich muss zugeben, dass das zu majestätisch klingt, zu staunenerregend, zu sehr nach dem bitteren Nachgeschmack des Großen Jenseits. Die Worte stocken. Und die Ideen ebenfalls. Und so haben wir einen kosmischen Pessimismus, der zuerst und zuletzt ein Pessimismus über den *Kosmos* ist, über die Notwendigkeit und Möglichkeit von Ordnung. Dieser kosmische Pessimismus bringt eine drastische Vergrößerung oder Verkleinerung der menschlichen Perspektive mit sich, eine Orientierung jenseits des Menschlichen am Weltraum und an der Tiefe der Zeit, und all das überschattet von einer Ausweglosigkeit, einer primordialen Belanglosigkeit, der Unmöglichkeit, jemals angemessen von dem Rechenschaft ablegen zu können, was existiert. Was bleibt, sind die Desiderata unpersönlicher Affekte – agonal, unbeteiligt, aufmüpfig, einsiedlerisch, voller Leid und gegen das architektonische Schachspiel ankämpfend, das Philosophie genannt wird, ein Ankämpfen, das der Pessimismus zur Kunstform zu erheben versucht (obwohl normalerweise Slapstick dabei herauskommt). Gesang der Vergeblichkeit. Eine Ethik der Vergeblichkeit durchzieht den Pessimismus. Vergeblichkeit ist jedoch etwas anderes als Verhängnis und unterscheidet sich auch vom einfachen Scheitern (obwohl das Scheitern niemals einfach ist.)

Für den Pessimisten ist Scheitern eine Frage des wann und nicht des »ob« – alles welkt und geht in eine Finsternis ein, die schwärzer ist als die Nacht, so dass alles Gesagte oder Gewusste für eine Art von stellarem Vergessen prädestiniert ist. Wenn das Scheitern in dieser Weise aufgebläht wird, dann wird es zu einem Verhängnis. Innerhalb der Logik des Verhängnisses führt alles, was man tut, zu einem bestimmten Ende, und letztlich zu *dem* Ende. Indem wir ein Ziel haben, vorausplanen und Dinge sorgfältig durchdenken, versuchen wir, in einem täglichen Prometheanismus flüchtige Blicke auf eine Ordnung zu erhaschen, die tiefer und tiefer in den Fasern des Universums vergraben zu sein scheint.

Aber sogar das Verhängnis hat seine tröstlichen Aspekte. Die Verkettung von Ursache und Wirkung bleibt uns vielleicht verborgen, aber nur deshalb, weil die Unordnung die Ordnung ist, die wir noch nicht sehen; sie ist zu komplex und verlangt höhere Mathematik. Die Logik des Verhängnisses hält daran fest, dass das, was existiert, ausreichend ist. Wenn sogar diese Idee aufgegeben wird, verwandelt sich Verhängnis in Vergeblichkeit. Vergeblichkeit entsteht aus dem düsteren Verdacht, dass es hinter dem Schleier der Kausalität, mit dem wir die Welt verdecken, nur die Indifferenz dessen gibt, was existiert oder nicht existiert. Vergeblichkeit verwandelt das Denken in ein Nullsummenspiel.

Gesang vom Schlimmsten. Im Mittelpunkt des Pessimismus steht der Begriff *pessimus*, »das Schlimmste«, ein ebenso relativer wie absoluter Begriff. »Das Schlimmste« beinhaltet immer ein Werturteil, das allerdings auf unzureichenden Beweisen und nur wenig Erfahrung beruht; auf diese Weise haben alle Aussagen des Pessimismus die *gravitas* eines schlechten Witzes.

Vielleicht sind die wahren Optimisten deshalb die strengsten Pessimisten – sie sind Optimisten, die keine Wahl mehr haben. Sie sind in beinahe ekstatischer Weise überschwemmt vom Schlimmsten. Solch ein Optimismus ist das einzig mögliche Resultat einer langen Leidensperiode, sei sie nun physisch oder metaphysisch, intellektuell oder emotional. Aber beschreibt das nicht auch all die Prüfungen und Leiden eines jeden Tages – kurz gesagt, das »Leben«? Es scheint, dass wir alle früher oder später dazu verurteilt sind, solche Optimisten zu werden.

Gesang des drohenden Unheils. Das Klima des Pessimismus ist bestimmt von Düsternis und drohendem Unheil. Düsternis ist eher klimatologisch als psychologisch, und wenn auch Menschen in düsterer Stimmung sind, dann ist dies einfach das Nebenprodukt einer dumpfen Atmosphäre, die nur nebenbei auch menschliche Wesen einbezieht. Düsternis besteht aus dem Stoff des trüben, bedeckten Himmels, der sich mit derselben Mattheit bewegt wie unser zusammengekauertes, mürrisches Lauschen, das einer gleichgültigen Welt gilt.

Das drohende Unheil wird von Zeitlichkeit bestimmt – alle Dinge werden in prekärer Weise auf ihr Ende bezogen – während die Düsternis die Strenge der Bewegungslosigkeit ins Werk setzt, alle Dinge traurig, statisch und ausgesetzt erscheinen lässt, eine mäandernde Rauchfahne, die über kalten, von Flechten überzogenen Steinen und klammen Kiefern schwebt.

Ich liebe es, mir vorzustellen, dass dies das Band ist, das die Aghori der indischen Leichenfelder mit den *graveyard poets* verbindet.

Gesang des Grolls. Es gibt innerhalb des Pessimismus eine Intoleranz, die keine Grenzen kennt. Im Pessimismus beginnt der Groll, indem er sich auf ein bestimmtes Objekt bezieht – jemanden, den man kaum kennt, oder jemanden, den man zu gut kennt; ein Groll gegen einen lauten Nachbarn, einen kläffenden Hund, eine Gruppe von Spaziergängern, den schlendernden Idioten, der dir mit gezücktem Smartphone vor die Füße läuft, traumatische Ungerechtigkeiten irgendwo in der Welt, wiedergekäut von Medienkampagnen, Groll auf die selbstverliebten Selbstdarsteller, die am Nebentisch viel zu laut miteinander reden, auf technische Probleme mit dem Laptop, auf das allgegenwärtige *Branding*, Groll gegen Personen, die sich weigern,

Fehler einzugestehen, auf die Selbsthilfe-Industrie, auf Leute, die absolut alles wissen und nicht zögern, es dir mitzuteilen, auf Leute im Allgemeinen, auf alle lebenden Wesen, auf alle Dinge, auf die Welt, diesen miesen Planeten, die Nichtigkeit der Existenz ... .

Groll ist der Motor des Pessimismus, weil er so egalitär ist; er läuft Amok und stolpert dabei über Eingebungen, die nur halbherzig als philosophisch bezeichnet werden können. Dem Groll fehlt das Selbstvertrauen und die Klarheit des Hasses, aber es fehlt ihm auch die persönliche, fast herzliche Abneigung. Für den Pessimisten kann das kleinste Detail Indiz einer metaphysischen Vergeblichkeit sein, die so unermesslich und traurig ist, dass sie den Pessimismus selbst in den Schatten stellt – ein Groll, den der Pessimismus sorgfältig jenseits des Horizontes der Intelligibilität einordnet, wie die Erfahrung der Abenddämmerung oder wie den Satz: »Es regnet Juwelen und Dolche«.

Gesang des Schlafes. Eine Paraphrase von Schopenhauer: Was der Tod für den Organismus ist, das ist der Schlaf für das Individuum. Pessimisten schlafen nicht, weil sie deprimiert sind, sondern weil der Schlaf für sie eine Form asketischer Praxis ist. Schlaf ist die *Askese* des Pessimismus. Wenn wir einen schlechten Traum haben, während wir schlafen, wachen wir unvermittelt auf und plötzlich verschwinden die Ängste der Nacht. Es gibt keinen Grund zu denken, dass das Gleiche nicht mit dem Traum passiert, den wir »Leben« nennen.

Gesang des Schmerzes. Nietzsche kritisierte einmal Schopenhauer, weil dieser nicht pessimistisch genug sei. Er schreibt, dass »Schopenhauer, obschon Pessimist, *eigentlich* – die Flöte blies... Täglich, nach Tisch: man lese hierüber seinen Biographen. Und beiläufig gefragt: ein Pessimist, ein Gott- und Welt-Verneiner, der vor der Moral *haltmacht* – der zur Moral ja sagt und Flöte bläst, zur *laede-neminem*-Moral: wie? ist das eigentlich – ein Pessimist?«

Wir wissen, dass Schopenhauer eine Instrumentensammlung besaß, und wir wissen auch, dass Nietzsche selber Musik komponierte. Aber für einen Pessimisten, der zu allem nein sagt und dennoch Trost in der Musik findet, kann das Neinsagen des Pessimismus nur eine schwache Art sein, ja zu sagen – die schwergewichtigste Aussage wird unterlaufen von der flatterhaftesten Reaktion. Das Mindeste, was Schopenhauer hätte tun können, wäre gewesen, Bass zu spielen.

Ich bin kein großer Fan der Flöte, oder von Blasinstrumenten überhaupt. Aber Nietzsche vergisst gänzlich, welche Rolle die Flöte innerhalb der griechischen Tragödie gespielt hat. In der Tragödie ist die Flöte (αὐλός) nämlich kein Instrument der Leichtigkeit und Freude, sondern der Einsamkeit und Trauer. Die griechische αὐλός bringt nicht nur den Schmerz über einen tragischen Verlust zum Ausdruck, sondern sie tut dies in einer Weise, die Weinen und Singen untrennbar miteinander verbindet. Das ist die *trauernde Stimme*. Abseits der offiziellen bürgerlichen Trauerrituale bei Begräbnissen droht die trauernde Stimme immer damit, den Gesang in ein Heulen, die Musik in ein Gewimmer und die Stimme selbst in eine zerrissene Anti-Musik aufzulösen. In dem kollabierten Raum zwischen der Stimme, die spricht, und der Stimme, die singt, entdeckt der Pessimismus diese klagende Stimme.

Haben wir Schopenhauer vor Nietzsche gerettet? Vermutlich nicht. Vielleicht spielte Schopenhauer Flöte, um sich selbst an die wahre Funktion der trauernden Stimme zu erinnern – Klagen und Seufzer von der Musik ununterscheidbar zu machen, das Menschliche zu Nichtmenschlichem zerbröseln zu lassen.

Gibt es eine Musik des Pessimismus? Und wäre eine solche Musik hörbar?

You and the Night and the Music. In einer zweideutigen Passage schrieb Schopenhauer einmal: »Die Musik überhaupt ist die Melodie zu der die Welt der Text ist.« Wenn man an Schopenhauers Auffassung des Lebens denkt – dass Leben Leiden ist, dass das menschliche Leben absurd ist, dass das

Nichts vor meiner Geburt das gleiche ist wie das Nichts nach meinem Tod – denkt man an all das, dann fragt man sich, welche Art von Musik Schopenhauer im Sinn hatte, als er Musik als die Melodie beschrieb, zu der die Welt den Text liefert – war es die Oper, das Madrigal oder vielleicht ein Trinklied? Oder vielleicht eine Art *Kleine Nachtmusik* für das Denken, ein griesgrämiges *nocturne* für die Nachtseite der Logik, eine schier endlose Folge von traurigen Tönen, gesungen von einer einsamen Todesfee.

Vielleicht ist die Musik, wie sie Schopenhauer im Sinne hatte, eine auf Nicht-Musik reduzierte Musik. Ein Flüstern würde genügen. Vielleicht ein Seufzer der Erschöpfung oder der Resignation, vielleicht ein Stöhnen aus Verzweiflung oder Schmerz. Vielleicht ein Laut, der gerade artikuliert genug ist, um vergehen zu können.

Lehre mich, durch Tränen zu lachen.

Der Pessimismus scheitert immer wieder daran, philosophisch zu sein. Mein Rücken schmerzt, meine Knie tun weh, ich konnte letzte Nacht nicht schlafen, ich bin gestresst, und ich glaube, ich habe mir etwas eingefangen. Der Pessimismus entsagt allen Vorspiegelungen eines Systems. Wir haben nicht wirklich geglaubt, wir könnten das Welträtsel lösen, oder? Es ging nur darum, die Zeit herumzubringen, sich zu amüsieren, überhaupt etwas zu tun, eine mutige Geste, vollzogen in all ihrer Fragilität, nach Regeln, von denen wir vergessen haben, dass wir sie selbst zuerst erfunden haben. Jeder Gedanke von einem düsteren Unverständnis markiert, das ihm vorausgeht, und einer Vergeblichkeit, die ihn untergräbt. Dass der Pessimismus spricht, mit welcher Stimme auch immer, ist der gesungene Beweis für diese Vergeblichkeit und dieses Unverständnis – riskiere etwas und geh vor die Tür, verbringe eine Nacht schlaflos und sage, du hast es versucht...

Der Eindruck, den die Musik auf eine Person macht, zwingt sie, ihre Erfahrungen in Worte zu fassen. Wenn das nicht gelingt, ist das Resultat ein Stocken des Denkens und der Sprache, das wiederum eine Art Musik ist. Cioran schreibt: »Musik ist alles. Gott selbst ist nur eine akustische Halluzination.«

Wenn ein Denker wie Schopenhauer irgendwelche rettenden Qualitäten hat, dann die, dass er die große Lüge der westlichen Kultur erkannte – die Vorliebe für die Existenz gegenüber der Nichtexistenz. Wie er schreibt: »Klopfte man an die Gräber und fragte die Todten, ob sie wieder auferstehen wollten; sie würden mit dem Kopf schütteln.«

In den westlichen Kulturen wird allgemein akzeptiert, dass man die Geburt feiert und den Tod betrauert. Aber da muss ein Fehler vorliegen. Würde es nicht mehr Sinn ergeben, die Geburt zu betrauern und den Tod zu feiern? Sonderbar wäre das allerdings insofern, als diese Geburtstrauer eigentlich das ganze Leben der Person über andauern müsste, so dass Trauer und Leben ein und dasselbe wären.

Der musikalischen Idee von der Harmonie des Universums korrespondiert das philosophische Prinzip des zureichenden Grundes. Wie die Trauermusik, so gibt auch der Pessimismus dem Zusammenbruch von Klang und Verstand eine Stimme. Auf diese Weise ist die Musik der Oberton des Denkens.

Die Schutzpatrone des Pessimismus. Es gibt Schutzpatrone der Philosophie wie auch der Musik, aber ihre Geschichten neigen dazu, ein böses Ende zu nehmen. Im vierten Jahrhundert lebte die vierzehnjährige Heilige Katharina mit dem Rad, Schutzpatronin der Philosophen, die nach dem Werkzeug benannt wurde, mit dem man sie vor ihrer Enthauptung gefoltert hat.

Im zweiten Jahrhundert lebte die Heilige Cäcilie, Schutzpatronin der Musik, die ebenfalls verfolgt und gefoltert wurde. Als sie sich niederkniete, um den Schlag zu empfangen, der ihren Kopf vom Rumpf trennen sollte, sang sie ein inbrünstiges Lied zu Gott. Dem Henker gelang es auch nach drei Versuchen nicht, sie zu enthaupten – und die ganze Zeit über sang sie weiter, vielleicht handelte es sich dabei um ein Wunder.

Verdient der Pessimismus seine Schutzheiligen nicht? Aber unsere Suche zeigt, dass selbst die leidenschaftlichsten Neinsager häufig in kurzen Momenten dem Enthusiasmus verfallen – Pascals Liebe zur Einsamkeit, Leopardis Liebe zur Dichtung, Schopenhauers Liebe zur Musik, Nietzsches Liebe zu Schopenhauer. Es ist oft schwierig, den Pessimisten zu verorten – man denke nur an die vielen Stimmen in den Werken von Kierkegaard, Dostojewski und Schestow.

Und damit ist noch nichts gesagt über den literarischen Pessimismus, von Baudelaires »spleen« und »ennui« zu Pessoas gequältem Schreiberling, dem melancholischen Satanismus von Huysmans und Strindberg, den Heimsuchungen von Mário de Sá-Carneiro, Izumi Kyoka, H. P. Lovecraft, dem mürrischen alten Beckett – sogar den großen pessimistischen Komödianten. Alles, was bleibt, ist eine Litanei von Zitaten und Verweisen, in Glückskekse gestopft.

Schutzheilige werden normalerweise nach einem Ort benannt, entweder nach ihrem Geburtsort oder dem einer mystischen Erfahrung. Man bedenke, an welchen Orten Pessimisten ihren Pessimismus ausleben mussten – Schopenhauer in seinem leeren Berliner Hörsaal, Nietzsche als stummer Rekonvaleszent im Haus seiner Schwester, Wittgenstein als einsamer Gärtner, Cioran, der in seinem winzigen Schreibalkoven im Quartier Latin mit Alzheimer kämpft.

Es gibt einen Geist, der in mir wächst, beschädigt im Herstellungsprozess, und es gibt eine aus der Notwendigkeit entsprungene elliptische Jagd. Wo uns die bewegte Stille unserer Schlaflosigkeit Gedanken aufdrängt, dort entsteht ein leuchtendes Feld grauer Reglosigkeit und heruntergebrannter Träume aus Obsidian.

Ich gebe Schestow das letzte Wort, der die Stimme des Pessimismus treffend zusammenfasst:

»Wenn ein Mensch jung ist, dann schreibt er, weil er meint, eine neue allmächtige Wahrheit entdeckt zu haben, die er schnellstens der verlorenen Menschheit kundtun muss. Später, wenn er bescheidener geworden ist, beginnt er, an seinen Wahrheiten zu zweifeln: und dann versucht er, sich selbst von ihnen zu überzeugen. Einige Jahre vergehen, und er weiß, dass er sich ganz und gar geirrt hatte, daher gibt es keinen Grund mehr, sich selbst zu überzeugen. Dennoch schreibt er weiter, weil er zu keiner anderen Arbeit taugt, und weil es so entsetzlich ist, für eine überflüssige Person zu gelten.«

BRIEF AN HARRY FISCHER
VOM FEBRUAR 1937

H. P. Lovecraft

Aus dem Englischen
von
Ulrike Stamm

An Harry O. Fischer

Unbekanntes Kadath
(später Februar 1937)

Wackerer und (wie ich leidenschaftlich hoffe) nicht ertrunkener
Mäusejäger,

Was das Element der *Angst* betrifft – ich denke nicht, dass ich
Deine Immunität teile. Ich gehöre auf mittlere Wege und die
Höhe ist mein schwacher Punkt. Da mir jedes natürliche Gefühl
für Balance fehlt (einige dieser eigenartigen, das Gleichgewicht
ermöglichenden Werkzeuge im inneren Ohr müssen bei mir
schwach ausgebildet sein oder ganz fehlen), wird mir an hohen
und schwer zugänglichen Stellen schwindlig, und ich könnte
leicht als *pulp* enden (in einem mehr als figurativen, literarischen Sinn), wenn ich versuchen würde, einige der Tricks nach-
zumachen, die andere ganz selbstverständlich ausführen. Ich
habe lange gegen diese Schwäche gekämpft, und habe sie bisweilen vorübergehend soweit besiegt, dass ich auf hohen, en-
gen Mauerabschnitten und über schwindelnde Gerüste laufen
konnte – aber in späteren Jahren habe ich wieder an Boden
verloren. Seit ungefähr einem Jahrzehnt weigere ich mich, Risi-
ken einzugehen – und zwar seit der Zeit, als mich ein Freund
aufforderte, auf der fußbreiten und nicht ganz waagrechten
Brüstung des oberen Riverside Drive in New York zu gehen, mit
einem 500 Fuß tiefen senkrechten Gefälle hinab zu zerklüfteten
Felsen und Eisenbahnschienen auf der einen Seite. In anderen
Bereichen bin ich aber ein spezieller Caspar Milquetoast –
bereit, etwas zu riskieren, wo es wirklich ein Risiko *gibt*. Ich lege
es nicht unbedingt darauf an, ewig zu leben, dennoch würde es
mir nicht gefallen, ein unappetitliches und zerfahrenes Ende zu
nehmen. Ich ertrage Schmerz nicht gut, und vermeide ihn wann
immer möglich. Dennoch versuche ich, meine Schreie nicht zu
laut werden zu lassen. Als Kind hatte ich Angst vor der Dunkelheit, die ich mit allen möglichen Dingen bevölkerte; aber mein
Großvater heilte mich davon, indem er mich dazu brachte,

durch bestimmte dunkle Teile des Hauses zu gehen, als ich drei oder vier Jahre alt war. Danach hatten dunkle Orte für mich immer eine gewisse Faszination. Dagegen war ich in meinen *Träumen* wahrhaftig im Griff einer heftigen, grauenhaften, zum Wahnsinn treibenden, lähmenden *Angst*. Meine kindlichen Albträume waren Klassiker, und es gab in ihnen keinen Abgrund von quälendem kosmischen Horror, den ich nicht durchlebt hätte. Jetzt habe ich keine solchen Träume mehr – aber die Erinnerung an sie wird mich niemals verlassen. Zweifellos entstammt ihnen der dunkelste und schaurigste Teil meiner fiktionalen Imagination. Im Alter von drei, vier, fünf, sechs, sieben, und acht Jahren bin ich durch unförmige Abgründe von unendlicher Nacht und undeutlichen Schrecken geschleudert worden, die so schwarz und rasend düster waren wie nur irgendeiner der künstlerischen Triumphe unseres Freundes Fafhrd.[219] Deshalb schätze ich solche Triumphe so ungemein. *Ich habe diese Dinge gesehen*! Oft bin ich mit panischem Geschrei aufgewacht; und habe verzweifelt versucht, nicht wieder in den Schlaf und seinen unbeschreiblichen Horror zurückzusinken. Im Alter von sechs Jahren bevölkerten sich meine Träume mit einer Gattung gebeugter, gesichtsloser, gummiartiger, geflügelter Dinge, denen ich den erfundenen Namen *Dunkel-Dürre* gab. Nacht für Nacht erschienen sie in genau der gleichen Form – und der Terror, den sie brachten, war jenseits des Sagbaren. Lange Jahrzehnte später habe ich sie in einem meiner Pseudo-Sonette (*Fungi from Yuggoth*) beschrieben, die du vielleicht gelesen hast. Nun ja – nachdem ich acht Jahre alt wurde, flauten alle diese Dinge ab, vielleicht wegen der wissenschaftlichen Haltung, die ich mir zulegte (oder versuchte, mir zuzulegen). Ich hörte auf, an Religion oder an irgendeine andere Form des Übernatürlichen zu glauben, und die neue Logik erstreckte sich allmählich auch auf meine unbewusste Imagination. Jedoch

---

[219] Anspielung auf einen gemeinsamen Freund von Lovecraft und Fischer, den Schriftsteller Fritz Leiber [A. d. Hg.].

brachten mich gelegentliche Alpträume wiederholt mit der alten Angst in Berührung – und noch 1919 hatte ich einige, die ich ohne große Veränderung in meine fiktionale Texte übernehmen konnte. *The Statement of Randolph Carter* ist ein wörtliches Transkript eines Traumes. Nun, im Zustand eines verdorrten und vergilbten Blattes (ich werde im August 47) scheine ich so ziemlich von allem heftigen Horror im Stich gelassen zu werden. Ich habe nur zwei- oder dreimal im Jahr Alpträume, und von diesen erreicht keiner auch nur ansatzweise die meiner Jugend in ihrer seelenerschütternden, phobischen Monstrosität. Seit einem Jahrzehnt und länger habe ich jetzt *Angst* nicht mehr in ihrer erschütterndsten und abscheulichsten Form erlebt. Und dennoch ist die Prägung durch die Vergangenheit so stark, dass ich niemals aufhören werde, von *Angst* als einem Thema ästhetischer Gestaltung fasziniert zu sein. Gemeinsam mit dem Element des kosmischen Geheimnisses und des Außenseitigen [outsideness] wird sie mich immer mehr interessieren als alles andere. Es ist auf gewisse Art amüsant, dass eine meiner wesentlichen Interessen einem Gefühl gilt, das ich in meinem wachen Leben nie in seinen erschütternden Extremen erfahren habe!

Von den berühmten »Phobien« der modernen Psychologen (oder ähnlichen Dingen) habe ich nur *eine;* und das ist lustigerweise eine, die meines Wissens niemals beschrieben oder benannt wurde. Wahrscheinlich *hat* sie einen Namen und wird verzeichnet, aber meine sehr oberflächliche Kenntnis der Psychologie (ein Gebiet, das mich nicht sehr fasziniert, trotz seiner grotesken fiktionalen Möglichkeiten) hat davon nichts mitbekommen. Ich kenne *Klaustrophobie* und *Agoraphobie*, habe aber beide nicht. Ich habe jedoch eine *Mischung aus beiden*, – in Form einer ausgeprägten Angst vor *sehr großen geschlossenen Räumen.* Der dunkle Kutschenraum eines Stalls – das schattige Innere eines verlassenen Gaswerks – eine leere Versammlungshalle oder der leere Zuschauerraum eines Theaters – eine weitläufige Höhle – du kannst dir vielleicht vorstellen, worum es sich handelt. Nicht, dass mich diese Dinge in sichtbare und unkontrollierbare nervöse Zuckungen versetzen, aber sie vermitteln mir ein tiefes und schleichendes Gefühl des Unheimlichen – selbst in meinem Alter. Ich bin mir nicht sicher, welchen Grund diese Angst hat, aber ich glaube, sie muss irgendwie mit den dunklen Abgründen meiner kindlichen Alpträume zusammenhängen. Jedenfalls erinnere ich mich daran, um meinem Ego einen Dämpfer zu versetzen, wenn ich wegen der unlogischen Aversionen und Ängstlichkeiten anderer Leute in Gefahr gerate, ein Gefühl der Überlegenheit zu entwickeln. Großpapa darf seine Achillesferse nicht vergessen!

.... Der Name »Abdul Alhazred« wurde mir von irgendeinem Erwachsenen (ich weiß nicht mehr, von wem) gegeben, als ich fünf Jahre alt und, nachdem ich *Tausendundeine Nacht* gelesen hatte, begierig darauf war, ein Araber zu sein. Jahre später dachte ich, es wäre doch lustig, diesen als Namen für den Autor eines verbotenen Buches zu verwenden. Der Name *Necronomicon* (νέκρος, die Leiche; νόμος, das Gesetz; εἰκών, das Bild = ein Bild des Gesetzes der Toten) fiel mir während eines Traumes ein, dennoch ist die Etymologie vollkommen richtig. Indem ich einem Buch mit *griechischem* Namen einen *arabischen* Autor gab, habe ich launig jenen Zustand umgekehrt, der bei der monumentalen astronomischen Arbeit des *Griechen* Ptolemäus (Μεγάλη Σύνταξις τῆς Αστρονομίας) vorliegt, die normalerweise unter dem *arabischen* Namen *Almagest* (oder noch genauer, *Tabrir al Magesthi*) bekannt ist, welcher während der Übersetzung durch die Araber aus der Korrumpierung des ursprünglichen Titels hervorging (μέγιστη ist der Superlativ von μεγάλη, und für die Araber war es wahrscheinlich üblich, dieses Werk von einem anderen des Ptolemäus zu unterscheiden). Erst später machte ich mir die Mühe, einen echten arabischen Titel zu aufzutreiben (*Al-Azif* – ein Wort, das ich in Henleys gelehrten Erläuterungen zu *Vathek* fand. Ich gebrauche den Begriff richtig, wenn auch aus zweiter Hand) für Abduls Originalversion des zu Byzanz übersetzten Νεκρονόμικον.

Ich kann das vage Gefühl von Alleinsein oder Abstand gegenüber anderen sehr gut verstehen, das Du immer in einem gewissen Maß empfunden hast. Das ist, denke ich, immer die Begleiterscheinung einer sehr aktiven Imagination und einer hochgradig individualisierten Persönlichkeit. Die Masse der Menschen lebt nur in geringem Maß im Reich der Imagination; kann daher nur selten die Ziele, Motive und Bestrebungen von jemandem verstehen, für den raffinierte Sichtweisen, symbolische Assoziationen und obskure mentale Zusammenhänge wichtige emotionale Faktoren sind. In noch stärkerem Maße als der Durchschnittsmensch muss ein solcher Mensch eine eigene, fast solipsistische Welt bewohnen, und er ist immer glücklich dran, wenn er andere trifft, die ihm ähnlich genug sind, um seine Existenz, seine allgemeinen Prinzipien und die typischen Gesetze seines privaten Universums anzuerkennen. Diese allgemeine Auffassung von getrennten Welten und ihrem Funktionieren ist normalerweise eine ebenso gute Basis des Zusammenlebens wie das seltenere und vielleicht überhaupt nicht vorhandene Phänomenen einer *Übereinstimmung* privater Universen. Jedenfalls bringt mich nicht die Übereinstimmung von Vorlieben, Überzeugungen und Perspektiven dazu, mit irgendjemandem freundschaftlich und ungezwungen zu verkehren, sondern die Gewissheit, dass meine eigenen Vorlieben, Überzeugungen und Perspektiven nicht für geisteskrank, unbegreiflich oder inexistent gehalten werden!

Aus dem versunkenen R'lyeh –
Dein Opa Cthulhu

TEXTNACHWEISE

H. P. Lovecraft, Auszug aus: *Azathoth. Vermischte Schriften*, Suhrkamp Verlag, Frankfurt a. M. 1989, S. 277-296.

Ray Brassier, Auszüge aus: *Nihil Unbound. Enlightenment and Extinction*, Palgrave Macmillan, London 2007, S. 205-239.

Philip K. Dick, Auszüge aus: *The Exegesis of Philip K. Dick*, hg. v. Pamela Jackson und Jonathan Lethem, Houghton Mifflin Harcourt, Boston und New York 2011, S. 218, 319, 384, 778.

Graham Harman, »On the Horror of Phenomenology: Lovecraft and Husserl«, in: Robin Mackay (Hg.), *Collapse Vol. IV: Concept Horror (Reissued Edition)*, Dezember 2012, S. 332-364.

Michael Cisco, Erstveröffentlichung.

Reza Negarestani, Erstveröffentlichung.

Quentin Meillassoux, *Métaphysique et fiction des mondes hors-science*, Les Éditions Aux forges de Vulcain, Paris 2013.

Thomas Ligotti, Erstveröffentlichung.

Amanda Beech, Erstveröffentlichung.

Nick Land, Auszug aus: *Fanged Noumena. Collected Writings 1987-2007*, hg. v. Robin Mackay und Ray Brassier, Urbanomic / Sequence Press, Windsor Quarry und New York 2012, S. 391-399.

Howard Caygill, Erstveröffentlichung.

Anna Kavan, Auszug aus: *Julia und die Bazooka*, März Verlag, Berlin und Schlechtenwegen 1983, S. 100-106. Abdruck mit freundschaftlicher Genehmigung des März Verlages.

Iain Hamilton Grant, »Being and Slime: The Mathematics of Protoplasm in Lorenz Oken's ›Physio-Philosophy‹«, in: Robin Mackay (Hg.), *Collapse Vol. IV: Concept Horror (Reissued Edition)*, December 2012, S. 286-321.

Eugene Thacker, Erstveröffentlichung.

H. P. Lovecraft, Auszug aus: *Selected Letters 1934-1937*, hg. v. August Derleth und James Turner, Arkham House Publishers, Sauk City (Wisconsin) 1976, S. 416-419.